"十二五"应用型国际商务类专业规划教材

国际贸易理论与实务

（第二版）

周桂凤　郑文革　主　编
吴术团　刘　琦　副主编

对外经济贸易大学出版社
中国·北京

图书在版编目（CIP）数据

国际贸易理论与实务／周桂凤，郑文革主编．—2版．—北京：对外经济贸易大学出版社，2016.9（2022.3重印）
“十二五”应用型国际商务类专业规划教材
ISBN 978-7-5663-1660-8

Ⅰ．①国… Ⅱ．①周… ②郑… Ⅲ．①国际贸易理论-高等学校-教材②国际贸易-贸易实务-高等学校-教材 Ⅳ．①F740

中国版本图书馆 CIP 数据核字（2016）第 188009 号

国际贸易理论与实务（第二版）

周桂凤 郑文革 **主编**
责任编辑：高 卓

对外经济贸易大学出版社
北京市朝阳区惠新东街 10 号 邮政编码：100029
邮购电话：010-64492338 发行部电话：010-64492342
网址：http://www.uibep.com E-mail：uibep@126.com

三河市少明印务有限公司印装 新华书店经销
成品尺寸：185mm×260mm 19.25 印张 445 千字
2016 年 9 月北京第 2 版 2022 年 3 月第 4 次印刷

ISBN 978-7-5663-1660-8
印数：7 001-8 000 册 定价：39.80 元

“十二五”应用型国际商务类专业规划教材

编 委 会

总 序

（第二版）

“十二五”应用型国际商务类专业规划教材（第二版）是在其第一版的基础上修订的，其中《国际贸易实务》《进出口贸易综合实训教程》《国际贸易理论与实务》《国际汇兑实务》《商务英语口语》于2013年被列为安徽省省级规划教材。本套教材自2011年8月出版以来，因体例新颖、内容实用、通俗易懂，深得兄弟院校师生和外经贸工作者的厚爱，并在国际商务类专业及相关财经类专业教学中发挥了积极作用。

针对技能型国际商务类人才培养特点和教学要求，在多年教学、实践和培训的基础上，根据有关国际贸易法规惯例，结合国际贸易变化和我国对外贸易发展，我们对本套教材进行了修订，以便更好地满足职业院校国际商务类专业学生和外经贸工作者的需要。在本套教材修订过程中，我们保持原教材的总体框架与结构，更新充实了部分内容和数据资料，从而增强了教材的先进性和时代感。

本套教材的修订由安徽国际商务职业学院李二敏教授主持。各教材修订具体分工为：张卿、许寒《国际贸易实务》，李二敏、孙训爽、卫薇《进出口贸易综合实训教程》，孟祥年《外贸单证实务》，王俊《商务英语函电》，马淑英《国际商务谈判》，潘海红《国际汇兑实务》，汪海青《报关实务》，周桂风《国际贸易理论与实务》，吕向生《国际贸易地理》，凌双英《商务英语口语》。在修订过程中，作者参阅了大量文献、报刊、资料，吸纳了很多教师和读者的建议，同时得到了对外经济贸易大学出版社和行业企业的大力支持，在此一并表示诚挚的谢意。

由于作者水平有限，书中的疏漏和不足之处在所难免，真诚地希望专家、读者及同行提出宝贵意见，以便不断完善和提高。

“十二五”应用型国际商务类专业
规划教材编委会
2014年8月

总　序
（第一版）

高等职业教育是我国高等教育体系的重要组成部分，是我国高等教育发展中的一个类型，也是我国职业教育体系的重要组成部分。改革开放以来，特别是20世纪90年代后期至今，我国的高等职业教育在党和国家的大力倡导与支持下得到了迅猛发展。高等职业教育中的国际商务类专业在经济全球化和我国对外开放不断深入的大背景下得到了更快的发展，满足了我国作为对外贸易大国对国际商务人才的多样化需求。

教育部《关于全面提高高等职业教育教学质量的若干意见》提出：高等职业教育要全面贯彻党的教育方针，以服务为宗旨，以就业为导向，走产学结合发展道路，为社会主义现代化建设培养千百万高素质技能型专门人才。为此，我们要不断完善高等职业教育的专业人才培养方案和课程体系，改革课程教学内容和教学方法，加强教材建设。

作为国际商务类专业建设的成果之一，安徽国际商务职业学院联合了全国部分院校教师和企业专家，在对外经济贸易大学出版社的支持下，编著并出版了"'十二五'应用型国际商务类专业规划教材"。本系列教材计划包括：国际贸易实务、进出口贸易综合实训教程、外贸单证实务、商务英语函电、国际商务谈判、国际汇兑实务、报关实务、国际贸易理论与实务、国际贸易地理、国际贸易、国际商法、商务英语口语、外贸跟单实务。

本套教材以教育部关于加强高等职业教育的有关文件为指导，以国际商务类专业高等应用型人才的培养目标和规格为依据，以适应我国从贸易大国向贸易强国转变时期对国际商务人才的需求为目标，以培养国际商务类专业人才的应用能力为主线，以实现学生的知识、素质和能力结构优化和协调发展为宗旨，吸取了以往高等职业教育教材建设方面的成功经验，反映了该专业最新教研、教改成果，并在突出高等职业教育教材特色方面进行了有益探索。本套教材具有如下特点：

（1）理论知识和应用知识有机结合。本套教材以应用知识为主线，理论知识以"必需、够用"为原则。

（2）教材内容贯彻"工学结合、项目导向"。本套教材中的实务类教材按照具体工作过程和流程组织具体内容，同时配以技能实训模块。

（3）本套教材吸纳了最新行业变化和业务做法。在教材的编写过程中，吸纳了企业专家和相关行业专家担任主编或主审，保证了教材内容的新颖性和实践性。

（4）本套教材兼顾了学生参加相关职业资格证书（如外销员、外贸业务员、外贸单证员、外贸跟单员等）考试和学历提升的需要。

（5）本套教材在编写体系和结构上改变了传统的章节模式，采用项目、模块、流程等结构体系。

本套教材的主编均是从事多年国际商务专业课程教学的教师或行业资深专家。编委会在教材编写过程中召开了数次研讨会，以保证系列教材的编写质量。在本套教材编写过程中，得到了行业内很多企事业单位和兄弟院校的大力支持与帮助，他们是：合肥海关、铜陵学院、安徽经济管理学院、安徽职业技术学院、安徽水利水电职业技术学院、芜湖职业技术学院、安徽工商职业学院、安徽财贸职业学院、滁州职业技术学院、安徽国防科技职业学院、安徽工业职业技术学院、安徽涉外经济职业学院、安徽中澳科技职业学院、安徽安粮实业发展有限公司、安徽省华安进出口有限公司、安徽珏盛进出口有限公司等。对此，编委会表示真挚的感谢。

“十二五”应用型国际商务类专业

规划教材编委会

2011 年 8 月

前　言

经济要发展，人才是保证，而在人才培养过程中，教材建设是关键。为适应我国高等职业教育高素质技能型人才培养的需要，根据国家最新颁布的有关法律法规，结合最新的国际贸易惯例，我们推出了本教材。

本书分为两部分，即国际贸易理论与国际贸易实务。为体现应用型教材的特点，本书精心设计了6个单元，把国际贸易理论知识与业务技巧巧妙地融合在各个单元中，既有较强的知识性和一定的理论深度，又有很强的应用指导价值。每个单元都包括知识要点、能力拓展（或者技能要求）、理论知识、案例思考（或者操作训练）和自测练习，使学生的学习更具有针对性，分析与解决实际业务问题的能力得到提升，以利于高素质技能型人才的培养，为学生以后从事相关工作打下基础。

本书吸纳了企业专家和相关行业专家担任主编，保证了教材内容的新颖性和实践性。本书在编写思路、内容体系、实务训练安排等方面均有较大创新，重点突出实际应用技能和操作技能，深入浅出，通俗易懂，文字简练，实用性强，可读性好，符合高职院校课堂教学和实践技能训练的要求。《国际贸易理论与实务》于2013年获得安徽省高等学校省级规划教材立项（皖教高〔2013〕11号文件，编号为2013ghjc471）。

参加本书编写的有周桂凤（单元四的条款二、条款四、条款八和单元六的环节一、环节二）、郑文革（单元六的环节四）、吴术团（单元一的模块一、模块二和单元四的条款七）、刘琦（单元三的模块一、模块二和单元四的条款一、条款三、条款六）、曹云（单元二的模块一、模块二）、单宁宁（单元四的条款五和单元六的环节三）、司首婧（单元五的模块一、模块二）。全书由周桂凤负责总纂、初审，并做了最后的修改和审定。

本书主审——安徽珏盛进出口公司总经理郑文革先生，长期从事进出口业务的管理和实际工作，对本书的编写大纲和具体内容都进行了认真地审核并提出了很多有益的建议。外贸企业人员周天霞、徐睿、杨明森、王凌云和王德元等在本书编写过程中提供了大量的外贸一线信息和具体帮助，在此一并表示衷心的感谢。

在本书的编写过程中，我们参阅了大量文献资料，在此对这些文献的作者一并表示诚挚的谢意。在本书的编写过程中，对外经济贸易大学出版社的领导和编辑给予了极大的支持和帮助，在此表示真诚的谢意！同时，由于编者水平有限，书中难免存在错误与缺憾，我们诚恳地希望广大读者，特别是任课教师和使用本教材的同学们，提出宝贵意见，以便今后进一步完善。

编　者

2016年7月

目录

上篇

国际贸易理论

单元一　国际贸易概述与国际分工

经济全球化使世界经济更加紧密地联系起来，国际间的商品和服务贸易急剧增长。随着跨国投资和国际资本流通的不断扩大，特别是人员交往的日益频繁，各国经济逐渐形成了一种相互渗透、相互依赖、相互促进和相互制约的关系。在这个过程中，国际贸易对于促进国际经济交往起着十分重要的作用，它不仅在很大程度上促进了各国经济发展，而且越来越广泛地影响着人们的日常生活。所以，研究国际贸易，发展国际贸易，已成为当今各国普遍关注的问题。

国际分工是社会生产力发展到一定阶段的产物，也是国际贸易发展和世界市场扩大的基础。影响国际分工的产生和发展的决定性因素是社会生产力，其他因素如自然条件、社会生产关系、人口、劳动规模与市场、资本的国际化、国家干预也都对国际分工的发展起着重要作用。国际分工对国际贸易产生着重要影响，各国因分工的地位不同所采取的贸易政策也不同。

模块一

国际贸易概述

知识要点

1. 国际贸易常用的基本概念；
2. 国际贸易的分类；
3. 国际贸易的作用，
4. 从事国际贸易应具备的具体条件。

能力拓展

1. 结合商务部网站、海关统计资讯网的数据，分析与国际贸易相关的经济现象；
2. 结合实际，具体分析一个合格的外经贸人才应具备的条件。

国际贸易直接涉及各国的经济发展和财富的积累，已经成为各国对外关系的重要基础和纽带，因而，学习国际贸易有关知识非常必要。

一、国际贸易常用的基本概念

（一）国际贸易的含义

国际贸易又称世界贸易，是指不同国家或地区之间进行的商品和服务的交换活动。它是世界各国（地区）对外贸易的总和。国际贸易是世界各国（地区）相互间劳动分工的表现形式，是国际经济关系的基本形式，也是世界经济发展的重要因素，它反映了各国（地区）在经济上的相互依赖关系。

对外贸易是指一国或地区与其他国家或地区之间所进行的商品与服务的交换活动。一些海洋岛国或者对外贸易活动主要依靠海运的国家，如英国、日本等，将对外贸易称为海外贸易。由于对外贸易由商品和服务的进口和出口两部分组成，所以对外贸易又可以称为进出口贸易。

从世界经济的整体来看，世界各国商品交换的总和构成了国际贸易，亦称世界贸易；而从单个国家的角度来看，一个国家参与这种交换活动，则称为该国的对外贸易。前者着眼于世界范围，即世界各国之间的商品交换；后者注重于某个国家，即一个国家同其他国家之间的商品交换。虽然，两者有不同的侧重点，但是研究的内容都是超越国境的商品交换活动这一特定的经济问题。从这一点上来说，两者是一致的。

国际贸易和国内贸易是任何国家发展国民经济必不可少的重要手段。从本质上讲，国际贸易和国内贸易都是商品和服务的交换，商品都是从生产者向消费者转移的。通过交换，商品的价值和使用价值得以体现，经营者获取经济利益和利润之目的得以实现。但是国际贸易与国内贸易又存在着明显的区别。

（1）从事国际贸易的难度大于国内贸易。各国在语言、风俗习惯、宗教信仰、法律法规等方面均存在着很大的差异，使交易接洽、市场调研和合同履行增加了难度。

（2）国际贸易业务程序多于国内贸易。各国在货币、度量衡制度、商业习惯、海关制度、外汇兑换等方面存在差异，使国际贸易实务的程序比国内贸易要烦琐复杂得多。

（3）国际贸易风险大于国内贸易。由于买卖双方分属两个不同的国家或地区，货物一般要经过长途运送才能从生产国转移至消费国，贸易双方因此而要承受比国内贸易大得多的风险，这些风险是由多因素造成的，诸如资信、汇率、定价、运输、外贸政策与措施等。

（二）国际贸易值与国际贸易量

贸易值（Trade Value）又叫贸易额，是用货币表示的反映贸易规模的指标，各国一般都用本国货币表示。为了便于国际比较，许多国家同时又通行用美元计算。贸易额通常分为对外贸易额与国际贸易额两种。对外贸易额是指一个国家或地区在一定时期内（如 1 年）出口贸易额和进口贸易额之和。由于从世界范围来看，一国的出口就是另一国的进口，为了避免重复计算，一般是把各国的出口额相加，来表示国际贸易的规模大小。所以，国际贸易值就是指以货币表示的一定时期内各国的出口贸易额总值。

贸易量（Quantum of Trade）是指用进出口商品的计量单位表示的反映国际贸易规模的指标。用货币表示国际贸易值，常因物价变动，而不能确切地反映国际贸易实际规模，以国际贸易量来表示则能避免这个不足。但是国际贸易商品的计量单位各异，无法用统一计量单位来表示。所以，在实际工作中，只有按一定时期的不变价格为标准来计算各个时期的国际贸易值，即以某年的价格为基数，用进出口贸易值除以进出口价格指数，得到按不变价格计算的贸易值来近似代替贸易量。然后以某年为基期的贸易量同各个时期的贸易量相比较，就可以得出比较正确反映贸易实际规模变化的贸易量指数。

（三）贸易差额与国际收支

贸易差额（Balance of Trade）是指一国或地区在一定时期内（如 1 年）出口总额与进口总额之间的差额。当出口总额大于进口总额时，称为贸易顺差或贸易盈余，亦称出超；当进口总额大于出口总额时，称为贸易逆差或贸易赤字，亦称入超；当出口总额与进口总额相等时，则称为贸易平衡。

贸易差额是衡量一个国家对外贸易状况的重要标志之一。在一般情况下，贸易顺差表明一个国家的商品在世界市场的竞争中处于优势，在对外贸易收支中处于有利地位。贸易逆差表明一个国家在对外贸易收支中处于不利地位，在世界市场上的商品竞争中处于劣势。但是，长期顺差不一定是好事，同样，逆差也并非绝对坏事。

国际收支（Balance of Payment）是指一国或地区在一定时期内（通常为 1 年）对外国的全部经济交易所引起的收支总额对比。收入大于支出，叫国际收支顺差（或黑字）；支出大于收入，叫国际收支逆差（或赤字）；收支相等，叫国际收支平衡。国际收支集中反映在国际收支平衡表中，能从一个侧面反映一国的经济实力以及对外经济活动状况。一国的进出口贸易收支是其国际收支项目中最重要的组成部分，故贸易差额状况对一国的国际收支有重大的影响。

（四）国际贸易商品结构

国际贸易商品结构（International Trade by Commodities）是指一定时期内各类商品在整个国际贸易中所占的比例。对外贸易商品结构是指一定时期内一国各类商品在对外贸易中所占的比重。在国际贸易中，通常把进出口商品分为两大类：一类为初级产品，即没有经过或很少经过加工的农、林、牧、渔、矿产品；另一类为工业制成品，可分为劳动密集型产品、资本密集型产品和技术密集型产品。国际贸易或对外贸易商品结构可以反映出一国的或世界的经济发展水平、产业结构状况和第三产业发展水平等。

（五）国际贸易地理方向

国际贸易地理方向（Direction of International Trade）又称国际贸易地区分布，是指各洲、各国（地区）在国际贸易中所占的地位，即各洲、各国（地区）参加国际商品流通的水平。在世界贸易额所占比重中，欧洲第一、北美洲第二、亚洲第三、拉丁美洲第四、非洲第五、大洋洲第六；以国别而论，2014 年全球各国（地区）商品出口总额排名为中国第一、美国第二、德国第三。

从一个国家（地区）来看，对外贸易地理方向又称对外贸易地区分布或国别构成，是指一定时期内各个国家或地区在一国（地区）对外贸易中所占的比重，也就是该国（地区）出口货物和服务的去向和进口货物和服务的来源，表明该国（地区）同其他国家或地区之间经济贸易联系的程度。

（六）进口替代与出口导向

进口替代（Import Substitution）是通过引进先进技术和设备，发展国内不能生产或质量不过关的产品的生产，实现国产化，以国产制成品替代进口制成品，其主要对象是在国内有较大市场的产品。实施进口替代战略后，进口商品结构中制成品尤其是消费品的比例下降，但原材料、机器设备的进口会上升，同时，随着替代工业的发展，对原材料、机器元器件的需求扩大，对外汇的需求同比增长。

出口导向（Export Led）是通过引进技术，利用外资，发展本国工业，以制成品替代初级产品的出口，通过出口贸易的增长，带动国内经济发展。实施出口导向初期，替代行业一般宜选择投资少、见效快、技术要求低、劳动密集度高的行业。在实行改革开放政策以来，我国沿海地区出口导向型企业发展迅速，已经摆脱了“进口替代”的经济发展模式，逐步形成了以“进口替代”为主的进口替代和出口导向相结合的模式，并向以“出口导向”为主的进口替代和出口导向相结合的模式过渡。

（七）对外贸易依存度

对外贸易依存度（Ratio of Dependence on Foreign Trade）又称对外贸易系数，是指一国对外贸易额、出口额或进口额在该国国民生产总值或国内生产总值中所占比重，用以反映一国经济发展对对外贸易的依赖程度。一般来说，一国对外贸易依存度直接受经济发展水平及自然资源拥有状况、对外经济政策、国内市场容量等因素的影响。随着国际分工的扩大与深化，世界各国的对外贸易依存度均有不同程度的提高，发展中国家的对外贸易依存度则更高。

（八）净进口与净出口

若一国在一定时期内（如 1 年）某一类商品既有出口又有进口，但出口数量大于进口数量，其差额即为净出口（Net Export）。反之，如果出口数量小于进口数量，其差额即为净进口（Net Import）。

（九）贸易条件

贸易条件（Trade condition）是指一定时期内一国出口一单位商品可以交换多少单位外国进口商品的比例。

贸易条件指数=出口价格指数/进口价格指数×100

二、国际贸易的分类

国际贸易内容广泛，性质复杂，可以从以下不同角度进行分类。

（一）按商品的流向不同，国际贸易分为出口贸易、进口贸易和过境贸易

出口贸易又称输出贸易，是指将本国的商品和服务向外国输出。进口贸易又称输入贸易，是指将外国的商品和服务输入本国。它们是一国对外贸易的两个组成部分。外国商品进口以后未经加工制造又出口，称为复出口（Re-export）。若本国的商品输往国外，未经加工又输入国内，则称复进口（Re-import）。

过境贸易（Transit Trade）又称通过贸易，是指商品由生产国运往消费国途经其他国家，对途经的国家来说即为过境贸易。过境贸易分直接和间接两类，商品入境后不存放海关仓库就直接运出国境的贸易称为直接过境贸易。若入境商品存放海关仓库后未经加工整理又运往另一国的贸易称为间接过境贸易。过境贸易数额不列入过境国家的进出口统计内。

（二）按商品的形态不同，国际贸易分为有形贸易和无形贸易

有形贸易（Tangible Trade）是指贸易双方所进行交易的商品是有形的、看得见的，又称为有形商品贸易（Tangible Goods Trade）。国际贸易中的有形商品种类繁多，为了便于统计，联合国编制了《国际贸易商品标准分类》（Standard International Trade Classification，SITC），把国际贸易商品依次分为 10 大类、63 章、233 组、786 个分组和 1 924 个项目。10 大类商品分类如下：食品及主要供食用的活动物（0）；饮料及烟类（1）；燃料以外的非食用粗原料（2）；矿物燃料、润滑油及有关原料（3）；动植物油脂及油脂（4）；未列名化学品及有关产品（5）；主要按原料分类的制成品（6）；机械及运输设备（7）；杂项制品（8）；没有分类的其他商品（9）。其中，0—4 类商品被称为初级商品，5—8 类被称为制成品。在标准分类中，目录编号采用 5 位数：第一位数表示“类”，第二位数表示“章”，第三位数表示“组”，第四位数表示“分组”，第五位数表示“项目”。

目前，此分类标准已被世界上绝大多数国家采用，我国自 1981 年起实行的新的商品分类标准就是以该标准分类为基础，结合我国外贸商品的实际情况编制而成的。我国商品统计目录编号采用 6 位数：第一位数为“类”，第二位数为“章”，第三位数为“组”，第四位数为“分组”，第五位数为“项目”，第六位数为“子目”。

无形贸易（Intangible Trade）也称无形商品贸易，是指非实物形态服务和技术的进出口。它包括：由于商品的进出口而发生的一切从属费用的收支，如运输费、保险费、银行费用、商品加工费、装卸费、修理费等；与商品进出口无关的其他收支，如旅游、外汇、侨汇、金融、专利、技术等产生的收支。它们是在有形贸易的基础上形成与发展的，并对有形贸易的发展产生巨大影响，两者相辅相成，但又存在着明显区别。有形商品的进出口需办理海关手续，其贸易额表现在海关的贸易统计表上，是国际收支的主要构成部分；无形贸易通常不显示在海关的贸易统计表上，但它也是国际收支的一部分。

（三）按贸易参加国的数量的不同，国际贸易分为双边贸易和多边贸易

双边贸易（Bilateral Trade）是指两国（或地区）之间通过协议在双边结算的基础上进行的贸易。其基本特点是：双方保持贸易收支平衡，即各以向对方的出口支付从对方的进口，不用向对方的出口来支付从其他国家的进口。这种方式多实行于外汇管制国家，另外，也泛指两国间的贸易往来。

多边贸易（Multilateral Trade）也称多角贸易，是指三个或三个以上国家（或地区）通过协议在多边结算的基础上进行贸易，相互间保持贸易收支平衡。即在贸易往来中，每个国家都可以用对某些国家的出超支付对另一些国家的入超，以实现整体的平衡。在多边贸易中，若在三国（或地区）间发生的则称三角贸易。例如，两国进行贸易磋商时，由于商品不适合而无法在两国间达成进出口平衡，而外汇支付上又存在一定困难无法达成协议，于是就把磋商范围扩大到第三国，在三国间互相搭配商品，实现贸易平衡，解决外汇支付上的困难。

（四）按境界标准的不同，国际贸易分为总贸易和专门贸易

这是由于国境和关境不一致所产生的统计标准。有些国家（如日、英、加、澳等）把国境作为划分进出口的标准，商品进入国境一律算作进口，商品离开国境都算作出口。这两者的总额相加，即总进口额和总出口额之和，称作总贸易（General Trade）额。另一些国家（如美、德、瑞士）则把关境作为划分进出口的标准。按照这种统计标准，商品进入关境称为专门进口，商品从国内运出关境称为专门出口。专门贸易（Special Trade）额就是专门进口额与专门出口额的总和。这样，外国商品存入保税仓库一类贸易活动不再列入进口贸易项目之中。显然，专门贸易与总贸易在数额上有可能不相等，因此，联合国公布各国贸易额时，一般都注明该国的统计标准。

（五）按清偿工具的不同，国际贸易分为自由结汇贸易和易货贸易

自由结汇贸易（Free Liquidation Trade）又称现金结算贸易或现汇贸易，指的是以国际货币作为清偿手段的国际贸易。能够作为国际支付工具的货币主要有美元、欧元、瑞士法郎和日元等这些可以自由兑换的货币。

易货贸易（Barter Trade）又称换货贸易，是以经过计价的商品作为清偿手段的国际贸易。这种方式大多起因于某些国家外汇紧缺，无法以正常的自由结汇方式与他国进行贸易。它的特点是进口与出口直接相联系，以货换货，进出基本平衡，可不用现汇支付。这就解决了那些缺乏外汇国家开展对外贸易的问题。

（六）按是否有第三国参加，国际贸易分为直接贸易、间接贸易和转口贸易

直接贸易是指商品生产国与消费国直接而不通过第三国进行商品买卖的行为。其中，商品生产国是直接出口，消费国是直接进口。

间接贸易是指商品生产国与消费国通过第三国进行商品买卖的行为。其中，商品生产国是间接出口，消费国是间接进口。

转口贸易又称中转贸易或中介贸易，是指在间接贸易情况下，第三国所进行的贸易。转口贸易大致又可分为两种：一是把商品从生产国输入进来，然后由该国商人销往商品的消费国；二是转口商仅参与商品的交易过程，商品还是从生产地直接运往消费地。从事转口贸易的大多是运输便利、贸易限制较少的国家和地区。如伦敦、鹿特丹、新加坡、香港等港口，由于地理位置优越，便于货物集散，所以转口贸易很发达。

（七）按对外贸易政策不同，国际贸易分为自由贸易和保护贸易

自由贸易是指国家对进出口贸易活动不加干预和限制，商品可自由输出和输入，并在国内外市场上自由竞争。

保护贸易是指国家运用权力，通过高额关税及进口许可证、外汇管制等各种限制进口措施，保护本国市场，防止外国商品竞争，同时对本国的出口给予津贴和优惠待遇，鼓励出口。

三、国际贸易的作用

国际贸易对参与贸易的国家乃至世界经济的发展具有重要作用，具体表现在以下几方面。

（一）调节各国市场的供求关系

调节各国市场的供求关系、互通有无始终是国际贸易的重要功能。世界各国由于受生产力发展水平、科学技术、经营管理和生产要素分布状况等因素的影响，生产能力和市场供求状况存在着一定程度的差异。各国国内既存在产品供不应求的状况，又存在着各种形式的产品过剩状况。通过国际贸易既可以增加国内短缺产品的市场供给量，满足消费者的需求，又可以为各国国内市场的过剩产品提供新的出路，在一定程度上缓解了供求失衡的不利状况，从而调节了各国的市场供求关系，保证经济发展得以顺利进行。

（二）促进生产要素的充分利用

在当今世界上，劳动力、资本、土地等生产要素在各个国家的分布往往是不平衡的，有的国家劳动力富余而资本短缺，有的国家资本丰裕而土地不足，有的国家土地广阔而耕作技术落后。如果没有国际贸易，这些国家国内生产规模和社会生产力的发展，都会受到其短缺的生产要素的制约，一部分生产要素将闲置或浪费，生产潜力得不到发挥。通过国际贸易，这些国家可以采取国际服务贸易、资本转移、土地租赁、技术贸易等方式，与其他国家交换生产要素，从而使短缺生产要素的制约得以缓解或消除，富余的生产要素得以充分利用，扩大生产规模，加速经济发展。

（三）利用比较优势，充分发挥国际分工的作用，提高生产效率

各国参与国际贸易的重要基础是比较利益和比较优势。利用比较利益和比较优势进行国际分工和国际贸易，可以扩大优势商品生产，缩小劣势商品生产，并出口优势产品从国外换回本国居于劣势的商品，从而可在社会生产力不变的前提下提高生产要素的效能，提高生产效率，获得更大的经济效益。

（四）提高生产技术水平，扩大生产能力，优化国内产业结构

在当今世界，各国普遍通过国际贸易引进先进的科学技术和设备，以提高国内的生产力水平，加快经济发展。同时，通过国际贸易，国内的产业结构逐步协调和完善，促进整个国民经济协调发展。

（五）增加财政收入，满足国内需求，提高国民福利水平

国际贸易的发展可为一国政府开辟财政收入的来源。政府可从对进出口贸易的货物征收关税和其他各种有关费用获得大量财政收入。在美国成立初期，关税收入曾占其财政收入的90%。至今，关税和涉外税收仍然是一些国家特别是发展中国家财政收入的重要来源。国际贸易还可以通过进口国内短缺且迫切需要的商品，或者进口比国内商品价格更低廉、质量更好、式样更新颖、特色更突出的商品，满足国内的各种需求，使国内消费者获得更多的福利。此外，国际贸易的扩大，特别是劳动密集型产品出口的增长，将为国内提供更多的就业机会，间接提高国民福利。

（六）加强各国经济联系，促进世界经济以及国际金融的发展

在现代，世界各国广泛开展国际贸易活动，不仅把生产力发展水平较高的发达国家互相联系起来，而且把生产力发展水平较低的广大发展中国家带入国际经济生活之中。国际市场的竞争活动，也促使世界总体的生产力发展进一步加快。这不仅促进了发达国家经济的进一步发展，也促进了不发达国家和地区的经济发展。

国际贸易的发展促进了国际信用关系的建立，使现金结算方法逐步被非现金结算所代替。信用工具（票据）代替现金成为流通手段和支付手段来结算国际间的债权债务，便利了国际间的货币收付和债权债务的清算，促进了国际金融市场的形成和国际货币制度的建立与发展。

四、从事国际贸易应具备的具体条件

从事国际贸易需要具备相应的知识和能力，主要包括以下几个方面。

（一）全球化视野以及良好的商业信誉

要从事国际经济贸易，首先必须具有全球化的视野，因为，目前经济全球化是世界经济发展的趋势，做国际贸易要从全球化、国际化的角度来考虑问题。同时，在对外贸易合同签订后，要认真履行合同，建立良好的商业信誉，这样才能将业务做得更大、更好。

（二）从业人员要具有国际经济贸易专业知识

国际贸易是涉及不同国家、地区之间的交易活动，从事国际贸易必须具备经济贸易的专业知识。

1. 国际市场营销知识

国际贸易是货物的采购及行销，故对于货物在国内外买卖的技术、经销途径、价格都要有深入的了解。

2. 通晓外语

从事国际贸易，必然与外国商人接触，双方要有共同语言才能进行洽谈，达成交易。要求从业人员通晓目标对象国的语言，才便于解决贸易活动中的困难。

3. 通晓本国对外贸易法规和货运、报关、检验等手续

各国都有一套管理本国对外贸易的办法，从事贸易活动的厂商必须熟悉这些办法，才能办好出口与进口手续。

4. 熟悉各国关税及非关税法规

从事国际贸易的厂商除了要了解各国关税税率、进口特殊规定、是否使用特定的海关发票，还要了解对方国家非关税壁垒方面的规定。对国际贸易组织的有关规定也要知道。

5. 国际汇兑的知识

国际贸易的从业人员必须了解贸易对象国货币汇率、外汇银行的功能，以及国际金融组织的规章规定。

6. 货物知识

货物是国际贸易中的交易对象，从事对外贸易的厂商对于所经营货物的性能、品质、生产方法、包装、成本计算要有深刻的了解。

7. 外经贸法律知识

从业人员要通晓世界各国的商事法规以及一些国际上通行规定和贸易惯例。

8. 保险知识

贸易商必须重视货物运输的风险并进行保险，要熟悉保险的种类以及发生风险时进行索赔的方法，要具备充分的保险知识。

9. 运输业务知识

国际贸易货物的转移要通过各种交通工具进行，贸易商要透彻地了解各种运输业务知识，才能使货物妥善转移。

10. 财会、统计方面的知识

贸易商要了解财会、统计方面的知识，才能了解贸易相关的收支情况。

（三）建立国际经济贸易信息系统

从事国际贸易的人员要了解各国经济、政治等多方面的动向，迅速准确地收集商业信息，建立国际经济贸易信息系统，并对收集的数据信息进行分析研究，从中学习吸收别国或企业的外经贸经验，不断完善和充实自己，将自己的业务做得更好。

（四）适应竞争需要的企业组织体系

从事国际贸易要求相关企业必须具备高效运作的企业组织形式。随着世界经济的发展、竞争格局的变化，企业的组织体系也要不断完善和发展，以便适应国际竞争的需要。

自测练习

一、关键名词

国际贸易　　对外贸易　　国际贸易值　　国际贸易量
贸易差额　　国际收支　　国际贸易商品结构　　国际贸易地理方向
对外贸易依存度

二、简答题

1. 简述国际贸易的作用。
2. 简述从事国际贸易应具备的具体条件。

三、计算题

以 1996 年为基准年，某国进出口价格指数均为 100，而 2016 年的出口价格上升了 18%，进口价格下跌了 6%，请计算该国的贸易条件指数，并说明其经济意义。

四、能力训练

1. 利用商务部网、海关统计资讯网等公布的信息分析我国外贸态势。
2. 结合所学知识和企业调研分析一个合格的外贸人才应具备的条件。

模块三

国际分工

知识要点

1. 国际分工的概念；
2. 影响国际分工发展的因素；
3. 国际分工对国际贸易的影响。

能力拓展

1. 用国际分工的知识解释国际分工的现象；
2. 用国际分工的知识简单分析国际分工对国际贸易的影响。

一、国际分工的概念

分工是指人类社会生产过程中的劳动分工，即各种社会劳动的划分。分工是一种社会范畴，它是人们在进行生产、改造自然的过程中形成的，是一切社会生产的基本形式，是各种社会形态所共有的现象，并随着社会生产力的发展而不断变化和发展。

在人类历史发展过程中，劳动分工经历了自然分工、社会分工和国际分工三个发展阶段。劳动分工最早可以追溯到人类原始社会家庭或氏族内部的自然分工，即按性别和年龄差别进行的分工。由于生产力的发展，出现了三次意义重大的社会大分工：畜牧业和农业的分工；手工业从农业中分离出来；商人阶层的出现。自然分工逐渐被社会分工所取代，分工也愈来愈细，生产逐渐专业化，新的生产部门不断出现。社会分工是多层次的庞大体系，包括产业各部门之间、各产业部门内部之间、城乡之间、脑力劳动与体力劳动之间的分工。国际分工是世界各国之间的劳动分工，是社会分工发展到一定阶段，一国经济的内部分工超越国家界限向国外延伸的结果。

一切分工都是生产力发展的必然结果和表现。国际分工同社会分工既有相同之处，如它们都是劳动分工，都是劳动生产率提高的原因和结果，但二者也有区别。首先，形成和存在的历史时期不同。社会分工出现在原始社会末期，并存在于其他社会经济形态，国际分工形成于资本主义大机器工业时代。其次，商品交换方式不同。前者的商品交换表现为国内贸易，后者的商品交换则表现为国际贸易。最后，社会分工的发展主要取决于各国本身的生产力发展和技术进步，而国际分工则取决于世界范围内生产力的发展和生产的国际化程度。

二、影响国际分工发展的因素

国际分工的产生和发展受多种因素的制约和影响。在不同时期和不同阶段，因国际分工的内容和特征不同，其具体影响因素也有差异。

（一）自然条件是国际分工产生和发展的基础

自然条件包括一个国家的气候、土壤、国土面积、矿藏资源、地理环境等，是进行经济活动的必要条件和重要物质基础。自然条件对国际分工有着重要影响，比如说，热带作物只能在热带国家种植，矿产品只能在拥有矿藏的国家开采和出口。

自然条件对国际分工虽然十分重要，但它不是国际分工产生和发展的唯一条件。因为自然条件只提供国际分工的可能性，不提供现实性，要把可能性变成现实性，还需要以一定的生产力和科学技术为条件。一般来说，在生产力水平较低的条件下，自然条件对社会分工和国际分工的影响较大。随着科学技术和生产力的迅速发展，人工材料与合成原料的大量出现，自然条件的作用也就相对削弱，但它仍然对国际分工具有重要影响，不可被忽视。

（二）社会生产力是国际分工形成与发展的决定性因素

1. 社会生产力的发展决定国际分工的形成和发展

一切分工，包括国际分工，都是社会生产力发展的必然结果。它突出表现在科学技术的重要作用上。迄今为止出现的三次科技革命，都深刻地改变了社会生产，使社会分工和国际分工随之发生变化。

2. 生产力发展水平决定一个国家在国际分工体系中的地位和作用

发达国家生产力水平高，在国际分工中居于主导地位；而发展中国家生产力水平低，在国际分工中不得不处于受剥削的从属地位。目前，一些新兴的工业化国家和地区经济发展迅速，他们在国际分工体系中的不利地位正在逐步改善。

3. 生产力的发展决定国际分工的形式、广度和深度

随着生产力的发展，国际分工的形式日益多样化，从垂直型向水平型和混合型过渡，出现了多类型、多层次的分工形式，如合资企业、合作经营、“三来一补”等形式。国际分工程度也越来越深，从部门间分工已深入到产品内部分工及工序与工艺的分工。国际分工的范围不断扩大，各种经济类型、不同经济发展水平的国家通过国际分工紧密地结合起来，形成了世界性的分工。

4. 生产力的发展也决定国际分工中的产品结构和内容

随着生产力水平的不断提高，在国际贸易商品结构中，初级产品的比重不断下降，工业制成品的比重不断提高，技术贸易和无形贸易也得到了迅速的发展。

（三）人口状况影响着国际分工的发展

人口状况主要包括人口的数量、质量、居民习俗等。一国人口的数量和质量一般会

对国际分工产生一定的影响。例如，人口稠密且素质低的国家一般只能生产劳动密集型产品。

（四）国际生产关系决定国际分工的性质

国际生产关系中最主要的是生产资料所有制形式，它是国际生产关系的基础。在现代世界经济中，资本主义生产关系仍占据主导地位，因此，当今国际分工在一定程度上具有资本主义性质。国际分工从形成起就具有剥削性和不平等性，但是，随着许多发展中国家赢得了政治上的独立，在经济上逐步摆脱对发达资本主义国家的依附地位，这种状况有所改变。

（五）上层建筑可以推进和延缓国际分工的形成与发展

国际分工在一定程度上还要受到政府、军队、各种组织机构等上层建筑的影响。在历史上，资本主义国家曾采用暴力和不平等条约等手段推动宗主国与殖民地之间国际分工的建立和发展。国际垄断资产阶级有时利用各种国际经济组织来影响一些国家在国际分工中的作用，有时采用贸易保护政策来削弱和打击贸易对手，试图人为改变国际分工格局。各国的上层建筑也能延缓国际分工的发展，例如，一国长期实行相对封闭的政策和措施，就会延缓这个国家参与国际分工的进程。

三、国际分工对国际贸易的影响

国际分工是国际贸易的基础，国际分工的发展变化对国际贸易的发展有着重要的影响。

（一）国际分工促进国际贸易的发展

生产的国际专业化分工不仅大量节约社会劳动，提高劳动生产率，增加世界范围内的商品数量，而且促进了国际商品活动和交换关系的发展，促进国际贸易的迅速增长。“二战”后世界贸易额持续地迅速增长已经充分说明了这一点。

（二）国际分工的发展引起国际贸易商品结构的相应变化

国际分工的深度和广度不仅影响国际贸易发展的规模和速度，还决定国际贸易的结构和内容。第一次科技革命以后，由于大机器工业的发展，国际贸易商品结构中出现了许多新产品，如纺织品、船舶、钢铁和棉纱等。第二次科技革命以后，国际分工进一步深化，国际贸易的商品结构也发生了相应的变化。粮食贸易大量增加，农业原料和矿业材料贸易不断扩大，机器、电力设备、机车及其他工业品的贸易也有所增长。第三次科技革命使国际分工进一步向深度和广度发展，国际贸易商品结构也随之出现新的特点，主要表现在工业制成品在国际贸易中的比重不断上升，新产品大量涌现，无形贸易得到了迅速发展。

（三）国际分工对国际贸易的地理分布产生重要影响

世界各国的对外贸易地理分布与它们的经济发展及其在国际分工中所处的地位是分不开的。第一次科技革命后，以英国为核心的国际分工使英国在世界贸易中居于垄断地位。此后，法国、德国、美国在国际贸易中的地位也显著提高。在此期间，国际贸易主要在发达国家和不发达国家之间进行。“二战”后，国际分工由垂直型向水平型发展，国际贸易的地理方向转向发达资本主义国家之间。西方工业发达国家相互间的贸易得到了迅速发展，而它们同发展中国家间的贸易则呈下降趋势。

（四）国际分工对国际贸易政策产生重要影响

国际分工状况是各个国家制定对外贸易政策的依据。经济发展水平高、技术力量雄厚、在国际分工中处于有利地位的国家倾向于实行自由贸易政策。一些发展水平相对落后的国家，为了保护本国的幼稚工业，便会采取保护贸易的政策。19 世纪 70 年代中期以前，世界以贸易自由化政策为主导倾向，而后贸易保护主义又重新抬头。西方国家贸易政策的这种演变是和国际分工的发展分不开的，也与各国在国际分工中所处地位的变化密切相关。

自测练习

一、关键名词

国际分工

二、简答题

1. 影响国际分工发展的因素有哪些？
2. 国际分工对国际贸易的影响？

三、案例分析

10 个国家参与波音 787 研制生产

波音 787 飞机代表着民用飞机工业的最高水平，是美国主导下的全球合作产物（除了欧空局和俄罗斯），日本、加拿大、巴西、中国都参与生产。该机型的生产将分包给 10 个国家的 43 家一级供应商、1600 个大型企业、1.5 万个小企业。

现在，航空大型飞机产业的发展趋势就是国际化，一家公司不可能制造出一架完整的飞机，比如像波音 787 飞机，美国波音公司的工作份额包括设计、制造和最后的试验，只占工作份额的 35%，组装、研制由波音公司完成，知识产权属于波音，但是制造，包括风险共担的制作业务，都分包给其他国家。比如，日本的公司占到波音 787 工作份额的 35%，美国沃特公司和意大利的“阿莱米娅”（音）公司占波音 787 工作份额的 26%，剩下 40% 由几家小公司承担。

通过阅读以上资料，运用本模块所学知识对航空大型飞机产业的分工模式和动机进行分析。

单元二　国际贸易措施

国际贸易政策以国别为基础，并以一个国家为出发点，因此，一个国家的贸易政策也就是一个国家的对外贸易政策，是一国政府为促进对外贸易和国民经济的发展而实行的各种政策措施的总和，是一个国家经济政策的重要组成部分。

关税措施是贯彻一国贸易政策的基本措施，也是当今各国保护本国贸易的重要措施，是每一个进出口商在从事国际贸易时都必须面临的事项。本单元详细介绍了关税的概念及关税措施的主要种类，尤其对进口业务中所要面临的关税进行重点讲解。

中国的关税措施是贯彻国家对外开放政策，体现鼓励出口和扩大必需品的进口，保护与促进国民经济的发展的重要保证。

非关税措施是贯彻国际贸易政策的又一重要手段，在当今的国际贸易业务中，面临着以非关税壁垒为主的新贸易保护主义，并且呈现加强之势。非关税壁垒问题越来越引起世界各国的普遍关注，并成为各国保护贸易政策的重要手段。本单元介绍了非关税的概念及非关税措施的主要种类。

中国加入世界贸易组织（WTO）后，大幅度减少非关税措施，但同时又在世界贸易组织的框架内，实施非关税措施，以保护我国的市场。

随着改革开放的不断深入和中国加入世界贸易组织，中国对外贸易政策也不断调整，逐步与世界贸易规则接轨，同时又从本国的实际情况出发，开放市场，降低关税，扩大出口，促进对外贸易的发展。

模块一

关税措施

知识要点

1. 关税的概念；
2. 关税的主要种类；
3. 普通税率和最惠国税率；
4. 普遍优惠制关税。

能力拓展

1. 用关税的含义、作用分析当前国际贸易税收政策；
2. 根据所学专业知识掌握海关申报的程序；
3. 根据所学专业知识分析税率的调节对于经济的影响。

一、关税的概念

关税（Tariff，Customs Duties）是进出口商品经过一国关境时，由政府所设置的海关向本国进出口商所征收的一种税。

二、关税的主要种类

（一）按照征收的对象和商品流向分类

1. 进口税

进口税（Import Duties）是指外国商品进入一国关境时或者从自由港、出口加工区及保税仓库进入进口国市场时，由进口国家的海关根据海关税则对本国进口商所征收的关税，又称为正常关税或进口关税。

进口税的税率种类主要有普通税率和最惠国税率。

（1）普通税率。如果进口国未与该进口商品的来源国签订任何关税互惠贸易条约，则对该进口商品按普通税率征税。普通税率是一国税率中的最高税率，一般比优惠税率高1~5倍，少数商品甚至高达10倍、20倍，目前，仅有个别国家对极少数国家（一般是未建交）的出口商品实行这种税率，大多数只是将其作为优惠税率减税的基础。因此，普通税率并不是普遍实施的税率。

（2）最惠国税率。最惠国税率是一种优惠税率，往往和双边或多边最惠国待遇相关。最惠国待遇是指缔约国各方实行互惠，凡缔约国一方现在和将来给予任何第三方的一切特权、优惠和豁免，也同样给予对方。最惠国待遇的内容很广，但主要是关税待遇。最惠国税率是互惠的，且比普通税率低，有时甚至差别很大。

例如，美国对进口玩具征税的普通税率为70%，而最惠国税率仅为6.8%。由于世界上大多数国家都加入了签订有多边最惠国待遇条约的《关贸总协定》（现由世界贸易组织继承其协定），因而这种关税税率实际上已成为正常的关税税率。

最惠国税率并非是最低税率。在最惠国待遇中，往往规定有例外条款，如在缔约关税同盟、自由贸易区或有特殊关系的国家之间规定更优惠的关税待遇时，最惠国待遇并不适用。

2. 出口税

出口税（Export Duties）是出口国家的海关对本国产品输往国外的商品征收的关税。目前，大多数国家对绝大部分出口商品都不征收出口税。征收出口税会抬高出口商品的成本和国外售价，削弱其在国外市场的竞争力，不利于扩大出口。但目前世界上仍有少数国家（特别是经济落后的发展中国家）征收出口税。

我国历来采取鼓励出口的政策，但为了控制一些商品的出口量，采取了对极少数商品征收出口税的办法。被征收出口税的商品主要有生丝、有色金属、铁合金和绸缎等。

案例思考

年关收紧化肥出口税增至110%

据新华社北京2010年11月30日电　财政部30日消息，经国务院批准，国务院关税税则委员会决定，自2010年12月1日起至12月31日止，我国对部分化肥产品按35%的暂定税率征收出口关税，并征收75%的特别出口关税。此次调整涉及的化肥产品包括尿素、磷酸氢二铵、磷酸二氢铵及磷酸二氢铵与磷酸氢二铵的混合物。此举意味着，在临近年关之际，我国化肥出口将由现行7%的淡季关税调整为110%的旺季关税，化肥出口之门基本关闭。

思考：中国采取增收化肥出口税的目的何在？

3. 过境税

过境税（Transit Duties）又叫通过税，对过境货物所征收的一种关税。过境货物一般指外国货物运进一个国家的关境，又原样运出该关境的货物，即该货物运输的起点和终点均在运输所经的国家之外。

（二）按照征收的目的分类

1. 财政关税

财政关税（Revenue Tariff）又称收入关税，是指以增加国家的财政收入为主要目的而征收的关税。财政关税的征收对象一般是针对国内有大量消费、进口数量大的商品，而且税率要适中，如果税率过高，会阻碍进口，达不到增加财政收入的目的。

目前发达国家的关税仅占其财政收入的2%~3%，然而就发展中国家而言，由于国内经济不够发达，关税收入仍然占财政收入的13%左右，2009年我国达到了3.26%。

2. 保护关税

保护关税（Protective Tariff）是指以保护本国工业或农业的发展为主要目的而征收的关税，保护关税税率越高越能达到保护的目的。有时税率高达100%以上，等于禁止进口，成为禁止性关税。

保护关税可以通过提高税率来加重进口商品的成本负担，削弱其竞争力，从而限制外国商品进口和保护国内同类商品的生产和市场。另外，保护关税还可以通过调整关税税率的高低来控制进口商品的数量，以此调节国内价格，保证国内市场供求平衡，从而达到保护国内市场的目的。

（三）按照差别待遇和特定的实施情况分类

1. 进口附加税

进口附加税（Import Surtaxes）是进口国海关对进口的外国商品在征收一般进口税外，出于某种特定的目的而额外加征的关税。进口附加税通常是一种特定的临时性措施，是限制商品进口的重要手段。进口附加税主要包括反倾销税和反补贴税两种。

（1）反倾销税（Anti-dumping Duty）。

① 倾销的概念。倾销是指一国商品以低于正常价值的价格进入另一国市场的行为。进行倾销的进口商品以价格优势打击进口国的同类产业，对该国领土内已建立的某种工业造成重大损害或重大威胁。

确定正常价值有3个标准：国内价格、第三国价格和构成价格。国内价格是指相同商品在出口国用于国内消费时在正常情况下的可比价格。第三国价格是指相同产品在正常贸易情况下向第三国出口的最高可比价格。构成价格是指该产品在原产国的生产成本加合理的推销费用和利润。

② 反倾销税的概念。反倾销税是指对实行倾销的进口货物所征收的一种临时性进口附加税。其目的是为了抵制外国商品大量低价进口，保护国内产业与市场。

③ 征收反倾销税的条件。征收反倾销税必须满足倾销存在、重大损害、倾销与损害之间存在因果关系这3个条件。A. 倾销存在：关键是对正常价格的界定，低于成本的销售是倾销。B. 重大损害：倾销对进口国同类产业造成实质性的损害或实质性的损害威胁；进口数量的激增对进口国同类产品产生了价格影响，对同类产品的生产者产生了影响。C. 因果关系：上述损害是否由于倾销所致，若由于其他因素（如需求萎缩或消费模式改变等）造成的损害则不应归咎于倾销性进口。

但是，对于倾销的认定、“正常价值”的含义、反倾销的实施方式等，各个国家之间存在着一定的分歧。一些发达的国家则利用反倾销手段对来自低成本的发展中国家产品进口加以限制，反倾销扩大化的趋势明显，成为非关税壁垒的手段之一。

案例思考

五年“鞋战”浙江鞋企扳掉欧盟反倾销税 流失的欧洲订单“返巢”

“最近刚刚接了两个意大利的单子，这些单子以前都下在印尼，这次转到国内来了。虽然量不大，但是个好兆头。”昨天，奥康集团外贸部相关人士告诉记者。

2011 年 4 月 1 日起，欧盟正式取消对中国皮鞋征收 16.5% 的高额反倾销税，这是中国鞋企不懈努力的结果，这一维持了五年之久的不合理贸易保护措施终于被扳倒。国外经销商有了这部分腾出来的利润空间，纷纷开始向中国鞋企增加订单。

- 欧洲老客户的订单回来了。

“最近外商来得特别多，我们外贸部员工都忙得连轴转。”拨通康奈集团相关负责人的电话时，话筒那头传出各种忙碌的声音，虽然暂时还没法具体统计订单的增量，但这种变化，让他很高兴。

“扳掉反倾销税，一定程度上减轻了欧盟采购商的成本压力，提升中国鞋在欧盟市场的竞争力，这是一个双赢的举措。”同样是皮鞋出口大户的巨一集团，近日也隐隐感觉到订单回流的迹象。该集团 90% 的出口集中在欧盟和北美，由于中国的制鞋成本比东南亚高，加上要支付 16.5% 的反倾销税，因此原有的客户有些因为集团给予了适当补贴继续维持，有些客户则因不能接受采购成本大幅增加，这几年来将部分订单转移到印度尼西亚等东南亚国家。“现在，欧盟采购商有了这部分腾出来的利润空间，还是愿意重新向中国鞋企下单的。”

自欧盟 2006 年征收反倾销税以来，奥康出口欧盟的增长速度受到很大影响，2006 年以前平均每年都是成倍增长，而征税后几乎很难开发新客户。但从 2010 年年底开始，欧洲客户预期到反倾销税将取消，逐渐变得活跃起来。奥康在欧盟的最大客户 GEOX 公司近期订单比去年同期增加了六七成，而一些在前两年几乎没下单的欧盟客户，最近也开始陆续向奥康下单。

“从去年开始，输欧皮鞋订单开始呈现回暖复苏迹象，比 2009 年有了相当幅度的增长。”温州鞋革行业协会秘书长谢榕芳表示。

- 技术创新，让中国鞋子更值钱。

随着国内原材料、劳动力等成本不断增加，出口鞋的价格一直也在不断上涨中，中国鞋企已经很难以低价竞争，不过，这两年中国鞋在品质、设计等方面不断提升。

奥康集团相关负责人告诉记者，奥康现已不是靠价格取胜，通过多年技术创新和出口产品结构调整，出口皮鞋平均单价在 20 美元左右，这是温州皮鞋出口均价的 5 倍。

开辟多样替代材料，也是保护市场的另一种方法。欧盟此次反倾销主要针对中国的真皮面鞋。为规避反倾销的风险，包括奥康、金帝、巨一等企业在内，有超过九成的温州鞋企已经开始采用聚氨酯（PU）合成革等非真皮原材料制鞋，尽可能地降低反倾销带来的损失。“从另一个角度来讲，这也有利于推动PU材料的技术进步。”温州华得利鞋业公司相关负责人表示。据透露，由高档PU合成革制成的男装鞋在欧洲市场较受欢迎，PU女鞋在欧洲市场也销售居多。

- 鞋企还要面对五道“紧箍咒”。

历时五年的欧盟反倾销政策对中国鞋企来说是当头一棒。尽管中国鞋企在这次“鞋战”马拉松中取得了胜利，但并不意味着中国鞋企今后可以高枕无忧。

“反倾销税取消是暂时的，封锁是长期的，不要过于乐观，尤其是当前还处在贸易保护大环境下。”温州一家大型鞋企负责人表示。

欧盟委员会在宣布取消反倾销税的同时，也已开始寻求新的管制办法，出台了五项针对中国鞋产品的措施。具体包括：每周一次的重点监测，以确保没有不公平行为，促使进口鞋产品使用强制标签以明确原产地标识，严格监控我国鞋企侵犯知识产权的行为，要求我国政府开放高端鞋零售市场，以及关注我国鞋企享受各类政府补贴的情况。

温州鞋革行业协会秘书长谢榕芳建议，鞋企在对欧出口订单增多时要谨慎行事，防止从4月起对欧出口“井喷”，要注意市场的多元化，同时也要不断提高产品档次和增加附加值，避免低价竞争。据介绍，温州真皮面鞋平均出口售价仅12~13美元，附加值并不高。另外，欧盟各方面的技术壁垒、贸易壁垒还在继续，尤其是针对所有原料的法规非常严格，相关企业不要麻痹大意。

中国皮革协会制鞋办公室主任卫亚非的观点也类似。他建议，中国鞋企应该加强自我反省，不少鞋企缺乏对国际贸易活动的认识，以至于在反倾销中处处被动。最终在国际市场上要靠产品品质取胜，而不是靠低价走量。

资料来源：浙江在线—钱江晚报。

思考：奥康反倾销案的胜诉给中国涉外企业什么启发？

（2）反补贴税（Countervailing Duty）。

① 补贴的概念。世界贸易组织对补贴的概念进行了规定，包括3层含义：一是财政资助；二是由某一成员国的领土内的政府或任何公共机构提供；三是由此而给予某种优惠。

② 反补贴税的概念。反补贴税又称抵消税或补偿税，是对于直接或间接地接受过奖金或补贴的外国商品所征收的一种进口附加税，一般按照“补贴数额”征收。征收反补贴税的作用是削弱接受出口补贴的进口商品的价格竞争力。

③ 征收反补贴税的条件。征收反补贴税要满足补贴的存在、损害的存在、补贴与损害之间存在因果关系。

2. 差价税

（1）差价税（Variable Levy）的概念。差价税又称差额税，是当某种国内生产的产品国内价格高于同类进口商品的价格时，为削弱进口商品的竞争力，保护本国生产和国内市场，按国内价格与进口价格之间的差额征收的关税。征收差价税的目的是抵消进口国本国产品和进口产品之间的价格差额，以稳定进口国国内该种商品的市场价格。

差价税没有固定的税率和税额，而是随着国内外价格差额的变化而变动，因此是一种滑动关税。

（2）差价税的征收方式。① 直接征收差价税；② 征收一般关税外再加国内外差价税，这种差价税实际上属于进口附加税。

3. 特惠税

特惠税（Preferential Duties）又称优惠税，是指对从某个国家或地区进口的全部商品或部分商品，给予特别优惠的低关税或免税待遇。使用特惠税的目的是为了增进与受惠国之间的友好贸易往来。特惠税有互惠与非互惠之分，税率一般低于最惠国税率和协定税率。

4. 普惠制关税

（1）普惠制是普遍优惠制（Generalized System of Preferences，GSP）的简称，是发达国家单方面给予发展中国家出口的制成品和半制成品（包括某些初级产品）普遍的、非歧视的且非互惠的一种关税优惠制度。它是在最惠国税率的基础上进行减税和免税，按最惠国税率的一定百分比征收（见表 2-1）。普惠制项下的出口产品关税税率比最惠国税率约低 1/3 左右。

（2）普惠制的三项基本原则。普遍性、非歧视性和非互惠性是普惠制的三项基本原则。① 普遍性是指发达国家对所有发展中国家出口的制成品和半制成品给予普遍的关税优惠待遇；② 非歧视性是指应使所有发展中国家都无歧视、无例外地享受普惠制待遇；③ 非互惠性是指普惠制不是对等的关税优惠，发达国家应单方面给予发展中国家特殊的关税减让，而不要求发展中国家对发达国家给予对等待遇。

（3）普惠制的目的：增加发展中国家或地区的外汇收入；促进发展中国家或地区的工业化；提高发展中国家或地区的经济增长率。

目前世界上共有 40 个给惠国，其中对我国出口的制成品、半制成品给予普惠制关税待遇的给惠国有 39 个。给惠国分别为英国、法国、爱尔兰、德国、丹麦、意大利、比利时、荷兰、卢森堡、希腊、西班牙、葡萄牙、奥地利、瑞典、芬兰、捷克、塞浦路斯、爱沙尼亚、匈牙利、拉脱维亚、立陶宛、马耳他、波兰、斯洛伐克、斯洛文尼亚、罗马尼亚、保加利亚和克罗地亚、瑞士、挪威、日本、新西兰、澳大利亚、加拿大、俄罗斯、白俄罗斯、乌克兰、哈萨克斯坦、土耳其和列支敦士登公国。美国虽然是普惠制给惠国，但至今未给予我国普惠制关税优惠待遇。

（4）普遍优惠制关税方案。

① 受惠国地区名单。发展中国家能否成为普惠制方案的受惠国是由发达国家单方面确定的。

② 给惠产品的范围。一般农产品的给惠商品较少，工业制成品或半制成品只有列入普惠制方案的优惠商品清单，才能享受普惠制优惠。一些敏感性商品，如纺织品、服装、鞋类以及某些皮制品、石油制品等常被排除在给惠商品之外或受到一定数额的限制。

③ 减税幅度。普惠制关税是在最惠国税率的基础上进行减税和免税，按最惠国税

率的一定百分比征收。普惠制项下的出口产品关税比最惠国税率低 1/3 左右。

普惠制减税幅度＝最惠国税率－普惠制税率

④ 保护措施。各给惠国为了保护本国生产和市场，从自身利益出发，均在各自的普惠制方案中制定了程度不同的保护措施。保护措施主要表现在例外条款、预定限额及毕业条款三个方面。

A. 例外条款。当给惠国认为，从受惠国优惠进口的某项产品的数量增加到对其本国同类商品或有竞争关系的商品的生产造成或将造成严重损害时，给惠国保留该产品完全取消或部分取消关税优惠待遇的权利。很明显，例外条款表明，发达国家给予发展中国家普惠制待遇的前提条件是其国内市场不会因给惠而受到干扰。

B. 预定限额。给惠国根据本国和受惠国的经济发展水平和贸易状况，预先规定一定时期内（通常为 1 年）某项产品的关税优惠进口限额，达到这个额度之后，就停止或取消给予的关税优惠待遇，而按最惠国税率征收。

C. 毕业条款。给惠国以某些发展中国家或地区产品已能适应国际竞争而不再需要给予优惠待遇和帮助为由，单方面取消这些国家或产品的普惠制待遇。

毕业标准可以分为国家毕业和产品毕业两种，由给惠国自行具体确定。

⑤ 原产地规则（Rule of Origin）。原产地规则是普惠制的主要组成部分和核心。为确保发展中国家或地区的产品利用普惠制扩大出口，防止非受惠国的产品利用普惠制的优惠扰乱普惠制下的贸易秩序，各给惠国都制定了详细的原产地规则。原产地规则一般包括原产地标准、直接运输规则和证明文件 3 个部分。

A. 原产地标准（Origin Criteria）。原产地标准是指只有完全由受惠国生产或制造的产品，或者进口原料或部分在受惠国经过实质性改变而成为另一种不同性质的商品，才能作为受惠国的原产品享受普惠制待遇。

B. 直接运输规则（Rule of Consignment）。直接运输规则是指受惠国产品必须从出口受惠国直接运至进口给惠国。制定这项规则的主要目的是为了避免在运输途中可能进行的再加工或换包。当由于地理或运输等原因确实不可能直接运输时，允许货物经过他国领土运转，条件是货物必须始终处于过境国海关的监管下，未投入当地市场销售或再加工。

C. 书面证明书（Documentary Evidence）。书面证明书是指受惠国必须向给惠国提供由出口政府授权的签证机构签发的普惠制原产地证书，作为享受普惠制减免关税优惠待遇的有效凭证。

⑥ 附加条件。根据普惠制的非互惠原则，普惠制应该是不附加条件的。但是，一些发达国家在其普惠制方案中往往规定一些附加条件，以达到其在多边领域里达不到的目的。附加条件可以分为鼓励条件和取消条件两种。

A. 鼓励条件。鼓励条件是指如果某受惠国符合特定的条件，给惠国可以给予其超过一般普惠制的待遇。例如欧盟规定，如果遵循国际劳工组织第 87、98、138 号决议的要求，保障劳工权益，并且遵循国际森林组织有关管理森林资源标准的精神，其每类受惠产品可以享受 20% 的补充优惠税率。

B. 取消条件。取消条件是指如果受惠国不符合特定条件，则将被取消或暂时取消普惠制待遇。例如，美国规定，只有充分保护知识产权并且符合劳工标准的国家才能享受普惠制待遇。

⑦ 有效期。普惠制的实施期限以十年为一个阶段。现在绝大多数给惠方案都已经进入第三个十年阶段。

表 2-1 不同种类进口税率的比较

	普通税率	最惠国税率	特惠税率	普惠制税率
适用范围	没有最惠国待遇条款	最惠国待遇条款	特惠协定，如《洛美协定》	普惠制方案内的发展中国家
特点	非普遍使用的税率，减税的依据	普遍使用的税率，正常税率	互惠或非互惠	非互惠税率
税率	最高	比普通税率低，互惠的税率	比最惠国税率低	比最惠国税率低，按最惠国税率的一定百分比征收

案例思考

欧盟普惠制新规呈新特点 出入境部门提醒企业跟进

浙江在线2011年2月24日讯　日前，衢州出入境检验检疫局签发了全年首份欧盟普惠制原产地证书，签证产品为浙江米格服饰有限公司生产的全棉女式衬衫，其货值为4.55万美元。该份证书为2011年1月1日适用欧盟普惠制新规以来的首份证书。“相对于原规则，新普惠制规则呈现几大特点，包括原产地确定标准难度降低、原产地累计使用范围部分改变、未再加工代替直运规则、部分条款重新定义以及微小含量使用范围拓宽。”该局有关工作人员介绍，为配合新规顺利实施，衢州检验检疫局通过“一对一”宣传、企业宣贯会、产地证打假行动等方式，帮助企业快速了解新政策。

记者了解到，欧盟普惠制原产地证书为我市签发数量最多的优惠原产地证。2010年，衢州地区共签发欧盟普惠制优惠原产地证3257份，涉及金额1.35亿美元，分别占我市所有优惠原产地证书总量的75%和70%。按照每份平均10%的关税减免优惠计，全年共为企业减免关税1350万美元，同比增长了19%，极大地降低了企业的出口成本。

衢州出入境检验检疫局提醒各外贸企业，及时跟进新规变化，确保出口欧盟产品享受关税优惠待遇。

资料来源：衢州新闻网—衢州日报。

思考：通过此案例，分析普惠制对于中国的作用，中国企业应该如何利用普惠制获利？

（四）按照征税标准分类

1. 从量税

从量税（Specific Duty）是以进口商品的数量、体积、重量等计量单位为标准的一种计征关税的方法。重量单位是最常用的从量税计量单位。例如，美国对薄荷脑的进口征收从量税，普通税率为每磅 50 美分，最惠国税率为每磅 17 美分。

从量税额=货物计量单位数×从量税率

2. 从价税

从价税（Ad Valorem Duty）是以货物价格作为征税标准来征收的关税。税率表现为商品价格的一定百分比。

从价税税额=完税价格×进口从价税率

进口货物的完税价格是指海关审定的作为计征关税依据的商品价格。

3. 混合税

混合税（Mixed Duty）也称复合税，是对某种进口商品混合使用从价税和从量税的一种计征关税的方法。复合税既发挥从量税抑制低价进口商品的特点，又可发挥从价税税负合理、稳定的特点。

4. 选择税

在税则中对某种商品同时规定从价和从量两种税率，征税时由海关选择其中一种计税。一般是选择税（Alternative Duty）额较高的一种征收。在物价上涨时，海关使用从价税；在物价下落时，海关使用从量税。这既可保证税收数量，又可发挥保护作用。

三、海关税则及通关手续

（一）海关税则

1. 海关税则的概念

海关税则（Customs Tariff）又称关税税则，是一国进出口商品计征关税的规章和对进出口应税与免税商品加以系统分类的一览表。海关税则是各国征收关税的依据，是关税制度的重要内容，是国家关税政策的具体体现。

海关税则一般包括两个部分：一部分是海关课征关税的规章条例及说明；另一部分是关税税率表。关税税率表主要包括 3 个部分：税则号列（Tariff No.，Heading No.，Tariff Item）、商品分类目录（Description of Goods）及税率（Rate of Duty）。

如何对海关税则中的商品进行系统分类，是海关税则制定中的重要问题。系统分类的目的是为了便于征税、纳税、统计和查找。为了协调各国在海关税则商品分类方法上的差异，世界海关组织于 1988 年 1 月 1 日正式实施了《商品名称及编码协调制度》（The Harmonized Commodity Description and Coding System，简称《协调制度》）。这是一套新型的、系统的和多用途的国际贸易商品分类体系。商品分类目录的分类原则是按商品的原料组成为主，结合商品的加工程度、制造阶段和商品的最终用途来划分。

2. 海关税则的分类

海关税则中的同一商品可以采用一种税率征税，也可以采用两种或两种以上税率征税。

（1）按照税率表的栏数，海关税则分为单式税则和复式税则。

① 单式税则。单式税则又称一栏税则，是指一个税目只有一个税率，对来自任何国家的商品均以同一税率征税，没有差别待遇。目前只有少数发展中国家（如委内瑞拉、巴拿马和冈比亚等）仍实行单式税则。

② 复式税则。复式税则又称多栏税则，是指同一税目下设有两个或两个以上的税率，即对来自不同国家的进口商品按不同的税率征税，实行差别待遇。

其中，普通税率是最高税率，特惠税率是最低税率。在两者之间，还有最惠国税率、协定税率和普惠制税率等。目前，大多数国家都采用复式税则。这种税则有两栏、三栏及四栏不等。我国目前采用两栏税则，美国、加拿大等国实行三栏税则，通常，对同一税目所设置的税率栏次越多，税则的灵活性和区别对待的特性越强，同时，表现出的歧视性也越强。

（2）依据制定税则的权限，海关税则分为自主税则和协定税则。

① 自主税则。自主税则又称国定税则，是指一国立法机构根据关税自主原则单独制定而不受对外签订的贸易条约或协定约束的一种税率。

② 协定税则。协定税则是指一国与其他国家通过贸易与关税谈判，以贸易条约或协定的方式确定的关税税率。协定税则是在本国原有的国定税则以外，通过与他国进行关税减让谈判而另行规定的一种税率。因此要比国定税率低。

（二）通关手续

通关手续又称报关手续，是指出口商向海关申报进口或出口，接受海关的监管与检查，履行海关规定的手续。办完通关手续，结清应付的税款和其他费用，经海关同意，货物即可放行。通关手续一般包括申报、查验、纳税和放行 4 个环节。

（1）申报。货物抵达进口国口岸（港口、车站、机场）时，进口商向海关提交填写好海关制定的进口报关单和业务相关的其他单证。

（2）查验。海关按照法令或条例规定，依照进口商提交的有关单证，逐项核对有关单证与货物及其他方面的一致性，以确定是否放行。

（3）纳税。进口商申报后，经海关验货，便取得海关发放的载有进口税额的纳税证，必须按海关规定及时用本币纳税。若发现货物有缺失部分，可扣除部分进口税。

（4）放行。进口商结清进口税款之后，海关准予货物放行。

自测练习

一、关键名词

关税	进口税	最惠国税率	出口税	反补贴税
反倾销税	特惠税	普惠制关税	海关税则	通关手续

二、简答题

1. 关税的主要特点是什么？关税有哪些主要分类？

2. 反倾销和反补贴有什么不同？

3. 什么是海关税则？它包括哪两个部分？

三、案例分析

美对我油井管征反补贴税 中方坚决反对

2009 年 11 月 24 日，美国商务部对中国出口至美国的油井管反倾销反补贴调查案件宣布补贴调查终裁，裁定中国油井管生产企业存在 10.36% 至 15.78% 不等的补贴幅度。商务部新闻发言人姚坚 11 月 25 日发表谈话指出，美方继续沿用其反补贴初裁调查中的歧视性做法，错误地认定存在补贴并任意提高反补贴税率，中方对此表示强烈不满和坚决反对。

美国国际贸易委员会 12 月 30 日做出终裁，决定对从中国进口的油井管征收 10.36% 至 15.78% 的反补贴税。中国商务部一直就美国对华油井管采取反补贴反倾销措施表示坚决反对。

根据美国国际贸易委员会公布的数据，2008 年美国从中国进口的油井管产品金额约 28 亿美元。这是当时美国对中国发起的最大案值的贸易制裁案。

我国商务部公平贸易局负责人表示，中方督促美方应正视客观事实，采取有效的措施，纠正错误做法，做出公平、公正、合理的裁决，以实际行动践行“反对贸易保护主义”的承诺。

“美国这种行为是极端的贸易保护主义的体现”，多个专家接受记者采访时均表示，中国政府可以针对这一决定向世界贸易组织提起申诉，中国钢铁行业也可以向负责这一案件的美国纽约联邦地方法庭上诉。

事件经过

1. 申请“双反”调查：4 月 8 日，美国 7 家钢铁企业和相关工会组织向美国商务部提出申请，以保护本国就业为由，要求对原产于中国的油井管产品进行“双反”调查（即反倾销反补贴合并调查）。

2. 立案：4 月 28 日，美国商务部立案。

3. 反倾销：

（1）6 月 10 日，美国国际贸易委员会初步裁定对中国输美油井管征收反倾销税；（2）11 月 5 日，美国商务部初步裁定，征收最高达 99.14% 的反倾销税；（3）美国商务部和美国国际贸易委员会分别于 2010 年 3 月和 5 月就对中国输美油井管征收反倾销税做出终裁。

4. 反补贴：

（1）9 月 9 日，美国商务部初步裁定对从中国进口的油井管加征反补贴税；（2）9 月15 日，美国国际贸易委员会做出初裁决定；（3）11 月 24 日，美国商务部做出终裁；（4）11月 30 日，美国国际贸易委员会为中国输美油井管反补贴案做最后裁定。

分析：美国为何对我国征收反补贴税，最终目的何在？

模块二

非关税措施

知识要点

1. 非关税措施的概念；
2. 主要的非关税措施；
3. 进口配额制和“自限”；
4. 技术性贸易壁垒和环境贸易壁垒。

能力拓展

1. 用非关税措施来分析当前国际贸易中非关税壁垒案例；
2. 根据所学专业知识分析非关税措施的主要种类；
3. 用所学专业知识分析非关税措施对于经济的影响；
4. 根据案例分析企业应该如何应对非关税措施。

一、非关税措施的概念

非关税措施（Non-tariff Measures，NTMs）是指关税以外的一切限制进口、影响出口的各种措施。非关税措施有限制性和鼓励性两类。限制性非关税措施有非关税壁垒和出口管制两类，如进口配额制、外汇管制等。鼓励性非关税措施主要包括出口鼓励措施和经济特区措施。本模块主要介绍限制性非关税措施。

二、非关税壁垒的主要种类

传统的非关税措施可以分为直接的非关税措施和间接的非关税措施两种。随着贸易保护主义抬头、传统国际贸易壁垒受限以及社会进步和人们物质生活水平的日益提高，传统的非关税壁垒大多逐渐被分化、细化、弱化，国际贸易中出现了多种形式的新型非关税壁垒措施。

（一）直接的非关税壁垒

1. 进口配额制

配额是一国政府为了控制本国与其他国家之间贸易而施加的对商品或服务进出口量的限制。进口配额（Import Quotas）又称进口限额，是一国政府在一定时期（通常为1年）内，对某些商品的进口数量或金额加以直接限制。在规定的期限内，配额以内的货物可以进口，超过配额不准进口，或不完全禁止进口，但要征收较高的关税或罚款后才能进口。进口配额制是实行进口数量限制的重要手段之一。进口配额制主要有绝对配制和关税配额两种。

（1）绝对配额（Absolute Quotas）。绝对配额是在一定时期内，对某些商品的进口数量或金额规定一个最高限额，达到这个限额后，便不准进口。这种配额在实施中又分全球配额、国别配额和进口商配额3种方式。

① 全球配额。全球配额是属于世界范围的绝对配额，对于来自任何国家或地区的商品一律适用。主管当局通常按进口商的申请先后或过去某一时间内的实际进口额批给一定的额度，直至总配额发完为止，超过总配额就不准进口。

由于全球配额不限定进口国别或地区，因此在配额公布后，进口商竞相争夺配额并可从任何国家或地区进口。这样，邻近国家或地区因距离较近，到货较快，比较有利，而较远的国家或地区就处于不利的地位。为了避免全球配额的不足，一些国家常采用国别配额。

② 国别配额。国别配额是将总配额按国别或地区进行分配，分配给固定的配额，超过规定的配额便不准进口。为了区分来自不同国家和地区的商品，在进口商品时商品必须提交原产地证明书。实行国别配额具有很强的选择性和歧视性。

③ 进口商配额。进口商配额是指某国政府将某些商品的进口配额在少数进口商之间进行分配。例如，日本的食用肉进口配额就是在29家大商社之间进行分配。

（2）关税配额（Tariff Quotas）。关税配额是对商品进口的绝对数额不加限制，而对在一定时期内，在规定配额以内的进口商品，给予低税、减税或免税待遇，对超过配额的进口商品则征收较高的关税或罚款。

按征收关税的优惠性质，关税配额分为优惠性关税配额和非优惠性关税配额。优惠性关税配额是对关税配额内进口的商品给予较大幅度的关税减让，甚至免税，而对超过配额的进口商品征收原来的最惠国税率，如西欧的普惠制。非优惠性关税配额是在关税配额内仍征收原来的进口税，但对超过配额的进口商品则征收较高的附加税或罚款。

绝对配额与关税配额的主要区别在于：绝对配额规定一个最高进口额度，超过就不准进口，而关税配额在商品进口超过规定的最高额度后，仍允许进口，只是超过部分被课以较高的关税。

2. “自动”出口配额制

“自动”出口配额制（“Voluntary” Export Quotas）又称“自动”限制出口，简称“自限”，也是一种限制进口的手段。所谓“自限”是指出口国在进口国的要求或压力下，“自动”规定某一定时期内（一般为3~5年）对该国某些商品的出口限制，在限定的配额内自行控制出口，超过配额即禁止出口。

“自动”出口配额制与进口配额制在形式上的主要区别在于：绝对进口配额制是由进口国家直接控制这些商品对指定进口国家的出口。但是，就进口国家来说，“自动”出口配额像绝对进口配额制一样，起到了限制商品进口的作用。

“自动”出口配额制带有明显的强制性。进口国家往往以商品大量进口，使其有关工业部门受到严重损害，造成所谓“市场混乱”为理由，要求有关国家的出口实行“有秩序地增长”，“自动”限制商品出口，否则就单方面强制进口。在这种情况下，一些出口国家不得不实行“自动”出口限制。

3. 进口许可证制

进口许可证是指进口国为了管制对外贸易，规定某些商品进口必须事先领取许可证，才可进口，否则一律不准进口。

（1）从进口许可证与进口配额的关系上看，进口许可证可以分为两种。

① 有定额的进口许可证。即国家有关机构预先规定有关商品的进口配额，然后在配额的限度内，根据进口商的申请对于每一笔进口货发给进口商一定数量或金额的进口许可证。例如，原联邦德国对纺织品实行进口配额制，每年分 3 期公布配额数量，配额公布后进口商可提出申请，获得进口许可证后即可进口。进口配额一旦用完，原联邦德国政府有关当局不再发放进口许可证。

② 无定额的进口许可证。即进口许可证不与进口配额相结合。政府机构预先不公布进口配额，颁发有关商品的进口许可证只是在个别考虑的基础上进行。由于它是个别考虑的，没有公布的标准，因而给正常贸易的进口造成更大困难，起到更大的限制进口的作用。

（2）从进口商品有无限制上看，进口许可证又可分为两种。

① 公开一般许可证。公开一般许可证又称公开许可证或一般许可证或自动进口许可证。它对进口国别或地区没有限制，凡列明属于公开一般许可证的商品，进口商只要填写公开一般许可证后，即可获准进口。因此属于这类许可证的商品实际上是“自由进口”的商品。

② 特种进口许可证。特种进口许可证又称非自动进口许可证，进口商必须向政府有关当局提出申请，经政府有关当局逐笔审查批准后才能进口。这种进口许可证多数都限制进口国别或地区。为了区分这两种许可证所进口的商品，有关当局通常定期分别公布有关的商品项目并根据需要随时进行调整。

4. 外汇管制

外汇管制（Foreign Exchange Control）是指一国政府通过法令对国际结算和外汇买卖实行限制来平衡国际收支和维持本国货币的汇价的一种制度。

在外汇管制下，出口商必须把其出口所得的外汇收入按官定汇率卖给外汇管制机关；进口商也必须在外汇管制机关按官定汇价购买外汇，本国货币的携出入国境也受到严格的限制。这样，国家的有关政府机构就可以通过官定汇价、集中外汇收入和批汇等办法，控制外汇供应数量，以达到限制进口商品品种、数量和进口国别的目的。

（二）间接的非关税壁垒

1. 歧视性政府采购政策

歧视性政府采购政策是指一国政府通过制定法令和政策，规定各级政府机构在采购公共物品时，必须优先购买本国产品的做法，从而导致对国外产品的歧视和限制，打击进口商的积极性，起到限制进口的作用。

美国与政府采购有关、影响进口的主要法规是1933年的《购买美国货法案》。这一法规要求政府购买美国货，除非货物不用于美国、美国没有足够的质量满意的货物、国货不符合公众利益或产生不合理的成本。日本也有几个省规定，政府机构需用的办公设备、汽车、计算机、电缆、导线、机床等不得采购外国产品。英国限定通信设备和电脑要向本国公司采购。

2. 歧视性国内税

歧视性国内税是指通过对外国商品征收较高的国内税来限制外国商品的进口。由于消费者在购买外国商品时要支付较高的国内税，因而他们对购买外国商品的积极性会降低，从而起到限制外国商品进口的作用。这是一种比关税更灵活、更易于伪装的贸易政策手段。因为国内税通常是不受贸易条约或多边协定限制的。

例如，美国、瑞士和日本进口酒精饮料的消费税都高于本国制品。

目前欧盟国家采用增值税，即按销货值大于进货值的“增量”部分，对国内产品征收免税或退税，而对进口商品则如数征收。

3. 进口最低限价制和禁止进口

（1）进口最低限价制（Minimum Price）。进口最低限价就是一国政府规定某种进口商品的最低价格，凡进口货价低于规定的最低价格时，则征收进口附加税或禁止进口，以达到限制低价商品进口的目的。例如，1985年智利对绸坯布进口规定，每千克的最低限价为52美元，低于此价格，将征收进口附加税。

（2）禁止进口（Prohibitive Import）。禁止进口是进口限制的极端措施，当一些国家感到实行进口数量限制已不足以解救国内市场受冲击的困境时，往往颁布法令，公布禁止这些商品的进口。例如，1975年3月，欧共体决定自1975年3月15日起禁止3千克以上的牛肉罐头及牛肉内脏罐头从欧共体以外市场进口。

4. 进口押金制

进口押金制（Advanced Deposit）又称进口存款制或进口担保金制，是指进口商在进口商品时，必须按进口金额的一定比率和规定的时间，在指定的银行无息存入一笔现金，才能进口。这样就增加了进口商的资金负担，影响了资金的流转，起到了限制进口的作用。例如，意大利政府曾对四百多种进口商品实行这种制度，规定无论从任何一国进口，必须先向中央银行交纳相当于进口货值半数的现款押金，无息冻结6个月，这项措施相当于征收5%以上的进口附加税。芬兰、新西兰、巴西等国也实行这种措施。巴西的进口押金制规定，进口商品必须按进口商品船上交货价格交纳与合同金额相等的为期360天的存款，方能进口。

5. 海关估价制

海关估价制是指海关为了征收关税，确定进口商品价格的制度。有些国家根据某些特殊规定，提高进口商品的海关估价，来增加进口商品的关税负担，阻碍商品的进口，就成为专断的海关估价。

用专断的海关估价来限制商品的进口，美国最为典型。长期以来，美国海关是按照进口商品的外国价格（在出口国国内销售市场的批发价）或出口价格（在出口国市场提供出口用的售价）两者之间较高的一种进行征收。这实际上提高了缴纳关税的税额。

（三）新型的非关税壁垒

1. 技术性贸易壁垒

技术性贸易壁垒（Technical Barriers to Trade，TBT）是指为了限制进口，一国对进口商品所规定的复杂苛刻的技术标准、卫生检疫规定以及商品包装和标签规定，这些标准和规定往往以维护生产者、消费者安全和人民健康的理由而制定。有些规定十分复杂，而且经常变化，使外国产品难以适应，从而起到限制进口的作用。

（1）繁杂的技术标准。发达国家对于许多制成品规定了极为严格的、烦琐的技术标准。进口货必须符合这些标准才能进口，其中有些规定往往是针对某些国家的。例如，原联邦德国禁止在国内使用车门从前往后开的汽车，这种汽车正是意大利菲亚特500型汽车的式样。法国禁止进口含有葡萄糖的果汁，其意图就在于抵制美国的货物，因为在美国，这类产品是经常加上这种附加物的。

这些技术标准不仅在条文本身上限制了外国产品的销售，而且在实施过程中也为外国产品的销售设置了重重障碍。以英、日汽车争端为例。英国方面规定，日本输往英国的小汽车可由英国派人到日本进行检验，如发现有不符合英国技术安全规定的情况，可在日本检修或更换零件，比较方便。但日本方面规定，英国输往日本的小汽车运到日本后，必须由日本人进行检验，如不合规定，则要由日本雇员进行检修。这样做费事费工，加上日本有关技术标准公布迟缓，给英国小汽车输往日本带来了更大的困难。

（2）严格的卫生检疫规定。发达国家更加广泛地利用卫生检疫的规定限制商品的进口。它们要求卫生检疫的商品越来越多，卫生检疫规定越来越严。例如，美国要求其他国家或地区输往美国的食品、饮料、药品及化妆品必须符合美国的《联邦食品、药品及化妆品法》（Federal Food，Drug and Cosmetic Act），否则不准进口。

日本、加拿大、英国等要求花生黄曲霉素含量不超过百分之二十，花生酱不超过百万分之十，超过则不准进口。日本规定茶叶农药残留量不超过百万分之零点二至百万分之零点五。美国、加拿大规定含铅量不得超过百万分之七。澳大利亚规定含铅量不得超过百万分之二十。

2. 绿色贸易壁垒

绿色贸易壁垒也就是环境壁垒，是一种以保护环境、自然资源和人类健康为借口而制定的一系列苛刻的环境标准，是一种贸易保护主义新措施。

绿色贸易壁垒的表现形式：

（1）绿色关税和市场准入。绿色关税和市场准入是发达国家以保护环境为名，对一些污染环境和影响生态环境的进口商品征收进口附加税或者限制、禁止其进口，甚至实施贸易制裁。如1991年，美国宣布禁止从墨西哥进口金枪鱼，理由是墨西哥使用超过美国标准的大型渔网，在捕获金枪鱼时，也捕杀了应受保护的海豚。

（2）绿色环境标志。它是一种由政府部门颁布，表明该产品在生产、使用、消费和回收处理过程中符合生态环境保护要求的特殊标志。我国已经建立了环境标志制度，并与ISO14000相衔接，以确立环境标志的权威性。

（3）绿色卫生检验制度。通过制定严格的卫生检疫标准，限制或禁止外国产品的进口。如我国出口的许多农产品由于不符合进口国的卫生检验标准而屡遭拒绝。

（4）绿色补贴制度。绿色补贴制度主要是指由于治理污染费用高昂，一些企业没有足够的资金投资于新的环保技术、设备或无力开发清洁技术产品，政府采用环境补贴方式予以帮助。

3. 社会责任壁垒

在欧美先后出现了一些关于“企业社会责任”的多边组织，逐步形成了一些评价体系和认证制度，企业社会责任标准认证SA8000（Social Accountability 8000）为其中最有影响的一种标准。SA8000是根据《国际劳工组织公约》、《世界人权宣言》及《联合国儿童权益公约》制定的一套可被第三方认证机构独立审核、认证的标准体系，其宗旨是确保生产商及供应商所提供的产品符合社会责任的要求，主要包括童工、强迫劳工、安全卫生、结社自由和集体谈判权、歧视、惩罚性措施、工作时间、工资报酬及管理体系9方面内容。2004年5月，欧美一些国家开始强制推行SA8000，将企业道德规范纳入企业经营管理体系，要求供应商必须接受并通过社会责任审核才能获得订单。

SA8000是全球第一个用于第三方认证责任管理体系标准。社会责任的推行成为发达国家实施“劳工贸易壁垒”的又一借口。社会责任标准这类新贸易壁垒具有介于合理和不合理的双重性，非常隐蔽和复杂。同时，新贸易壁垒涉及技术、法律以及行政管理等各个方面和各个部门，国内企业和政府部门须及早应对，提高企业综合竞争力，突破新贸易壁垒。

4. 道德壁垒

一些发达国家通过制定动物福利法，利用已有的动物福利优势，将本国动物福利标准应用到国际贸易中，对他国向本国的出口提出种种要求，阻碍甚至禁止他国对本国的出口。这种把动物福利作为判断是否准予进口的标准，以达到限制进口目的的贸易保护措施成为国际贸易中动物产品贸易的一种新壁垒，即“道德壁垒”。

自测练习

一、关键名词

绝对配额	关税配额	“自动”出口配额制
进口许可证	外汇管制	歧视性政府采购
歧视性国内税	进口最低限价	技术性贸易壁垒
环境贸易壁垒		

二、简答题

1. 什么是非关税措施？
2. 非关税措施有哪些种类？

3. 进口配额制如何限制进口？

4. 出口配额制如何限制进口？

三、案例分析

韩国增加种猪免税进口配额平抑价格

韩国从 2011 年 3 月 24 日开始将把种猪免税进口配额增至 5 000 头，将种鸡免税进口配额增至 661 000 只，同时增加玉米种子免税进口配额，以期缓解短缺状况，稳定价格。

综合媒体 3 月 23 日报道，韩国将增加种猪、种鸡以及玉米种子免税进口配额，以缓解短缺状况，稳定价格。当时，韩国正在与手足口病以及禽流感做激烈斗争。

韩国企划财政部（Ministry of Strategy and Finance）3 月 23 日在一份电子邮件声明中表示，该国政府已将种猪免税进口配额从 1 850 头增加至 5 000 头，将种鸡免税进口配额从 461 000 只增加至 661 000 只。声明称，这项措施从 3 月 24 日开始生效，直至 2011 年年底。

韩国 2010 年爆发了该国历史上最为严重的口蹄疫病，该国已经屠宰大约 350 万头牲口，其中主要是猪和牛。此外，由于暴发禽流感，韩国当局还宰杀了 620 万只鸡和鸭。

韩国企划财政部表示，增加进口配额有助于提高农产品以及家畜供应，从而平抑韩国国内价格。1 月，韩国农产品、奶制品、渔产品价格上涨 17.7%，2 月通胀同比上扬 4.5%，连续两个月超过韩国央行目标区间。与此同时，韩国将玉米种子免税配额增加了 323 吨，达到 873 吨。

分析：试用供求关系分析进口配额制。

单元三　当代国际贸易

当代国际贸易发展出现了新的发展趋势：（一）世界经济区域集团化的趋势进一步加强。（二）世界贸易组织于1995年1月1日正式成立并开始运转。世界贸易组织是独立于联合国的负责管理监督全球贸易秩序、协调贸易关系、制定贸易政策的一个永久性国际经济组织。世界贸易组织的成立意味着世界贸易新格局的形成、全球贸易自由化的大发展以及国际经济合作新时代的开始。

当代国际贸易单元分为两个模块。模块一介绍了区域经济一体化概念、形式及发展的原因与特点，目前世界主要区域经济一体化组织的发展现状，地区经济一体化对国际贸易的影响；模块二主要介绍了世界贸易组织的基本内容。本单元学习的重难点是，结合商务部网站、海关统计资讯网等官方网站的数据，能够分析加入世界贸易组织以来中国外贸的环境和快速增长的原因。

模块一

区域经济一体化

知识要点

1. 区域经济一体化的含义、区域经济一体化的6种形式及发展的原因与特点；

2. 世界上主要经济一体化组织欧洲联盟（EU）、北美自由贸易区（NAFTA）和亚太经济合作组织（APEC）。

能力拓展

1. 分析经济一体化形成的原因、特点；

2. 分析区域经济一体化组织的发展。

一、区域经济一体化概述

从20世纪90年代至今，区域经济一体化组织在全球涌现，形成了一股强劲的新浪潮。这股新浪潮推进之迅速，合作之深入，内容之广泛，机制之灵活，形式之多样，都是前所未有的。此轮区域经济一体化浪潮不仅反映了经济全球化深入发展的新特点，而且反映了世界多极化曲折发展的新趋势。

（一）区域经济一体化的含义

区域经济一体化（Regional Economic Integration）已成为当今国际经济关系中最引人注目的趋势之一，但国内外对经济一体化尚无统一定义。

区域经济一体化是指两个或两个以上国家，为了维护共同经济和政治利益，实现专业化分工和进行产品交换，采取共同的经济政策，一致对外，形成排他性的经济集团甚至是政治联合。

（二）区域经济一体化的组织形式

经济一体化的形式根据不同标准可分为不同类别。美国著名经济学家巴萨拉把经济一体化的进程分为4个阶段：

（1）贸易一体化，即取消对商品流动的限制；

（2）要素一体化，即实行生产要素的自由流动；

（3）政策一体化，即在集团内达到国家经济政策的协调一致；

（4）完全一体化，即所有政策的全面统一。

与这四个阶段相对应，经济一体化组织可以根据市场融合的程度，分为以下6类。

1. 优惠贸易安排

优惠贸易安排是指在成员国间，通过协定或其他形式，对全部商品或一部分商品给予特别的关税优惠。这是经济一体化中最低级和最松散的一种形式。典型的优惠贸易安排有1932年英国与其殖民地国家之间实行的英联邦特惠制。

2. 自由贸易区

自由贸易区是指由签订有自由贸易协定的国家组成一个贸易区，在区内各成员国之间废除关税和其他贸易壁垒，实现区内商品的完全自由流动，但每个成员国仍保留对非成员国的原有壁垒。

3. 关税同盟

关税同盟是指成员国之间完全取消关税或其他壁垒，同时协调其相互之间的贸易政策，建立对外的统一关税。这在自由贸易区的基础上又更进了一步，开始带有超国家的性质，如欧洲共同体。

4. 共同市场

共同市场是指成员国在关税同盟的基础上进一步消除对生产要素流动的限制，使成员国之间不仅实现贸易自由化，而且实现技术、资本、劳动力等生产要素的自由流动。典型的共同市场如欧洲统一市场。

5. 经济同盟

经济同盟是指在共同市场的基础上又进了一步，成员国之间不但实现商品和生产要素的自由流动，建立起对外的共同关税，而且制定和执行某些共同经济政策和社会政策，逐步废除政策方面的差异，形成一个庞大的经济实体。典型的经济同盟如目前的欧盟。

6. 完全经济一体化

这是经济一体化的最高阶段。成员国在经济、金融、财政等政策上完全统一，在国家经济决策中采取同一立场，区域内商品、资本、人员等完全自由流动，使用共同货币。

经济一体化是关于成员间贸易壁垒的撤除和各种合作互助关系的建立。贸易壁垒的撤除被称为一体化中“消极”的一面，合作关系的建立则被称为“积极”的一面，因为合作的建立往往要求参加者改变现有的制度或机构，或建立新的制度和机构以使一体化地区的市场能适当而有效率地运转。在一体化的各种形式中，较初级的形式，如自由贸易区等主要是消极的一面，而较高级的形式，如经济同盟等则更充分地体现了积极的一面。消极的形式比较易于达到，因为消除关税和数量限制易于做到，特别是在经过长期的多边贸易谈判后许多国家的关税水平本来就已经很低。积极的形式不易做到，因为它要求采取某种形式的共同行动，而且要求在关税以外的领域合作，而金融、货币等方面的合作往往涉及国家主权的协调等更深 层次的问题。但对一体化形式的划分只能是大体上的，实际上每个组织都不可能是标准的某种形式。

（三）区域经济一体化发展的主要原因与特点

1. 区域经济一体化发展的主要原因

（1）联合一致抗衡外部强大势力是区域经济一体化的直接动因。

（2）“二战”后，科学技术和社会生产力的高速发展是区域经济一体化的客观基础。

（3）维护民族经济利益与发展及其政治利益是地区经济一体化形成与发展的内在动因。无论是发达国家的经济一体化，还是发展中国家的经济一体化，其根本原因都在于维护自身的经济、贸易利益，为本国经济的发展和综合国力的提高创造更加良好的外部环境。

（4）贸易与投资自由化是区域经济一体化产生并持续发展的经济源泉。

（5）贸易创造等各种积极的经济效应，是区域经济一体化产生并持续发展的重要原因。

2. 区域经济一体化发展的特点

（1）集团的成员由少到多。区域经济一体化组织的成员是由少到多的，如 1957 年 3 月由法国、联邦德国、意大利、荷兰、比利时、卢森堡 6 国政府签署《欧洲经济共同体条约》成立欧洲共同体，随后英国、丹麦、爱尔兰、希腊、西班牙、葡萄牙、奥地利、瑞典、芬兰先后加入，并于 1993 年定名为“欧洲联盟”。2004 年 5 月 1 日，爱沙尼亚、拉脱维亚、立陶宛、波兰、捷克、匈牙利、斯洛伐克、斯洛文尼亚、马耳他和塞浦路斯成为欧盟正式成员国。

（2）合作内容由浅入深，形式由低变高。区域经济一体化由优惠贸易安排这种最初级、最松散的形式，发展到自由贸易区和设立共同贸易壁垒的关税同盟，再到取消生产要素流动限制的共同市场和建立超国家管理机构的经济同盟，最后形成一个统一国际经济、政治政策的最高级形式的完全经济一体化，呈现出合作内容由浅入深、形式由低变高的特点。

（3）合作的形式多样化。不同的区域经济一体化组织，其合作形式是不同的，而且不一定从现有形式向较高级形式发展和过渡。它们的合作形式和程度取决于各成员国所处的区域及其经济政治制度的差异。

（4）合作关系平等。所有的区域经济一体化组织无论其经济、政治地位如何，在集团内，它们的合作关系是平等的，它要求成员国制定并执行某些共同经济政策和社会政策，并逐步取消各国在政策上的差异。

（5）合作超出了地缘条件的限制。区域经济一体化的合作最初是以地缘关系为基础发展起来的。随着科学技术的发展，全球范围内市场经济体制的建成、跨国公司的大量出现与发展以及各种国际性经济组织的建立与发展使经济全球化成为必然。区域经济一体化的合作由此也超出了地缘条件的限制。

二、主要地区经济一体化组织

进入 20 世纪 90 年代以来，由于国际市场竞争加剧和贸易保护主义抬头，世界各地区域性经济集团又出现迅猛发展的势头，形成一股势不可挡的潮流，并逐渐形成了北美自由贸易区、欧盟和亚太经济合作组织。

（一）欧洲联盟

欧洲联盟（简称欧盟，European Union，EU）是由欧洲共同体（European Communities）发展而来的，是一个集政治实体和经济实体于一身，在世界上具有重要影响的区域一体化组织。1946 年 9 月，英国首相丘吉尔曾提议建立“欧洲合众国”。1950 年 5 月 9 日，当时的法国外长罗贝尔·舒曼代表法国政府提出建立欧洲煤钢联营。这个倡议得到了联邦德国、荷兰、比利时、意大利和卢森堡的响应。1951 年 4 月 18 日，这 6 国在巴黎签订了《建立欧洲煤钢共同体条约》（又称《巴黎条约》）。1952 年 7 月 25 日，欧洲煤钢共同体正式成立。1957 年 3 月 25 日，这 6 个国家在罗马签订了《建立欧洲经济共同体条约和欧洲原子能共同体条约》（又称《罗马条约》）。1958 年 1 月 1 日，欧洲经济共同体和欧洲原子能共同体正式组建。1965 年 4 月 8 日，6 国签订的《布鲁塞尔条约》决定将 3 个共同体的机构合并，统称欧洲共同体。但 3 个组织仍各自存在，具有独立的法人资格。《布鲁塞尔条约》于 1967 年 7 月 1 日生效，欧洲共同体正式成立。1973 年后，英国、丹麦、爱尔兰、希腊、西班牙和葡萄牙先后加入欧共体，成员国扩大到 12 个。欧共体 12 国间建立起了关税同盟，统一了外贸政策和农业政策，创立了欧洲货币体系，并建立了统一预算和政治合作制度，逐步发展成为欧洲国家经济、政治利益的代言人。1991 年 12 月，欧洲共同体马斯特里赫特首脑会议通过《欧洲联盟条约》，通称《马斯特里赫特条约》（简称《马约》）。1993 年 11 月 1 日，《马约》正式生效，欧盟正式诞生，欧共体更名为欧盟。这标志着欧共体从经济实体向经济政治实体过渡。1995 年，奥地利、瑞典和芬兰加入使欧盟成员国扩大到 15 个。2002 年 11 月 18 日，欧盟 15 国外长会议决定邀请塞浦路斯、匈牙利、捷克、爱沙尼亚、拉脱维亚、立陶宛、马耳他、波兰、斯洛伐克和斯洛文尼亚 10 个中东欧国家入盟。2003 年 4 月 16 日，在希腊首都雅典举行的欧盟首脑会议上，上述 10 国正式签署入盟协议。2004 年 5 月 1 日，这 10 个国家正式成为欧盟的成员国。这是欧盟历史上的第五次扩大，也是规模最大的一次。2007 年 1 月，罗马尼亚和保加利亚两国加入欧盟。2013 年 7 月，克罗地亚加入欧盟。2016 年 6 月，英国公投退出欧盟。欧盟是当今世界上经济实力最强、一体化程度最高的国家联合。

欧元（Euro）于 1999 年 1 月 1 日正式启用。除英国、希腊、瑞典和丹麦外的欧盟 11 个成员于 1998 年首批成为欧元国，这些国家的货币政策从此统一交由设在德国法兰克福的欧洲中央银行负责。2002 年 1 月 1 日零时，欧元正式流通。截至 2016 年 1 月，欧元区有 19 个欧盟成员国。

问题思考

为什么积怨极深的法、德两国能携手合作？在欧盟东扩的历史性一刻，法、德两国领导人热烈拥抱的一幕使我们有何感想？

（二）北美自由贸易区

北美自由贸易区（North American Free Trade Agreement，NAFTA）是由美国、加拿大和墨西哥于1992年8月12日达成协议，1994年1月1日生效而成立的，是世界上第一个由发达国家和发展中国家组成的区域经济集团。北美自由贸易区的成立，一方面在拉美国家引起强烈的反响，许多拉美国家试图通过墨西哥同北美自由贸易区联系在一起。在美国的倡议下，1994年12月，美洲34个国家首脑集会在迈阿密，决定2005年为建立北起阿拉斯加、南至火地岛的美洲自由贸易区的谈判最后期限。另一方面，北美自由贸易区的建立也为成员国带来了好处。对美国和加拿大来说，北美自由贸易区的建立，有利于来自墨西哥廉价、稳定的石油产品及其他消费品的进口，有利于满足国内广大的消费市场的需要，并保证其石油进口的多元化，将墨西哥潜力巨大的投资市场及消费市场纳入自己的势力范围，对加强向中美和南美的渗透，实现美国的美洲经济一体化梦想，近而保持在世界经济格局中的主导权，具有重大意义。对于墨西哥来说，主要益处在于产品广泛、稳定地进入北美大市场，可扩大规模经济效益，降低生产成本，创造更多的就业机会，获得美国和加拿大的先进技术和设备，利用两国的投资发展本国的经济。

《北美自由贸易协定》自签订至今对成员国的经济发展产生了积极的影响。

第一，取消了关税和非关税壁垒，使区域内贸易获得了迅速的发展。根据协定规定，成员国应在10年~15年内逐步取消相互之间的贸易壁垒，实现地区贸易的自由化。

第二，投资和金融自由化规定的实施刺激了区域内投资增长和资金流动。《北美自由贸易协定》对投资者的保护做了明确的规定，建立了争端解决机制，规定了投资者“国民待遇”的原则。同时，各国又根据本国的实际情况采取了吸引外资的政策。这样促进了成员国之间相互投资的增加，也使这一地区成为对外资具有吸引力的地区。

第三，贸易的增长为三国创造了可观的就业机会。《北美自由贸易协定》生效以来，为3国创造了很多的就业机会。

第四，《北美自由贸易协定》的签订，提高了北美地区在全球经济中的地位。从客观效果来看，《北美自由贸易协定》的签订，不仅使贸易、投资增加，更重要的是提高了北美地区的国际地位和美国的战略目的，使美国有了自己的战略根据地，为其对外战略的实施奠定了基础。

（三）亚太经济合作组织

亚太经济合作组织（the Asia-pacific Economic Cooperation，APEC）是具有论坛性质的较为松散的区域经济集团。

1989年11月，在澳大利亚首都堪培拉召开了由美国、日本、澳大利亚、文莱、印度尼西亚、韩国、马来西亚、新西兰、菲律宾、新加坡、泰国、加拿大12个国家外交部长和经济部长参加的第一届部长级会议并宣告APEC正式成立。其发展的过程大致可分为3个阶段。

（1）第一阶段：成员之间共同协商达成共识。1989年11月，第一届部长级会议主要探讨了全球贸易自由化的进展以及亚太国家在未来区域经济合作方面所起的作用和合作的步骤。

第二届部长级会议于 1990 年 7 月在新加坡举行。这次会议对如何促进 APEC 成员国之间的贸易、建立贸易和投资信息网、互派贸易代表团、技术转让、人才培养、本地区能源交通、通信、海洋贸易保护 7 个合作领域项目进行了讨论。会议还通过了《联合声明》，欢迎中国、中国台北、中国香港 3 方尽早同时加入 APEC。

1991 年 11 月在汉城举行了 APEC 第三届部长级会议。这次会议中国、中国台北和中国香港正式成为 APEC 成员。会议的成果包含如下：第一，通过一项声明，敦促推动乌拉圭回合多边贸易谈判；第二，通过《亚太经济合作汉城宣言》，宣言强调了亚太地区经济合作的重要意义，规定了亚太经济合作的宗旨、活动范围、合作方式以及这种活动应遵循开放性对话和协商一致的原则。第三届部长级会议发表的《亚太经济合作汉城宣言》表明了经过多次协商，成员之间已经达到共识阶段。

（2）第二阶段：确定成员之间的贸易开放和时间表。从 1992 年至 1994 年，APEC 共举行了 3 届部长级会议（第四届、第五届、第六届）和第一次、第二次领导人非正式会议。第四届部长级会议在泰国首都曼谷举行，15 个成员参加会议。这次会议主要讨论的议题是区域经济趋势和问题、乌拉圭回合和本区域内的贸易自由化、APEC 会议工作计划等。会议还决定设立 APEC 秘书处，使 APEC 由原来的区域经济论坛向机制化过渡。会议最后发表了《曼谷联合声明》，表示要加强本地区的经济贸易合作，共同促进本地区经济的发展和繁荣。

第五届部长级会议于 1993 年 11 月在美国的西雅图召开。这届会议确认加强多边贸易体制、扩大地区和全球贸易以及改进投资规定和程序是 APEC 的主要目标。会议通过了《亚太经济合作组织贸易和投资框架宣言》，重申以关贸总协定原则作为亚太经济与贸易合作的基础。在部长级会议之后，又举行了第一次亚太经济合作组织领导人非正式会议并发表了《第一次亚太经济合作组织领导人经济展望声明》，声明强调“开放的贸易与投资自由化、开放的多边贸易体系是亚太经济合作组织存在和发展的基石”。由于这次会议取得了积极的进展，成了 APEC 发展进程中的一个里程碑。

1994 年 11 月 11 日—12 日在印度尼西亚的首都雅加达召开了 APEC 第六届部长级会议，15 日在茂物举行了第二次领导人非正式会议。这次会议主要讨论了亚太地区实现贸易和投资自由化问题。部长级会议通过了《亚太经济合作组织第六届部长级会议联合声明》《亚太经济合作组织人力资源开发框架宣言》和《亚太经济合作组织非约束性投资原则》，第二次领导人非正式会议发表了《亚太经济合作组织领导人共同宣言》（又称《茂物宣言》）。宣言强调 APEC 成员应该继续减少贸易和投资壁垒，指明 APEC 成员开展合作的方向，确定了本地区的贸易开放和自由化的时间表。

（3）第三阶段：推进贸易投资自由化和经济技术合作阶段。这个阶段是从 1995 年的 11 月在日本大阪召开的第七届部长级会议到 1999 年在新西兰奥克兰举行的部长级会议。1995 年 11 月的大阪会议主要讨论并通过了关于亚太经合组织成员之间实现贸易和投资自由化、开展经济技术合作的执行茂物宣言的《大阪行动议程》，第三次非正式领导人会议通过并发表了《大阪宣言》。《大阪行动议程》是指导 APEC 未来工作，以实现各成员国共同目标的行动指南，它包括两个内容，一是贸易投资自由化和便利化，二是经济技术合作。《大阪宣言》指出贸易投资自由化和便利化及经济技术合作是 APEC

的两大支柱，实现亚太地区经济的持续发展需要各成员积极采取行动。

1996 年 11 月在菲律宾的马尼拉和苏比克举行了第八届部长级会议和第四次领导人非正式会议。这届会议的主要议题是各成员制定各自的单边行动计划，并于 1997 年 1 月 1 日起开始启动。会议通过了《马尼拉行动计划》，并批准了《亚太经济合作组织经济技术合作原则框架宣言》，视其为 APEC 加强经济技术合作方面的指导性文件。这次会议标志着 APEC 跨世纪规划的正式实施。

1997 年 11 月、1998 年 11 月和 1999 年 9 月 APEC 部长级会议分别在加拿大温哥华、马来西亚的吉隆坡和新西兰的奥克兰举行。由于亚洲金融危机爆发，亚洲金融危机就成为这几次会议主要讨论问题。温哥华会议的联合声明建议在 9 个部门提前实现贸易投资自由化，并提出贸易投资便利化的主要措施。吉隆坡会议发表了《吉隆坡宣言》，通过了《走向 21 世纪亚太经济合作组织科技产业合作议程》和《吉隆坡技能开发行动计划》两个重要文件。1999 年的奥克兰会议主要共同协商 APEC 在新世纪推进亚太地区经济合作、实现共同繁荣的大计。

2001 年 APEC 会议在中国举行，取得了很大的成功。主要表现在：进一步推动了亚太地区贸易投资自由化和便利化进程；加强了 APEC 在经济技术及能力建设方面的合作，以保证本地区的人民从全球化和新经济中均衡受益；通过宏观经济对话与合作，努力为亚太地区经济的可持续增长创造条件。

2014 年中国时隔 13 年后再次担任 APEC 东道主。会议主题为“共建面向未来的亚太伙伴关系”。三大议题为：推动区域经济一体化；促进经济创新发展、改革与增长；加强全方位基础设施和互联互通建设。APEC 是中国参与的重要区域性经济组织。当前，APEC 成员的对外贸易总额和经济总量分别占全球的 46% 和 57%，对全球经济影响很大。

自测练习

一、关键名词

区域经济一体化　　欧盟　　自由贸易区　　关税同盟　　共同市场

二、简答题

1. 简述区域经济一体化的组织形式。
2. 简述区域经济一体化的原因与特点。
3. 比较关税同盟与自由贸易区的异同。

三、思考题

1. 为什么说亚太经济合作组织是一个“比较松散的非正式集团”？亚太经济合作组织是一个以发展中国家或地区为主的区域经济组织，为什么一些发达国家特别像美国也积极参加进来？你认为中国参加亚太经济合作组织有什么重大意义？

2. 随着 2002 年新年钟声的敲响，欧元区 12 国的 3.04 亿民众告别他们祖祖辈辈使用的法郎、马克、里拉等货币，开始使用统一的法定货币——欧元。欧元将成为自一千多年前古罗马帝国崩败以来，欧洲大陆最广泛使用的共同货币。它无疑将对欧洲大陆乃至全球的经济生活产生深远的影响。同学们从一张张欧元纸币的正、反面的建筑样式可以看出什么吗?

四、案例分析

东亚钢铁产业的合作发展

钢铁行业是东亚地区的重要支柱产业。自1973年日本钢产量超过1亿吨，居世界第一位之后，全球钢铁工业的重心就从欧美转移到了东亚地区。如今，以中、日、韩3国为代表的东亚钢铁工业在世界上占有举足轻重的地位，2003年，中、日、韩3国的粗钢产量总和占全世界的39.9%，钢材表观消费量总和占全世界的40.8%。尤其是中国钢铁业的发展更是令世人瞩目：1996年钢产量突破了1亿吨，短短7年后在2003年又成为第一个突破两亿吨的国家。中国钢铁业快速发展的根本原因是中国经济的高速增长，带动了中国乃至世界钢铁市场需求的大幅增长，而且未来仍有很大的成长空间，这为东亚地区钢铁行业的发展提供了良好的机遇，预计2020年前东亚仍将是全球钢铁业成长最快的地区之一。东亚各国和地区的钢铁产业在以各自的特色发展的同时，相互之间也一直保持着密切的合作。在钢铁贸易方面，中、日、韩等国之间的贸易依存度相对较高。例如，2003年中国从日本进口的钢材量是725.21万吨，约占中国总进口量的20%；中国从韩国进口了517.31万吨钢材，约占中国总进口量的14%；韩国从中国进口了149万吨钢材，约占韩国总进口量的9.5%；日本从中国进口了22.72万吨钢材，约占日本总进口量的4%。

分析：区域经济一体化对钢铁工业合作发展的影响?

模块二

世界贸易组织

知识要点

1. 世界贸易组织的产生、宗旨、职能；
2. 世界贸易组织的基本原则和组织机构。

能力拓展

1. 利用世界贸易组织的基本原则为我国的外贸服务；
2. 结合商务部网站、海关统计资讯网的数据，分析加入世界贸易组织以来中国外贸快速增长的原因。

一、世界贸易组织概述

世界贸易组织（World Trade Organization，WTO）简称世贸组织。它是根据乌拉圭回合多边贸易谈判达成的《建立世界贸易组织协定》于1995年1月1日建立并开始运作的，取代原关贸总协定，对各成员国之间经济贸易关系的权利和义务进行监督、管理和履行的正式国际经济组织，总部设在瑞士日内瓦，是独立于联合国的永久性国际组织。

世界贸易组织是具有法人地位的国际组织，在调解成员争端方面具有更高的权威性。它的前身是1947年订立的关税与贸易总协定（简称关贸总协定）。与关贸总协定相比，世界贸易组织涵盖货物贸易、服务贸易以及知识产权贸易，而关贸总协定只适用于商品货物贸易。

截至2015年12月，世界贸易组织共有162个成员，分四类：发达成员、发展中成员、转轨经济体成员和最不发达成员。世界贸易组织与国际货币基金组织（IMF）、世界银行（WB）一起被称为世界经济发展的三大支柱。

中国于2001年12月11日正式成为世界贸易组织第143个成员。

二、世界贸易组织的宗旨和目标

根据《建立世界贸易组织协定》的前言，世界贸易组织的宗旨是：提高生活水平，保证充分就业和大幅度、稳步提高实际收入和有效需求；扩大货物和服务的生产与贸易；坚持走可持续发展之路，各成员应促进对世界资源的最优利用，保护和维护环境，并以符合不同经济发展水平下各成员需要的方式，加强采取各种相应的措施；积极努力确保发展中国家，尤其是最不发达国家在国际贸易增长中获得与其经济发展水平相适应的份额和利益。

世界贸易组织的目标是建立一个包括货物、服务、与贸易有关的投资及知识产权等在内的完整的、更具活力、更持久的多边贸易体系，以巩固原来关税与贸易总协定为贸易自由化所做的努力和乌拉圭回合多边关税及贸易谈判的所有成果。

三、世界贸易组织的职能

世界贸易组织的主要职能包括：

（1）管理职能。世界贸易组织负责对各成员国的贸易政策和法规进行监督和管理，定期评审，以保证其合法性。

（2）组织职能。为实现各项协定和协议的既定目标，世界贸易组织有权组织实施其管辖的各项贸易协定和协议，并积极采取各种有效措施。

（3）协调职能。世界贸易组织协调其与国际货币基金组织和世界银行等国际组织和机构的关系，以保障全球经济决策的一致性和凝聚力。

（4）调节职能。当成员国之间发生争执和冲突时，世界贸易组织负责解决。

（5）提供职能。世界贸易组织为其成员国提供处理各项协定和协议有关事务的谈判场所，并向发展中国家提供必要的技术援助以帮助其发展。

四、世界贸易组织的基本原则

《建立世界贸易组织协定》明确指出实现其宗旨与目标的途径是通过互惠互利的安排，导致关税和其他贸易壁垒的大量减少和国际贸易关系中歧视性待遇的取消。WTO 整个框架包括 29 个独立的法律文件和 25 个以上的附加部长宣言、决定和谅解，为 WTO 成员确定了实现其宗旨与目标的途径的法律依据和应共同遵循的基本原则。

（一）非歧视原则

非歧视待遇（Trade Without Discrimination）又称无差别待遇，是针对歧视待遇的一项缔约原则，它要求缔约双方在实施某种优惠和限制措施时，不要对缔约对方实施歧视待遇。在 WTO 中，非歧视原则通过最惠国待遇和国民待遇条款体现出来。

1. 最惠国待遇

在 WTO 中，最惠国待遇是指一成员方将在货物贸易、服务贸易和知识产权领域给予任何其他国家（无论是否为 WTO 成员）的优惠待遇，立即和无条件地给予其他各成员方。

2. 国民待遇原则

国民待遇是指对其他成员方的产品、服务或服务提供者及知识产权所有者和持有者所提供的待遇，不低于本国同类产品、服务或服务提供者及知识产权所有者和持有者所享有的待遇。

（二）贸易自由化原则

在 WTO 框架下，贸易自由化原则是指通过多边贸易谈判，实质性削减关税和减少贸易壁垒，扩大成员方之间的货物和服务贸易。贸易自由化主要体现在削减关税、减少非关税贸易壁垒、扩大服务贸易的市场准入范围等方面。

（三）关税保护原则

WTO 主张各成员方主要通过关税来保护国内产业和市场，也就是说，关税是唯一合法的保护手段。这是因为关税措施的保护程度显而易见，并且各成员方之间容易就关税措施的使用进行谈判。关税保护原则在肯定关税保护是合法手段，限制、取消或禁止使用各种非关税措施的同时，要求各成员方在互惠基础上通过多边谈判削减关税，各成员方政府不得征收高于它在关税减让表中所承诺的税率。因此关税保护的原则不是提倡用关税进行保护，而是只允许采用关税这种透明的保护措施而不允许使用非关税壁垒，而且在原则上税率应当不断降低。

关税保护原则也有例外规定，例如发展中国家以促进经济发展或国际收支平衡需要等为由修改或撤销已做出的关税减让。

（四）透明度原则

透明度原则要求各成员方正式实施的有关进出口贸易的所有法律、法规、条例以及与其他成员方达成的所有影响贸易政策的条约与协定等都必须事先正式公布，否则不得实施。

透明度原则不要求成员方公布那些可能会影响到法令的贯彻执行、会违反公共利益或会损害某一公私企业正常商业利益的机密资料。

（五）公平贸易原则

公平贸易原则也称公平竞争原则，是指各国在国际贸易中不应采用不公正的贸易手段进行竞争，尤其是不应以倾销或补贴方式出口商品。进口国如果遇到其他国家出口商以倾销或补贴方式出口商品，就可以采取反倾销或反补贴措施来抵制不公平竞争，维护公平竞争的贸易环境。为防止滥用反倾销和反补贴措施达到贸易保护主义目的，WTO 对反倾销和反补贴规定了严格的程序和标准。

但是，WTO 中有一些协议外，例如《与贸易有关的知识产权协议》旨在改善涉及智力成果和发明的竞争条件，《服务贸易总协定》则规范与改善服务贸易的竞争条件，《政府采购协议》则对政府机构的采购活动予以约束，这些协议与货物贸易相比，贯彻公平贸易原则的力度较小。

（六）互惠贸易原则

互惠互利是世界贸易组织成员方之间利益、优惠或特权的相应让与，是成员方之间确定贸易关系的基础，也是多边贸易谈判的行为规范。互惠贸易原则要求成员方在互惠互利基础上通过多边谈判进行关税或非关税措施的削减，对等地向其他成员方开放本国市场，以获得本国产品或服务进入其他成员方市场的机会。此外，当新成员加入时，要求申请加入方保证通过关税及其他事项的谈判做出一定的互惠承诺，以此作为享受其他成员方给予优惠的先决条件。

互惠原则的例外主要体现在，世界贸易组织允许成员方在某些特殊情况下可以援引“免责条款”撤销已做出的关税减让，如当发展中国家出现严重的国际收支困难时可暂时免除互惠义务。

（七）市场准入原则

市场准入是指成员方允许其他成员方的货物、服务与资本进入其市场的程度。市场准入原则要求各成员方根据自身经济发展水平，在一定期限内对其他成员方的货物、服务与资本逐步开放国内市场，并不断加大开放程度。

（八）公平解决争端原则

世界贸易组织争端解决机制以公正、平等为原则，这些原则体现在调节程序、上诉机构、从关贸总协定的全体一致通过到世界贸易组织的全体一致否决机制的转变、对违反上诉和非违反上诉的规定以及对发展中国家及最不发达国家的特殊规定等。公平解决争端原则要求缔约方之间一旦出现国际贸易争端，应通过公正、客观、平等和友好的方式使有关贸易争端得到妥善解决。

五、世界贸易组织的组织结构

根据《建立世界贸易组织协定》的规定，世界贸易组织建立了相应的组织结构，如图 3-1 所示。

（一）部长级会议和总理事会

部长级会议是世界贸易组织的最高权力机构，由全体成员方的代表组成，负责履行世界贸易组织的职能。部长级会议的主要权力有：（1）有权对世界贸易组织的各项协定做出修改和权威性解释；（2）对成员方之间发生的争议或其贸易政策是否与世界贸易组织规定一致做出裁决或提出修改意见；（3）在特定情况下豁免某个成员的义务；（4）批准世界贸易组织的新成员或观察员。部长级会议至少每两年举行一次。

在部长级会议休会期间，其职能由总理事会代为行使。总理事会由全体成员方的代表组成，负责处理世界贸易组织的日常事务，监督和指导各项协定以及部长级会议所作决定的贯彻执行情况。总理事会还有两项具体职能，即履行争端解决机构和贸易政策审议机构的职责。总理事会定期召开会议，通常每两个月一次。

（二）理事会

世界贸易组织在总理事会下设有三个理事会，即货物贸易理事会、服务贸易理事会和与贸易有关的知识产权理事会（简称知识产权理事会）。它们在总理事会指导下分别负责管理、监督相关协议的实施，并负责行使相关协议规定的职能以及总理事会赋予的其他职能。

（三）委员会

总理事会下设有若干个负责处理相关事宜的专门委员会，如贸易与发展委员会、贸

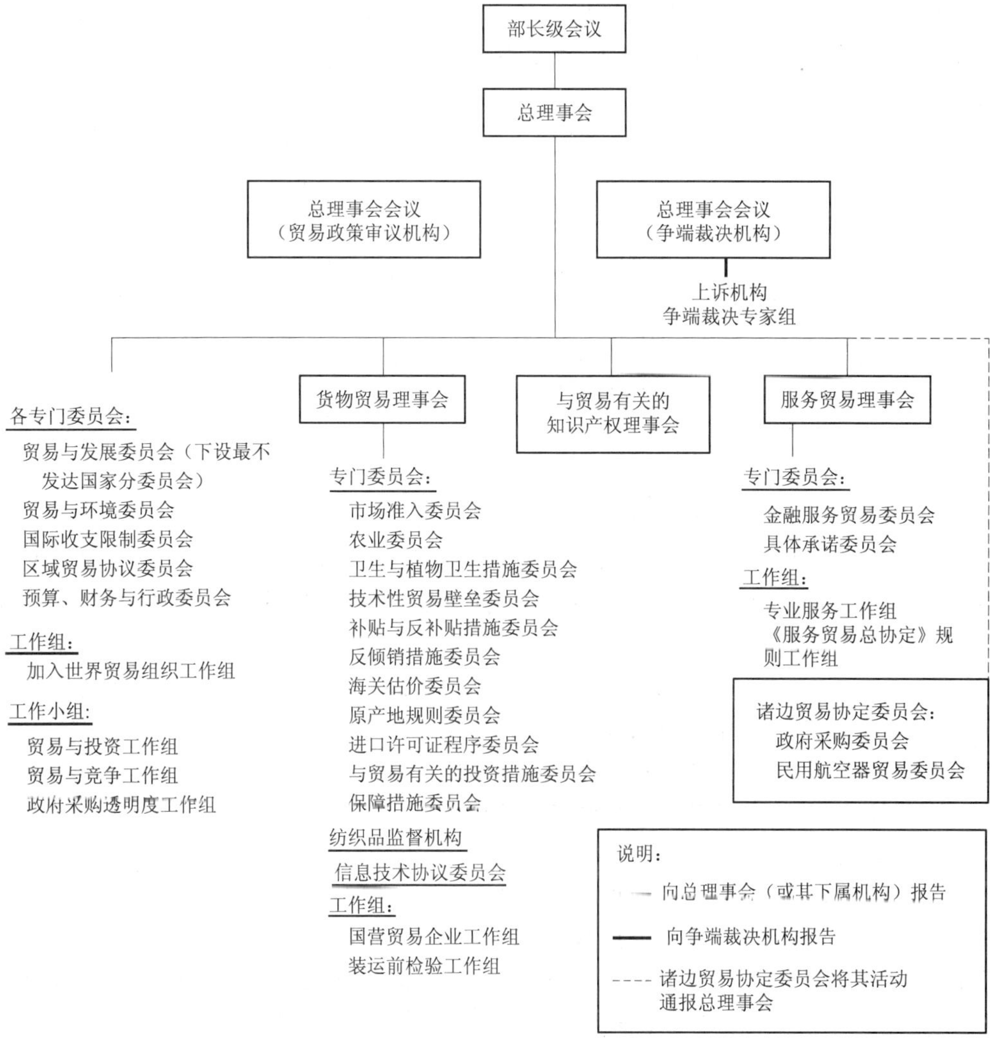

图 3-1 世界贸易组织的组织结构

易与环境委员会、国际收支限制委员会等相对独立的机构。

（四）秘书处及总干事

世界贸易组织下设秘书处，秘书处由总干事负责。部长级会议任命总干事并明确规定其权力、职责、服务条件及任期，总干事任命副总干事和秘书处工作人员并按部长级会议通过的规则确定他们的职责。总干事、副总干事和秘书处工作人员必须独立地行使各自承担的职责，不得寻求或接受部长级会议之外任何政府或其他权力机构的指示或指挥，以保持世界贸易组织作为一个国际组织的独立性。

（五）其他机构

除上述常设机构外，世界贸易组织还根据需要设立一些临时机构，即所谓的工作组，例如加入世界贸易组织工作组、服务贸易理事会下的专业服务工作组、《服务贸易总协定》规则工作组等。工作组的任务是研究和报告有关专门事项并最终提交相关理事会作决定。有的工作组则直接向总理事会报告，例如加入世界贸易组织工作组。

自测练习

一、关键名词

最惠国待遇　　　世界贸易组织　　　国民待遇原则

二、简答题

1. 世界贸易组织的宗旨、基本原则是什么？
2. 简述中国加入世界贸易组织的进程。
3. 分析加入世界贸易组织对中国经济的影响。

三、案例分析

2005 年 4 月 1 日，中国颁布《构成整车特征的汽车零部件进口管理办法》，对等于或超过整车价值 60% 的零部件征收与整车相同的关税（28%），而不是中国加入 WTO 协议中规定的 10%～14% 的税率。其中列出了“构成整车特征的汽车零部件”的 3 条标准：(1) 进口全散件（CKD）或半散件（SKD）组装汽车的；(2) 进口车身（含驾驶室）、发动机两大总成装车的，或进口车身和发动机两大总成之一及其他 3 个总成以上装车的，进口除车身和发动机两大总成以外其他 5 个总成以上装车的；(3) 进口零部件的价格总和达到该车型整车总价格的 60% 及以上的。2005 年 11 月，欧盟起草一份报告，指责中国的“歧视性法规”阻碍了欧盟汽车进入中国市场，欲向 WTO 投诉中国汽车零配件进口机制。2006 年 2 月 15 日，美国贸易代表罗伯特·波特曼声称，如果中国政府不降低汽车零部件领域的壁垒，他将考虑在 WTO 对中国提起申诉。2006 年 4 月 7 日，中国商务部致函欧盟和美国驻 WTO 代表团大使，表示中国接受欧盟、美国对我国汽车零部件进口政策的磋商请求。双方在 WTO 总部就 300 多个问题进行了为期 60 天的磋商，未能达成一致。2006 年 9 月 16 日，美、欧、加联合向 WTO 提出申诉，要求 WTO 专门成立专家组，对中国零部件关税政策进行调查，争端由此升级。2006 年 10 月 26 日，WTO 争端解决机构设立 3 人专家组审理此案，同时，阿根廷、澳大利亚、日本、墨西哥、中国台湾、泰国以及巴西作为利害关系第三方参加诉讼。中国商务部则委托位于天津的中国汽车技术研究中心商讨应对措施。2008 年 2 月 13 日，双方经过近一年半的辩论和审理，WTO 争端解决机构专家组首次裁定中国违反贸易规则，判决中方败诉，要求中国必须依照 WTO 原则立即终止这项政策。

分析：中国败诉的原因。

下篇

国际贸易实务

单元四　合同条款

合同条款是交易磋商、合同签订及合同履行的基础。本单元根据国际贸易规则和惯例，详细阐述了国际货物买卖合同中品名品质条款、数量条款、包装条款、价格条款、运输条款、保险条款、支付条款、检验检疫条款、不可抗力条款、索赔条款、仲裁条款11个条款的法律地位和作用，以及订立这些条款的方法、要求及注意事项。学习合同条款的最终目的是能够根据买卖双方协商的结果填制或修改合同条款。其中，价格条款和支付条款在合同中的表述非常简单，但条款内容的选择必须符合相关的国际规则。因此，这两个条款是本单元的核心，也是整个教材的重点和难点。

价格条款部分主要介绍了《2010年国际贸易术语解释通则》中的11种贸易术语，重点阐述了FOB、CIF、CFR这3种贸易术语买卖双方的责任、风险和费用划分等问题；另外，本条款还重点介绍了报价核算的方法和要求。支付条款部分主要介绍了国际贸易中几种常用的支付方式，尤其是信用证方式的程序、内容、特点、种类及《跟单信用证统一惯例》的有关规定等问题。合同中的其他条款相对比较简单，品名、品质、数量、包装、运输、保险等条款都有各自的方法和要求，检验检疫、不可抗力、索赔、仲裁等条款一般采用固定格式。因此，本单元学习的重点是相关条款所涉及的国际贸易规则、惯例、规定、方法、要求以及运用等方面的内容。

条款一

商品的品名、品质条款

知识要点

1. 品质的基本概念；
2. 品质的表示方法；
3. 品名、品质条款的基本内容及订立时应该注意的问题。

技能要求

1. 恰当选择表示商品品质的方法；
2. 正确灵活地订立合同中的品名、品质条款；
3. 正确分析处理国际贸易中出现的相关案例。

一、品名条款

（一）约定商品品名的意义

在国际货物买卖合同中，商品名称是构成商品说明的一个重要组成部分，是买卖双方交接货物的一项基本依据，它关系到买卖双方的权利和义务，若卖方交付的货物不符合约定的品名和说明，买方有权提出损害赔偿，甚至拒收货物或撤销合同。因此，在买卖合同中列明商品的具体名称，即列明品名条款就成为必不可少的一项主要交易条件，具有重要的法律和实践意义。

（二）品名条款的基本内容

国际货物买卖合同中的品名条款有多种表示方法，内容繁简各异。

通常都在“商品名称”（Name of Goods，Description of Goods）的标题下列明成交商品的名称，也可不加标题，只在合同的开头部分列明成交的商品名称。在列明商品名称时，通常只列明商品的一般名称，但有时为了明确起见，往往把有关商品的具体品种、等级、规格、牌号等的概括性描述包括进去，作为进一步的限定，有时甚至把商品的品质也包括进去，把品名条款与品质条款合并在一起。

（三）规定品名条款应注意的问题

国际货物买卖合同中的品名条款是合同中的主要交易条件，在规定此项条款时应注意：

（1）内容必须明确、具体，避免空泛、笼统的规定。

（2）合同条款中规定的品名，必须是卖方能够提供且买方所需要的商品，凡做不到或不必要的描述性的词句都不应列入。

（3）在合同中，应尽可能使用国际上通用的名称。我国于 1992 年 1 月 1 日起采用《商品名称及编码协调制度》。目前各国的海关统计、享受普惠制待遇等都按《商品名称及编码协调制度》进行。所以，我国在采用商品名称时，应与《商品名称及编码协调制度》规定的品名相适应。

（4）对某些商品还应注意选择合适的品名，以利减低关税，方便进出口和节省运费开支。

案例思考

我国出口苹果酒一批，国外来证货名为“APPLE WINE”，于是我国公司为了单证一致起见，所有单据上均用“APPLE WINE”。不料货到国外后遭海关扣留罚款，因该批酒的内外包装上均写的是“CIDER”字样。结果外商要求我赔偿其损失。试讨论：（1）为什么进口国的海关要扣留货物并罚款？（2）我方对此有无责任？为什么？

二、品质条款

（一）品质的含义及重要性

商品的品质是指商品的内在素质和外观形态的综合。前者是指商品的物质性能、机械性能、化学成分和生物的特征等自然属性；后者包括商品外形、色泽、款式。正确掌握和订立合同中的品质条款对买卖双方具有重要意义。

首先，商品品质作为合同的主要条件之一，品质条款一经订立便成为交易双方交接货物的品质依据。各国法律对此都作了明确的规定。英国货物买卖法把品质条件作为合同的要件。《联合国国际货物销售合同公约》（简称《公约》）规定卖方交货必须符合约定的质量，如卖方交货不符合约定的品质条件，买方有权要求损害赔偿，也可以要求修理或交付替代货物，甚至拒收货物和撤销合同。《中华人民共和国合同法》（简称《合同法》）也规定质量不符合约定的，应当按照当事人的约定承担违约责任。对违约责任没有约定或者约定不明确，受损害方根据标的的性质以及损失的大小，可以合理选择要求对方承担修理、更换、重做、退货、减少价款或者报酬等违约责任。

其次，商品品质的高低直接关系到贸易双方的利益。商品品质是交易双方进行交易磋商时首先要考虑的问题。当今国际市场是一个竞争十分激烈的买方市场，各国商人都把提高商品质量作为非价格竞争的一个重要组成部分。因此，在出口贸易中，不断改进和提高出口商品质量，不仅可以增强出口竞争能力，扩大销路，提高售价，为国家和企业创造更多的外汇收入，而且还可以提高出口商品在国际市场上的声誉，并反映出口国的科学技术和经济发展水平。在进口贸易中，严格把好进口商品的质量关，使进口商品适应国内生产建设、科学研究和消费上的需要，是维护国家和人民利益，确保提高企业经济效益的重要保证。

（二）表示商品品质的方法

在国际贸易中，表示商品品质的方法主要有实物表示法和凭说明约定两大类。

1. 用实物表示商品品质的方法

（1）以实物表示商品的品质，通常有两种方法：看货买卖和凭样品买卖。

① 看货买卖（Sales by Actual Quality）。看货买卖又称为看货成交，即卖方向买方展示双方拟定的商品，经买方检验，一旦达成交易，卖方就应按对方验看过的商品交货，即交货品质的标准是买方检验货物时的品质状态，只要卖方所交付的货物是经买方验看过的货物，买方不得以任何理由或借口对其品质提出异议。

看货买卖用于现货交易，而且要求买方亲临货物存放地点查看货物，而在国际交易中，由于双方远隔两地，买方到卖方所在地验看货物有诸多不便，而且看货时也无法逐件检查，所以采用看货成交的方式有一定的局限性。因此，这种交易方式主要用于零售、拍卖、展卖等业务中。

② 凭样品买卖（Sales by Samples）。所谓样品是指从一批商品中随机抽取出来的，或是由生产部门设计、加工出来的可以代表整批货物品质的少量实物。凭样品买卖就是以样品表示商品品质并以此作为交货依据。在国际贸易中，该方法主要适用于服装、轻工业品、土特产品等一些难以用科学的方法表示其品质或在色、香、味和造型方面有特殊要求的商品的买卖。

（2）根据样品提供者的不同，样品买卖有以下几种具体做法。

① 凭卖方样品买卖（Sales by Seller's Sample）。由卖方提供的样品称为“卖方样品”。凭卖方样品买卖就是交易双方约定以卖方样品为交货的品质依据。在凭卖方样品买卖时，通常在合同中订明“品质以卖方样品为准”（Quantity as per Seller's Sample）。日后，卖方所交整批货物的品质必须与其提供的样品相同。在出口时，卖方应特别注意样品的代表性，以免给日后履约带来麻烦。同时为了避免日后可能发生的品质争端，卖方向买方寄样品的同时，应考虑留存“复样”（Duplicate Sample），以备交货或处理纠纷时核对。

② 凭买方样品买卖（Sales by Buyer's Sample）。由买方提供的样品称为“买方样品”。凭买方样品买卖就是交易双方约定以买方提供的样品为交货的品质依据。习惯上称为“来样成交。”凭买方样品成交时，买卖合同应订明“品质以买方样品为准”（Quantity as per Buyer's Sample）。日后，卖方所交整批货物的品质，必须与买方样品相符。在实际业务中，由于制造技术或其他原因，卖方如果难以做到货物与货样完全一致时，可以在合同中特别订明一些弹性条款，如“品质与样品大致相同”（Quality to be about Equal to the Sample）。此外，卖方还应注明由买方样品引起的任何第三者权利问题概由对方负责。

③ 凭对等样品买卖（Sales by Counter Sample）。对等样品是指卖方根据买方提供的

样品复制、加工出一个类似的样品交买方确认，也可称为“回样”或“确认样品”(Confirming Sample)。凭对等样品买卖就是卖方日后交货的品质以“对等样品”为准。也就是说将买方样品买卖转变为凭卖方样品买卖。这样卖方可争取主动，避免日后因交货品质与买方样品不符而招致买方索赔、甚至退货的危险。

凭样品买卖基本要求就是卖方交货品质必须与样品完全一致，为了给履行合同发生纠纷裁决时提供依据，必要时可使用“封样”（Sealed Sample)，具体做法为：出证机构在一批商品中抽取同样品质的样品若干份，在每份样品上烫上火漆或铅封，交易双方在封口上签字或盖章，供交易当事人使用，还留一份交公证机关存查。封样可以由发样人自封，或买卖双方会同加封。

有时，买卖双方为了发展贸易关系和增进彼此对对方商品的了解，往往采取相互寄送样品的做法，这种以介绍商品为目的而寄送的样品通常注明“仅供参考”字样，故通常称为参考样品。

案例思考

我与美商凭样成交一批高档瓷器出口。复验期为60天，货到国外经美商复验后未提出任何异议。但事隔一年，买方来电称：瓷器全部出现“釉裂”，只能削价销售，因此要求我方按原成交价赔偿60%。我接电后立即查看留存的封样，亦发现釉下有裂纹。讨论：(1) 凭样买卖的基本要求是什么？(2) 我方是否应承担赔偿责任？有何法律依据？

2. 凭说明约定商品的品质

凭说明表示品质是指用文字、图表、相片等方式来说明成交商品的品质。在国际交易中，大部分商品适用以文字说明来表示品质。这类表示商品品质的方法具体可分为下列几种。

(1) 凭规格买卖（Sales by Specification)。规格（Specification）是指一些足以反映商品品质的主要指标，如商品的化学成分、含量、纯度、性能、容量、长短、粗细等。由于商品的不同，其规格表示方法也多不相同：有的商品的规格表示按含量，如东北大豆；有的按其尺寸大小，如狼皮；有的按长短，如猪鬃；有的按粗细，如圆钢等。例如，凭规格表示中国大米品质如下：

中国大米：水分不超过15%
　　　　　碎粒不超过7%
　　　　　杂质不超过1.5%

在国际贸易中，凡是以规格来确定成交商品品质，并以此作为成交和交货依据称为凭规格买卖。由于这种方法简单易行，明确具体，运用灵活，因而在国际贸易中广泛应用。

(2) 凭等级买卖（Sale by Grade)。等级（Grade）是指同一类商品就其规格上的差异分为品质优劣各不相同的若干等级，不同等级的商品具有不同的规格。例如，我国出口的钨砂，按其规格中所含三氧化钨、锡等成分的不同分为特级、一级和二级，每一等级的具体规格为：

中国钨砂	三氧化钨（最低）	锡（最高）	砷（最高）	硫（最高）
特级	70%	0.2%	0.2%	0.8%
一级	65%	0.2%	0.2%	0.8%
二级	65%	1.5%	0.2%	0.8%

凭等级买卖（Sales by Grade）即用文字甲、乙、丙等或数码一、二、三等来说明商品品质的级别，并以此作为成交和交货的依据。凭等级买卖时，为了便于履行合同和避免争议，在品质条款列明等级的同时，最好一并规定每一等级的具体规格。

案例思考

某出口公司与国外成交红枣一批，合同规定是三级红枣，卖方交货时发现三级红枣缺货，卖方在没有征得买方同意的情况下，交货时用二级红枣代替三级红枣并在发票上注明“二级红枣仍按三级计价”。试讨论：这种以好顶次原价不变的做法是否妥当？为什么？卖方可能会面临怎样风险？

（3）凭标准买卖（Sales by Standard）。商品的标准（Standard）是指标准化的商品规格和等级。在我国，商品标准是由国家或有关政府部门规定的。在国外，商品的标准由国家政府机构和国际上标准化组织规定，也有由有关的行业公会、贸易协会或商品交易制定的。

凭标准买卖就是以标准来表示商品的品质并以此作为买卖成交和交货的依据。国际贸易中采用的各种标准，有些具有法律上的约束力，凡是品质不符合标准要求的商品，不许进口或出口。如有些国家使用的ISO9000标准、各种形式的社会标准、美国制定的儿童玩具标准等。但有些标准不具有法律上的约束力，仅供交易双方参考使用，买卖双方洽商交易时，可另行商定对品质的具体要求。值得一提的是，标准常随生产技术的发展和情况的变化而进行修改和变动，所以，同一国家颁布的某类商品的标准往往就有不同年份的版本，版本不同，品质标准的内容也不相同，因此，在援引标准时，应标明援引标准的版本年份，以免发生品质标准争议。

在国际贸易中，对于某些品质变化较大而难以规定统一标准的农副产品，往往采用“良好平均品质”（Fair Average Quality，F. A. Q）这一术语来表示其品质。“良好平均品质”是指一定时期内某地出口商品的平均品质水平，是在国际市场上买卖农副产品时常见的一种“标准”，我国出口某些农副产品也采用F. A. Q标准，习惯上称为“大路货”，需说明的是，如果用F. A. Q标准表示商品的品质，仍应列明具体规格指标，否则易引起品质纠纷。如：

花生仁	良好平均品质
水分	不超过13%
破碎粒	不超过6%
杂质	最高2%
含油量	最低44%

（4）凭品牌或商标买卖（Sale by Trade Mark or Brand）。品牌（Brand）是指工商企业为了与其他企业的同类产品相区别，给其制造或销售的产品冠以的名称。一个品牌可以用于一种产品，也可用于一个企业的所有产品。商标（Trade Mark）是生产者或商号用来识别其所生产或销售商品的标志，它通常由一个或几个具有特色的单词、字母、数字、图形或图片等组成。凭品牌或商标买卖就是以品牌或商标来表示商品的品质并以此作为买卖成交和交货的依据。国际贸易中的很多商品，尤其是日用消费品、加工食品、耐用消费品等都标有一定的商标或品牌。品牌或商标本身日益成为一种品质象征，特别是一些在国际上久负盛誉的品牌商品都具有品质优良、稳定、有特色并能显示消费者的社会地位的特点。但是如果一种品牌的商品同时有许多型号或规格，为了明确起见，还必须在规定品牌的同时，明确规定具体型号或规格。

（5）凭产地名称买卖（Sales by Name of Origin）。在国际贸易中，某些商品，特别是农副土特产品由于受产地自然条件和传统的生产技术、加工工艺的影响，在品质上具有其他地区产品所不具备的独特风格或特色，产地名称成为代表该项产品的品质标志，如“东北大豆”“徽墨”“宣纸”“龙口粉丝”等。对于这类商品，一般可用产地名称来表示其品质，并以此作为买卖双方成交和交货的依据。

（6）凭说明书和图样买卖（Sales by Description and Illustration）。在国际贸易中，有些机器、电器和仪表电子等技术密集型产品，因其结构复杂，加工精细，难以用几个简单的指标说明商品品质的全貌。对于这类商品的品质通常以说明书并附有以图样、照片、设计图纸、分析表以及各种数据来说明其具体性能和结构特点。在国际贸易中，凡买卖双方用这种方式表示商品品质并以此作为成交依据，卖方所交货物必须符合说明书和图样的要求。

综上所述，在国际贸易中，表示商品品质的方法多种多样，不同的商品应针对其特点以及交易的具体情况选择恰当的方法。上述各项表示品质的方法一般是单独使用，但有时也可以几种方法混合使用，共同来说明商品的品质。

（三）合同中的品质条款

1. 品质条款的基本内容

合同中的品质条款通常应列明商品的名称、规格或等级、标准、牌名等。不同的商品应根据商品本身特性及市场特点选择表示商品品质的方法。在凭样买卖时，还应列明样品的编号及寄送日期，并规定交货品质与样品相同。示例如下：

【例 4-1】中国花生仁：水分（最高）13%，不完善粒（最高）5%，含油量（最低）44%。

【例 4-2】“威尔逊”牌足球，货号 WS18，5 号球，真皮手工缝制，国际足联批准比赛用球。

【例 4-3】样品号 612，布娃娃。

2. 品质机动幅度和品质公差

在国际贸易中，卖方交付的货物必须与合同规定相符，这是卖方所做出的品质保证的一项基本内容。然而在实际业务中，有时由于商品特性、生产加工和运输条件的限制以及气候的影响，卖方往往很难做到完全相同。为了避免交货品质与买卖合同稍有差异而造成违约，从而影响交易的顺利进行，在出口业务中，可以在合同的品质条款中作一些变通规定。其常见做法是规定品质机动幅度和品质公差。

（1）品质机动幅度。品质机动幅度是指允许卖方所交商品的品质指标可在一定幅度内机动掌握，这种方法一般适用于一些农、副、土、特等初级产品的贸易。规定品质机动幅度的方法有以下 3 种：

① 规定范围。指对某项品质指标有差异的范围，如：纱管重量，每只 33~35 克。

② 规定极限。对某些商品的规格使用上下限，常用词有：a. 最小、最低（Minimum 或 Min）b. 最高，最大（Maximum 或 Ma）。如大豆：含油量 18%（最低），水分 14%（最高），杂质 2%（最高）。

③ 规定上下差异。对某些商品的品质规定上下差异，例如东北大豆：含油量 18%，水分 14%，杂质 2%，均可增减 1%。

在使用品质机动幅度时，为了体现按质论价，有些货物也可根据交货品质情况调整价格，即所谓的增减价条款。也就是说，对约定的机动幅度内的品质差异，可按照实际交货品质规定予以增价或减价。

（2）品质公差。品质公差（Quality Tolerance）是指有些工业制成品，在生产过程中如不能做到很精确，可根据国际惯例或经买卖双方同意，对合同的品质指标规定合理的“公差”。如手表走时的误差、棉纱支数的确定等。品质公差的允许值可以是国际上同行业所公认的允许值，也可以是由买卖双方商定的允许值。

3. 订立品质条款时应注意的问题

（1）贯彻“平等互利”和“重合同、守信用、重质先于重量”原则。

平等互利是我国对外经济关系中的一项基本原则，重合同、守信用则是我国一贯倡导的商业精神。订立品质合同必须考虑买卖双方的实际利益，使物有所值。同时必须信守所订条款的品质要求，保证实际交货品质与条款相符，把保护质量放在第一位，维护商誉，维护国家声誉。

（2）订立品质条款要从生产实际出发，实事求是。

订立货物的品质规格，要切合实际，即符合产品内在和外在的实际情况，要在生产上实际做得到的，才能保证对外按时、按质、按量交货；如果订得过高，会造成生产与对外履约上的困难。特别是按国外标准，如按国外药典新的规定来订立品质条款时，必须实事求是地考虑我们的生产水平和能力是否能达到该要求；品质要求也不能订得过低，这样会影响外销商品的价格和市场，甚至会影响国家对外的声誉；品质表达必须恰如其分，不能写得不切实际，写得过分，令人难以相信。

案例思考

我国某公司 A 向孟加拉国某公司 B 出口一批货物，合同价值约为 20000 美元，货物为汽车配件，共有 10 个型号，其中有 4 个型号要求根据客户样品制造。付款方式为客户先支付定金1000美元，剩余部分30%和70%分别以L/C和T/T支付（在货物生产完毕通知客户支付）。客人随即开来信用证，A公司按合同和L/C要求开始生产货物，但发现其中按客人样品要求定做的货物不能完成，由于客人订货的数量比较少，开发该产品十分不合算。因此打算从其他厂家购进该产品，但遗憾的是，一直无法找到生产该产品的厂商，而此时已接近装船期了，其他货物亦相继生产完毕。A公司只好告诉B公司上述问题。B公司要求取消所有的货物并退还定金和样品，理由是，他要求定做的货物是十分重要的，不能缺少，而A公司没有按时完成货物，错过了他的商业机会。A公司也感到无可奈何，确实理亏，只好答应客户的要求，承担一切货物积压的损失。请你站在A公司的角度反省一下，为什么会造成如此被动的局面？

（3）要正确使用货物品质的各种表示方法。

国际贸易中，各种表示品质的方法是在长期实践中形成的，每一种表示方法都有其各自的法律含义，表明了买卖双方的义务和权利。因此，学会正确运用各种表示方法，对于促进贸易发展是十分重要的。

首先，必须明确每种表示方法的含义、特征及其法律责任。

其次，结合商品的特点和传统的做法，选择适当的表示方法。一般来讲，凡能用科学的指标说明其质量的商品，则适于凭规格、等级或标准买卖；有些难以规格化和标准化的商品，如工艺品等则适于凭样品买卖；某些质量好并具有一定特色的名优产品，适于凭商标或品牌买卖；某些性能复杂的机器、电器和仪表，则适于凭说明书和图样买卖。

再次，学会综合运用各种表示品质的方法。例如，有的交易既用商标、牌名或产地，又列有商品的规格；有的交易既规定有详细规格，又附有样品等，使之相互补充。但是，值得注意的是，在规格与样品同时使用时，必须明确表明以何种方式为准，不能相互抵触或矛盾。根据某些国家法律的解释，凡是既凭样品又凭规格达成的交易，卖方所交货物必须既与样品一致，又要符合规格的要求。

案例思考

我国某出口公司向英国出口一批大豆，合同规定：“水分最高为14%，杂质不超过2.5%。”在成交前，该出口公司曾向买方寄过样品，订约后该出口公司又电告买方成交货物与样品相似，当货物运至英国后，买方提出货物与样品不符，并出示了当地检验机构的检验证书，证明货物的品质比样品低7%，但未提出品质不符合合同的品质规定。买方以此要求该出口公司赔偿其15000英镑的损失。请问：该出口公司是否应该赔偿？本案给我们什么启示？

（4）要注意科学性和灵活性。

条款的内容和文字应注意科学性、严密性、准确性，避免使用笼统含糊的字眼，要准确表达货物的品质，但是也不要订得过繁或过死，只订一些能反映货物品质的主要指标就可以了，否则将作茧自缚，造成生产和交货的困难。为了便利生产和交货，品质条款的订立应具有一定的灵活性，可以根据货物特征和实际需要，采用规定品质机动幅度或品质公差的方式。

案例思考

1997 年 10 月，香港某商行向内地一企业按 FOB 条件订购 5000 公吨铸铁井盖，合同总金额为 305 万美元（约人民币 2534.5 万元）。货物由买方提供图样进行生产。

该合同品质条款规定：铸件表面应光洁，铸件不得有裂纹、气孔、砂眼、缩孔、夹渣和其他铸造缺陷。合同规定：（1）订约后 10 天内卖方须向买方预付约人民币 25 万元的“反保证金”，交第一批货物后 5 天内退还保证金。（2）货物装运前，卖方应通知买方前往产地抽样检验，并签署质量合格确认书；若质量不符合合同要求，买方有权拒收货物。（3）不经双方一致同意，任何一方不得单方面终止合同，否则由终止合同的一方承担全部经济损失。

思考：该案例中的出口商犯了哪些错误？应从中吸取哪些教训？

（5）卖方对销售的货物的权利应具有担保义务。

卖方交付的货物必须是任何第三方不能根据工业产权或其他知识产权提出任何权利或请求的。即卖方应保证对所售货物享有合法的完全的所有权。也就是说，卖方不能把非法侵占他人权利得来的货物出售给买方，而且还应保证准备交付的货物是第三方不能根据工业产权或其他知识产权主张任何权利或请求的。

案例思考

中国甲公司与荷兰乙公司于 1995 年 9 月 20 日签订 045 号合同及其附件。合同规定，中国甲公司向荷兰乙公司提供半自动车床 35 台，用于精密仪器的加工。双方就该批车床的规格、型号和性能指标等进行了约定。合同明确规定，荷兰乙公司在货到后将转口到美国和加拿大。

1996 年 1 月 10 日，货到阿姆斯特丹。乙公司验收合格后，于 1996 年 2 月 5 日向甲公司支付了合同项下的全部货款。荷兰乙公司在付款后，依照其与美国和加拿大客户签订的供货合同，于 1996 年 2 月 25 日向美国和加拿大运送此批车床。在车床的使用过程中丙公司发现，该批车床系仿冒丙公司在美国登记注册的专利制造项目，属于侵犯专利权的行为。丙公司于 1996 年 5 月 28 日依据美国有关专利法律的规定，向美国法院提出请求，要求法院发布停止这种车床在美使用和销售的禁令，同时起诉荷兰乙公司要求赔偿其经济损失 16.5 万美元。

1996 年 9 月 30 日，美国法院判定荷兰乙公司的销售行为侵害了美国丙公司的知识产权并造成损害，要求荷兰乙公司赔偿丙公司的经济损失 11.5 万美元，并发布销售和使用禁令。荷兰乙公司在接到该判决后，依据与中国甲公司签订的合同，于 1996 年 10

月15日提起仲裁，要求依据《联合国国际货物销售合同公约》的有关规定，转由中国甲公司承担全部经济赔偿并补偿荷兰乙公司由此而发生的全部费用。

思考：从该案例中应吸取什么教训？

自测练习

一、关键名词

样品　　　对等样品　　　F. A. Q

二、简答题

1. 表示商品品质的方法有哪些？常用的表示商品品质的方法是什么？

2. 什么是品质机动幅度？规定品质机动幅度的方法有哪几种？

三、案例分析

1. 我方向德国出口一批农产品，合同规定水分最高为15%，杂质不得超过3%。但在成交前，我方曾向买方寄过样品，订约后我方又电告对方成交货物与样品相似。货到德国后，买方提出货物的质量虽与合同相符，但货物的品质比样品低7%，并据此要求赔偿600英镑的损失。试分析：

（1）这笔交易是用什么方法来表示品质的？

（2）我方是否应该予以赔偿？为什么？

2. 中国某公司向科威特出口冻北京鸭200箱，合同规定的品质要求："带头、翼、蹼、无毛，一级品，每只最小重量为2千克。需要由伊斯兰协会出具证明，证实鸭是按照伊斯兰教方法用刀屠宰。"货到科威特后，冻鸭体外完整，颈部无任何刀痕。进口当局认为违反伊斯兰教的用刀方法，因此拒收货物，并要求中国公司退回货款。试分析对方要求是否合理，并说明理由。

3. 我方来往多年的澳大利亚棉布商，某日寄来上衣一件，称该上衣系我方某出口合同项下所交染色棉布，经其转销给某制衣厂制作成衣的样品，该上衣两袖的色泽有明显的不同，证明我方所供货物品质有严重的色差，不能使用。为此，要求将全部已经缝制的成衣退回，并重新按合同规定的品质和数量交货，请问我方应如何处理？并简述理由。

4. 我北方一外贸公司于某年5月份与新加坡商人达成一笔合同，我方出口一批大理石板，品质要求："纯黑色，晶墨玉，四边无倒角，表面无擦痕，允许买方到工厂验货，7月份交货"。由于品质要求苛刻，加工难度大，批量小，货价低，交货期又紧，生产加工企业都不愿接受。交货期被迫延长，后经努力，终于交出一批货。到货后经检验不合格，买方提出索赔。经仲裁，以我方最终赔偿对方28000美元了结。请问应从本案例中吸取什么教训？

四、技能训练

1. 翻译下列合同条款

（1）Tea Cups & Saucers, Coffee Cups & Saucers Quality same as sample airmailed on 18th Oct. 2010.

（2）Grey Duck Feather, Down content 18%, 1% more or less.

（3）Small Red Beans, 100 MT Packed in single new gunny bags of about 100kgs, each, gross for net.

（4）绒毛狗，白色，26 厘米，货号为 CB567，交货品质与确认样品大致相同。

（5）品名：中国大米。规格：不完善颗粒不超过 17%，杂质不得超过 1%，水分不得超过 15%。

2. 结合实际，用英文拟订东北大豆、捷安特自行车、毛绒熊男式衬衫这 4 项商品的品质条款。

条款三

数量条款

知识要点

1. 计量单位及计量方法；
2. 数量条款的主要内容；
3. 数量机动幅度的规定及拟定数量条款时应注意的问题。

技能要求

1. 正确灵活地订立合同中的数量条款；
2. 正确分析处理国际贸易中出现的与数量条款相关的案例。

数量（Quantity）是国际贸易合同的要件之一。选择适当的计量单位和计量方法，制定合理的数量条款，对交易双方都是重要的。《联合国国际货物销售合同公约》规定：若卖方所交数量多于合同规定，买方有权拒收多交部分的全部或一部分；若卖方所交数量少于合同规定，卖方必须在交货期届满前补齐，但不得使买方遭受不合理的不便或承担不合理的开支，买方仍保留损害赔偿的权利。

案例思考

我某出口公司与匈牙利商人订立了一份出口水果合同，支付方式为货到验收后付款。但货到经买方验收后发现水果总重量缺少10%，而且每个水果的重量也低于合同规定，匈牙利商人既拒绝付款，也拒绝提货。后来水果全部腐烂，匈牙利海关向中方收取仓储费和处理水果费用5万美元。我出口公司陷于被动。从本案中，我们应该吸取什么教训？

一、数量的确定

（一）度量衡制度和计量单位

1. 度量衡制度

现在国际上常用的度量衡制度有 4 种：国际单位制（International System of Unites，简称国际制）、公制（The Metric System）、英制（The British System）和美制（The U. S. System）。不同的度量衡制度导致同一计量单位所表示的数量有差异。例如，就表示重量的“吨”而言，实行公制的国家一般采用公吨，每公吨为 1000 千克；实行英制的国家一般采用长吨，每长吨为 1016 千克；实行美制的国家一般采用短吨，每短吨为 907 千克。此外，有些国家对某些商品有自己习惯使用的和法定的计量单位。为了解决由于各国度量衡制度不一致带来的弊端，国际标准计量组织在各国广为通用的公制的基础上采用国际单位制，国际单位制的实施和推广，标志着计量制度的日趋国际化和标准化，现在已有越来越多的国家采用国际单位制。

《中华人民共和国计量法》规定：国家采用国际单位制。国际单位制计量单位和国家选定的其他计量单位，为国家法定计量单位。自 1991 年 1 月起，除个别特殊领域外，我国已不允许再使用非法定的计量单位。我国出口的商品，除照顾对方国家贸易习惯约定采用公制、英制或美制计量单位外，应采用我国法定计量单位。如我国进口的机器设备和仪器等应要求使用我国法定计量单位，否则，一般不许进口，如确有特殊需要，也必须经有关标准计量管理部门批准。

2. 计量单位

国际贸易中交易商品不同，需要采用不同的计量单位。

（1）按重量（Weight）计算。它是当前国际贸易中使用最多的一种计量方法，常见的重量单位有：公吨（Metric Ton，M/T）、长吨（Long Ton）、短吨（Short Ton）、磅（Pound Lb）、盎司（Ounce，oz）、千克（Kilogram，kg）、克（Grime，g）等。许多农副产品、矿产品及工业制成品通常按重量这种方法计量。

（2）按个数（Number）计算。常用的具体计量单位有：件或只（Piece，PC）、套（Set）、打（Dozen，doz）、罗（Gross）、令（Ream，rm）、箱（Case）、捆（Bale）、听（Tin）、卷（Roll，Coil）等。个数计量通常适用于有一定规格，尺寸、成形、成件的生活日用品、轻工业产品、机械产品及一部分土特产品。

（3）按长度（Length）计算。常用的计量单位有：米（Meter，m）、英尺（Foot，ft）、码（Yard，yd）等。长度计量通常适用于如绳索、丝绸、布匹等商品的交易。

（4）按面积（Area）计算

常用的计量单位有：平方米（Square Meter，sq. m）、平方英尺（Square Foot，sq. ft）、平方码（Square Yard，sq. yd）等，适用于按面积计算的商品，通常有地毯、皮革、玻璃板等。

（5）按体积（Volume）计算。常用的计量单位有：立方米（Cubic Meter，cu. m）、立方英尺（Cubic Foot，cu. ft）、立方码（Cubic Yard，cu. yd）、立方英寸（Cubic Inch）等。体积计量通常适用于木材及化学气体之类的交易。

(6) 按容积 (Capacity) 计量。常用的计量单位有：升 (Litre, l)、加仑 (Gallon, gal)、蒲式耳 (Bushel, bu) 等。各类谷物及液体货物往往按容积计量。

(二) 计算重量的表示方法

在国际贸易中，按重量计量的商品很多，常见的计算重量的方法有 4 种。

1. 毛重

毛重 (Gross Weight) 是指商品本身的重量加上包装物的重量。毛重一般只作为运输计重。

2. 净重

净重 (Net Weight) 即商品本身的重量，不包括包装物的重量，即皮重 (Tare)。以重量计重的商品，多数以净重计价。散装的大宗低价商品，一般无包装物。有些虽有简单包装，但包装物的重量同货物重量相比很小，价值也较低，在计价时以毛重当做净重计，这种方法，在国际贸易中称作“以毛作净” (Gross for Net)。在国际贸易中，如果合同中未明确规定用毛重还是用净重计价，按惯例应以净重计价。

计算净重时首先要除去皮重，即包装物的重量，常见的皮重计算方法有以下 4 种。

(1) 实际皮重 (Actual Tare 或 Real Tare)。按包装材料的实际重量，是对包装物逐件实际衡量后所得的总和。

(2) 平均皮重 (Average Tare)。从整批货物中抽出一定的件数，称出其皮重，然后求出每件的平均皮重，再乘以总件数，即可求得整批货物的皮重。按平均皮重计算通常适用于包装比较统一、重量相差不大的商品包装。近年来，随着包装技术的发展和包装材料及规格的标准化，用平均皮重计算的做法已日益普遍。

(3) 习惯皮重 (Customary Tare)。按商品包装习惯上公认的重量乘以总件数计算总皮重，而无需对包装逐件过秤。如“每只麻袋习惯皮重为 2.5 磅”。

(4) 约定皮重 (Computed Weight)。按买卖双方事先约定的包装物的重量作为计算皮重的基础。

国际贸易中，究竟采用哪一种方法计算皮重来求得净重，应根据商品的性质、所使用的包装的特点、合同数量的多寡以及交易习惯，由双方当事人事先约定并列入合同，以免事后引起争议。

3. 公量

有些商品，如棉花、羊毛、生丝等，本身具有较高的价值，又有较强的吸湿性，其所含的水分受客观环境的影响很大，重量很不稳定，国际上通常采用按公量 (Conditioned Weight) 计算的办法，即以商品的干净重（指烘去商品水分后的重量）加上国际标准回潮率与干净重的乘积所得出的重量。其计算公式为：

$$公量=\frac{实际重量\times(1+标准回潮率)}{1+实际回潮率}$$

公量也可表述为用科学的方法抽取商品中的水分，再加上标准含水量所求得的重量。可用一个更加简单的公式表示：

$$公量=干量+标准含水量$$

4. 理论重量

理论重量（Theoretical Weight）是指某些固定规格的商品，可从商品件数推算出商品的总重量。如马口铁、钢板等。

5. 法定重量

按照某些国家海关法的规定，在征收从量税时，商品的重量是以法定重量（Legal Weight）计算的。法定重量是指商品重量加上直接接触商品的包装材料。如销售包装的重量。

二、合同中的数量条款

（一）数量条款的基本内容

国际货物买卖合同的数量条款主要包括成交商品的数量和计量单位。按重量成交的商品，还需订明计算重量的方法。

（二）数量的机动幅度

合同中的数量条款是买卖双方交接货物的数量的依据，卖方必须严格按合同规定的数量交货。在粮食、矿砂、化肥和食糖等大宗商品的交易中，由于受商品特性、货源变化、船舱容量、装载技术和包装等因素的影响，要求准确地按约定数量交货，有时存在一定的困难。为了使交货数量具有一定范围内的灵活性和便于履行合同，买卖双方可以在合同中合理规定数量机动幅度。只要卖方交货数量在约定的增减幅度范围内，就视为按合同数量交货，买方就不得以交货数量不符为由而拒收货物或提出索赔。规定数量机动幅度有以下几种方法。

（1）“约”量。它是指在数量前加“约”“大约”或“近似”（About，Circa，Approximate）等类似字样。由于“约”量的含义，在国际上没有统一的标准，易引起纠纷，但采用信用证支付时，按《跟单信用证统一惯例》（UCP600）的解释，凡“约”或“大约”或类似意义的词语用于信用证金额或信用证所列的数量或单价时，应理解为对有关金额或数量或单价有不超过10%的增减幅度。

（2）溢短装条款（More or Less Clause）。它是指在买卖合同中的数量条款中明确规定可以增减的百分比，卖方交货时有权根据具体情况多交或少交一定数量的货物，但以不超过规定数量的百分比为限。例如：中国大米，100公吨，卖方可溢装或短装5%。（Chinese rice，100 metric tons，5% more or less at sellers' option.）

（3）合同中未明确规定数量机动幅度，卖方一般应按合同规定交货，但采用信用证支付且货物不是以包装或个数单位计量的，按《跟单信用证统一惯例》的规定，卖方交货的数量允许有5%的增减，数量机动幅度范围内的计价方法一般按合同价计算。有时也可按装运时或货到时的市场价计算。

案例思考

某单位对中东某海湾国家出口电扇1000台，国外来证规定不允许分运。但在出口装船时始发现有40台的包装破裂，有的风罩变形，有的开关按钮脱落。临时更换已来不及。为保证质量起见，发货人员认为根据“600”规定即使不准分运，在数量上也许可有5%的伸缩。如甩下40台并未超过5%。结果实装960台。当持单到银行议付时，银行则不予议付。试讨论银行拒付的原因何在？

（三）订立数量条款应注意的问题

数量条款的内容及其繁简，应视商品的特性而定。规定数量条款时需要注意下列事项。

1. 正确掌握成交数量

在商洽交易时，应正确掌握进出口商品成交数量，防止心中无数，盲目成交。一方面，为了正确掌握出口商品的数量，在商订具体数量时，应当考虑国外市场的需求情况、国内货源的供应情况、国际市场价格动态、国外客户的资信状况和经营能力等因素；另一方面，为了合理地确定进口商品的成交数量，一般应考虑国内的实际需要、国内支付能力以及市场行情变化情况等因素。

2. 数量条款应当明确具体

为了便于履行合同和避免引起争议，进出口合同中的数量条款应当明确具体。比如，在规定成交商品数量时，应一并规定该商品的计量单位。对按重量计算的商品，还应规定计算重量的具体方法，如“中国大米1000公吨，麻袋装，以毛作净”。某些商品，如需要规定数量机动幅度时，则数量机动幅度是多少，由谁来掌握这一机动幅度，以及溢短装部分如何作价，都应在条款中具体订明。此外，进出口合同中成交量一般不宜采用“大约”“近似”“左右”等带伸缩性的字眼来表示。

3. 合理规定数量机动幅度

为了订好数量机动幅度条款，需要注意下列几点。

（1）数量机动幅度的大小要适中。数量机动幅度的大小，通常用百分比表示。可只对合同数量规定一个百分比的机动幅度，而对每批分运的具体幅度不作规定；也可在除规定合同数量总的机动幅度（如3%）外，还规定一个追加的机动幅度（如2%），此时，最终的机动幅度应理解为两者之和（如5%）。

（2）机动幅度选择权的规定要合理。一般来说，机动幅度的选择权由交货的一方，即卖方行使。但如涉及海洋运输，交货量的多少与承载货物的船只的舱容关系密切，一般由负责安排船只的一方选择，或者干脆由船长做出选择。总之，机动幅度的选择权可由买方行使，也可由卖方行使，或由船方行使。为明确起见，最好在合同中做出明确的规定。

（3）溢短装部分的计价要公平。在数量机动幅度范围内多装或少装的货物，一般按合同价格结算。但为防止当事人利用数量机动幅度条款故意增加或减少数量以取得额外收益，也可规定按装运时或货到时的市场价格计算。对数量机动幅度范围以外的部分可拒收。

自测练习

一、关键名词

以毛作净　　　　公量　　　　溢短装条款

二、选择题

1. 以毛作净实际上就是（　　）。

A. 以净重作为毛重作为计价的基础　　B. 按毛重计算重量作为计价的基础

C. 按理论重量作为计价的基础　　D. 按法定重量作为计价的基础

2. 我国目前使用最多的计量方法（　　）。

A. 按数量计算　　B. 按重量计算　　C. 按长度计算　　D. 按体积计算

3. 国际贸易中，大宗农副产品、矿产品以及一部分工业制成品习惯的计量方法（　　）。

A. 按面积计算　　B. 按长度计算　　C. 按重量计算　　D. 按容积计算

4. 在国际贸易中，木材、天然气和化学气体习惯的计量单位（　　）。

A. 按重量计算　　B. 按面积计算　　C. 按体积计算　　D. 按容积计算

5. 在国际贸易中，酒类、汽油等液体商品习惯的计量单位是（　　）。

A. 按重量计算　　B. 按面积计算　　C. 按体积计算　　D. 按容积计算

6. 在国际贸易中，一些贵重金属如黄金、白银的习惯的计量单位（　　）。

A. 克拉　　B. 盎司　　C. 长吨　　D. 公担

7. 在国际贸易中最常见的计重方法是（　　）。

A. 净重　　B. 毛重　　C. 公量　　D. 法定重量

8. 根据《跟单信用证统一惯例》规定，合同中使用“大约”“近似”等约量字眼，可解释为交货数量的增减幅度为（　　）。

A. 不超过 5%　　B. 不超过 10%　　C. 不超过 15%　　D. 由卖方自行决定

9. 采用 FOB 术语成交，数量的机动幅度一般由（　　）。

A. 买方和船方共同协商予以确定　　B. 卖方和船方共同协商予以确定

C. 卖方单独确定　　D. 船方单独确定

10. 国际贸易中，通常采用的度量衡制度有（　　）。

A. 英制　　B. 美制　　C. 国际单位制　　D. 公制

11. 溢短装数量的计价方法包括（　　）

A. 按合同价格结算　　B. 按装船日的行市计算

C. 由仲裁机构解决　　D. 由卖方自行决定

E. 按货物到目的地时的世界市场价格计算

三、简答题

1. 在国际贸易中常用的度量衡制度有哪几种？我国采用的是哪一种？

2. 数量机动幅度条款的规定有哪些方法？

四、计算题

某公司出口生丝，合同数量为 100 公吨，溢短装（More or Less）5%，约定标准回潮率（Standard Regaining Rate of Water）为 11%。现有生丝 104 公吨，实际回潮率（Actual Regaining Rate of Water）9%。问：

（1）这批生丝符合约定回潮率的重量为多少？

（2）是否符合溢短装条款规定的重量？

（3）应取出多少回潮率为 9% 的生丝？

五、案例分析

1. 我国某出口公司与某国进口商按每公吨 500 美元的 FOB 大连价成交某农产品 200 公吨，合同规定包装条件为每 25 千克双线新麻袋装，信用证付款方式。该公司凭证装运出口并办妥了结汇手续。事后对方来电称：该公司所交货物扣除皮重后实际到货不足 200 公吨，要求按净重计算价格，退回因短量多收的货款。我公司则以合同未规定按净重计价为由拒绝退款。请分析该公司的做法是否可行，并说明理由。

2. 中国某公司从国外进口某农产品，合同数量为 100 万公吨，允许溢短装 5%，而外商装船时共装运了 120 万公吨，对多装的 15 万公吨，我方应如何处理？

3. 我国某出口公司与俄罗斯进行一笔黄豆出口交易，合同中的数量条款规定如下：每袋黄豆净重 100 千克，共 1000 袋，合计 100 公吨，但货物运抵俄罗斯后，经俄罗斯海关检查发现每袋黄豆净重 94 千克，1000 袋，合计 94 公吨。当时市场黄豆价格下跌，俄罗斯以单货不符为由，提出降价 5% 的要求，否则拒收。请问俄罗斯的要求是否合理？我方应采取什么补救措施？

4. 出口一批大宗商品，国外来证规定："数量为 10000 公吨，散装，总金额 100 万美元，禁止分批装运。"根据 UCP600 的规定，试分析卖方交货数量应如何掌握。

六、操作训练

1. 请写出 6 种计量方法中常用计量单位的中英文名称及英文缩写，并指出分别适用于什么货物的交易（每种计量方法至少举两例）。

2. 结合实际，用英文拟订东北大豆、捷安特自行车、毛绒熊玩具、男式衬衫这 4 项商品的数量条款。

条款三

包装条款

知识要点

1. 包装的种类及条形码；
2. 包装标志与中性包装；
3. 包装条款的基本内容及订立时应该注意的问题。

技能要求

1. 正确地设计唛头；
2. 正确灵活订立合同中的包装条款；
3. 正确分析处理国际贸易中出现的相关案例。

一、包装的意义、作用和要求

包装（Packing）是实现商品价值和使用价值的重要手段之一。良好的包装不仅有利于吸引顾客，扩大销路，还可起到宣传商品、美化商品和提高商品档次与售价的作用。包装反映一个国家经济技术、科学、文化等方面的发达程度。在国际市场上，包装关系到一个国家及其产品的声誉。鉴于包装如此重要，我国一定要重视出口商品的包装，应在生产企业和销售部门共同努力下，使我国出口商品的包装符合科学、经济、牢固、美观、适销的要求。包装条款同时也是买卖合同中的一项主要交易条件，按某些国家的规定，如果买卖双方所交的货物未按约定的条件包装，或者货物包装与行业习惯不符，买方有权拒收货物。因此，包装条款也是进出口合同中的重要条件之一。

案例思考

上海出口公司 A 与香港公司 B 按 CIF 条件成交自行车 1000 台，由 A 缮制合同一式两份，其中包装条款规定为“PACKING IN WOODEN CASE”（木装箱）。A 将此合同寄至B方，然后由B方签回。B签回的合同上在原包装条款“PACKING IN WOODEN CASE”后面加了“C.K.D”字样，但未引起A公司注意。此后，B公司按合同规定开证，A公司凭信用证规定制单结汇完毕。在此过程中，B将提单转让给另一自行车商人C，货到目的港，发现系整台自行车木箱装，与单据所载不符。由于自行车整台进口需交纳20%进口税，因此C拒收货物并因此要求退还货款。B公司转而向我公司提出同样要求。但是，A公司认为B公司已将提单转让给第三者，A公司认为，该行为表明买方对卖方的所有权已做出了相抵触的行为，即已构成对货物的接受。由此，双方产生了争议。请分析我方A公司是否负有责任？应如何处理？

二、包装的种类

出口商品的包装可分为运输包装和销售包装。

（一）运输包装

运输包装又称为外包装（Outer Packing），它的作用主要是保护商品，便于运输，减少运费，便于储存，节省仓租和便于计数等。国际市场上常见的运输包装有两大类：单件包装和集合包装。单件包装是指在运输过程中作为一个计件单位的包装。常见的包装有箱（Case）、桶（Drum）、袋（Bag）、篓（Basket）、捆（Bundle）等。实际工作中，一般根据商品特点及买卖双方的约定选择使用。集合包装是指将若干件单件包装组合成一件包装或装入一个大的包装容器内。常见的集合包装有集装箱（Container）、托盘（Pallet）、集装袋（Flexible Container）3种形式。

对运输包装的总体要求是必须坚固结实，防止碎、损、漏、耗，并便于运输、装卸、储存和计数。国际标准化组织大力推行运输包装标准化，即统一材料、统一规格、统一容量、统一标准和统一封装方法。运输包装标准化将有助于简化包装容器的规格，便于加工制造，易于识别和计量，可节约包装材料，降低成本，合理压缩体积，节约包装容器和运费，还可提高包装容器的使用率。

（二）销售包装

销售包装又称内包装（Inner Packing），是指在商品进入零售环节和消费者直接见面的包装。它除具有保护商品外，还具有美化商品、宣传商品、便于销售和使用等作用。

案例思考

在荷兰某一超市上有黄色竹制罐装的茶叶一批，罐的一面刻有中文“中国茶叶”，另一面刻有我国古装仕女图，看上去精致美观，颇具民族特点，但国外消费者少有问津。请问其原因何在？

在销售包装上，一般都附有装潢画面和文字说明，有的还印有条形码的标志。

条形码是由一组带有数字的黑白及粗细间隔不等的平行条纹所组成，它表示特定的信息，是利用光电扫描阅读设备为计算机输入数据的特殊代码语言。随着国际市场上电子扫描自动化售货设备的使用日益广泛，“条形码”已成为销售包装上不可或缺的标记。只要将条形码对准光电扫描器，计算机就能自动识别条形码上的信息，确定商品的品名、数量、生产日期、生产厂家、产地等，并据此在数据库中查询其单价，进行货物结算，这样提高了结算的准确性和工作效率，便于销售。

国际上通用的条形码主要有两种，一种是由美国、加拿大组成的统一编码委员会编制的，其物品标识符号是 UPC 码；另一种是由欧盟成立的欧洲物品编码协会（后改名为“国际物品编码协会”）编制的，其标识符号为 EAN 码。

为了与国际市场接轨，我国于 1988 年 12 月建立了“中国物品编码中心”，1991 年 4 月 18 日代表中国正式加入“国际物品编码协会”。该中心在我国成立了分中心，生产和经营出口商品的企业需要使用条形码，可向物品编码机构申请，而后统一向国际条形码组织申请办理注册手续。标准版 EAN 条码的条空图形结构线条为 30 条，其相应字符为 13 位，前 3 位（欧共体 12 国为两位）用来标志国家地区，第 4 至 7 位为制造厂商代码，第 8 至 12 位为商品代码，最后 1 位为校验代码（供扫描器核对整个编码有无误读）。国际编码协会分配给我国的前缀号为 690、691、692、693、694、695，即代表中国产品。

三、包装标志

为了在运输过程中便于识别货物，防止错发、错运以及为了便于销售，在商品内外包装上要刷制一定的包装标志。包装标志主要有运输标志、指示性标志、警告性标志、原产地标志、重量与尺码标志和条形码。

（一）运输标志

运输标志（Shipping Mark）又称“唛头”（Mark）。它通常由简单的几何图形、必要的字母、数字及文字组成（见图 4-1a），包括：

（1）代表收货人或发货人的简称和简单的几何图形，有的还可列有合同号码、订单号或信用证号码。

（2）目的港名称（有时还增列中转港名称）或目的地名称。

（3）件号，包括顺序的件号和该批货物的总件数，或二者择其一。

联合国欧洲经济委员会简化国际贸易程序工作组，在国际标准化组织和国际货物装卸协会的支持下，制定了标准运输标志（见图 4-1b），向国际贸易界推荐使用。与图 4-1a 不同的是，标准唛头不使用任何图形，目的是便于电子商务操作；标准唛头增加了“参

ABC Co——图形文字字母
LONDON
VIA————目的港
HONG KONG
CNT/NO. 1—200———批件号

（a）

SMITHCO———收货人
SC93410————参考号码
LONDON———目的港（目的地）
NO. 1—300——批件号

（b）

图 4-1 运输标志

考号码”这一内容，要求写上合同号、订单号或发票号；标准唛头中件号的表示要既有每件货物的顺序号，又要有总件数。

按国际贸易习惯，运输标志一般由卖方决定，并无必要在合同中作具体规定。如果买方要求其指定唛头，则应在合同中具体规定唛头的式样和内容，并规定买方提出唛头式样和内容的时限，超过时限卖方可自行决定。

（二）指示性标志

指示性标志（Indication Mark）是根据商品的特性，特别标出货物在运输、装卸、搬运、保管过程中应注意的事项，如“小心轻放”（Handle with Care）“请勿用钩”（Use No Hooks）“此端向上”（This Side Up）“保持干燥”（Keep Dry）等，如图 4-2 所示。

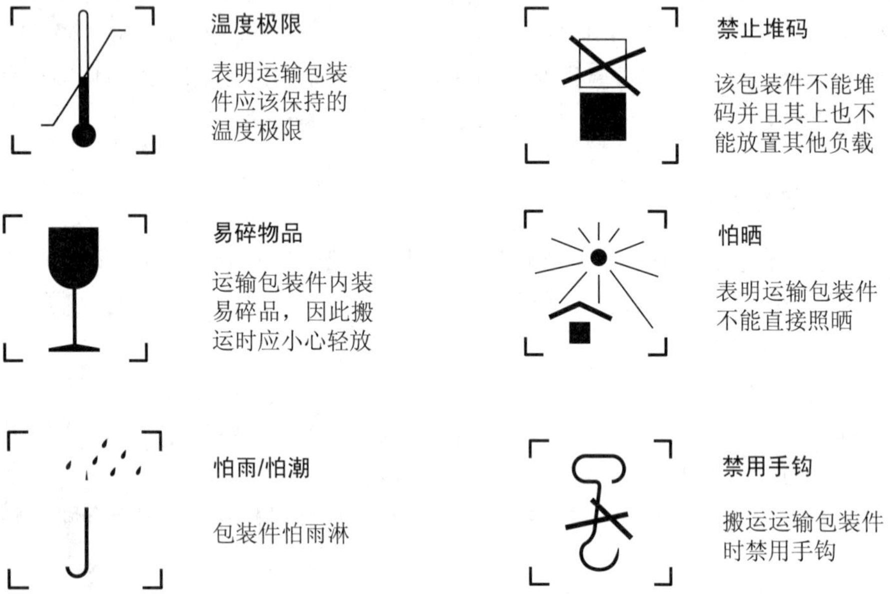

图 4-2 几种常用的指示性标志

（三）警告性标志

对易燃、易爆、有毒、放射性等危险货物应在包装上刷制警告性标志（Warning Mark），使有关人员在运输、装卸、搬运、储存、使用过程中采取相应的防范措施。如有毒品（Poison）、爆炸物（Explosive）、易燃物品（Inflammable）等，如图 4-3 所示。

（四）其他标志

其他标志是根据进口国的有关规定或根据收货人的要求而附加的一些作为运输标志补充的标志。这些标志通常有体积标志、重量标志、进口许可证号、商标、牌号、条形码和产地等。

图 4-3 几种常用的警告性标志

四、中性包装和定牌

中性包装是指商品的内外包装上不标明生产国别、地名和厂商名称的包装。中性包装分为定牌中性包装和无牌中性包装两种。前者是指包装上不注明生产国别，但注明买方指定的商标牌号；后者是指包装上既无生产国别，也不注明商标牌号。

采用中性包装，是为了打破某些进口国家与地区贸易壁垒，扩大出口的一种手段。我国出口业务可以接受中性包装。

定牌是指卖方按买方要求在其出售的商品或包装上标明买方指定的商标牌号。国外买方要求卖方使用定牌的目的，主要是为了使经营出售的商品商标牌号与自己商店使用的商标或牌号一致，以扩大自己商店的知名度并显示该商品的身份。我国出口业务中，在买方的请求下，出口商品包装上可使用买方指定的商标或者牌号，但需注明“中华人民共和国制造”字样。

案例思考

1. 菲律宾某公司与上海某自行车厂洽谈业务，打算从我国进口“永久”牌自行车1 000 辆。要求我方将商标改为“剑牌”，包装上不得注明“中国制造”。请问，我方可否接受？在处理此类业务时应注意什么问题？

2. 2002 年世界杯期间，日本一进口商为了促销运动饮料，向中国出口商订购 T 恤衫，要求以红色为底色，并印制“韩日世界杯”字样，此外不需印制任何标志，以在世界杯期间作为促销手段随饮料销售赠送现场球迷，合同规定 2002 年 5 月 20 日为最后装运期，我方组织生产后于 5 月 25 日将货物按质按量装运出港，并备齐所有单据向银行议付货款。然而货到时由于日本队止步于 16 强，日方估计到可能的积压损失，以单证不符为由拒绝赎单，在多次协商无效的情况下，我方只能将货物运回以便及时在国内销售减少损失，但是在货物途经海关时，海关认为由于“韩日世界杯”字样及英文标志的知识产权为国际足联所持有，而我方外贸公司不能出具真实有效的商业使用权证明文件，因此海关以侵犯知识产权为由扣留并销毁了这一批T恤衫。

请分析海关的处理是否正确。

五、合同中的包装条款

（一）包装条款的内容

包装条款一般包括包装材料、包装方式、包装标志、包装费用的负担等内容。例如：

（1）木箱装，每箱50kg净重。In wooden cases of 50kg net each.

（2）纸箱或空格木箱装，每箱净重约12kg，每只水果包纸。In cartons or crates of about 12 kg net，each fruit wrapped with paper.

（3）布包，每包20匹，每匹42码。In cloth bales each containing 20 pcs of 42 yds.

（4）铁桶装，每桶净重185kg~190kg。In iron drums of 185kg~190kg net each.

（5）铁桶或纸板桶装，每桶净重60kg。In iron drums or cardboard drums of 60kg net each.

（6）单层新麻袋，每袋约50kg。In new single gunny bags of about 50kg each.

（7）布袋装，内衬聚乙烯袋，每袋净重25kg。In cloth bags，lined with polythene bags of 25kg net each.

（8）每台装1个出口纸箱，810纸箱装1只40英尺集装箱运送。Each set packed in one export carton，810 cartons transported in one 40ft container.

（二）订立包装条款应注意的问题

1. 有关包装方式应在合同中作具体、明确的规定

除非买卖双方对此已有约在先，在合同中一般不宜使用诸如：适合海运包装（Packed in Seaworthy Packing）、按惯例方式包装（Packed in the Usual Way）等，以免引起纠纷。

2. 要注意进口国家对包装的有关规定

如在包装材料方面，有的国家禁止用麻袋包装或用玻璃、陶瓷等材料制作的包装容器；有的国家禁用虫蛀或带有树皮的木材做包装木箱；有的国家禁止用稻草、干草、废棉、报纸作为衬垫物等。在重量方面，有的国家规定油脂品每件净重不得超过10千克；各国班轮公司对于超长、超重的货物都加收附加费。在包装方式方面，有的国家规定必须使用托盘或集装箱。因此在订立包装条款时应注意各国的法规，以免日后由于包装问题对方拒收而造成经济损失。

3. 包装费用一般包括在货价中，不另计价

对于买方提出特殊包装要求，其超出的包装费用应由买方负担，并应在合同中具体规定负担的费用和支付办法。经双方商定，全部或部分包装材料由买方负责供应者，合同中应规定包装材料最迟到达卖方的时限和逾期到达的责任。在进口合同中，对于包装

技术性较强的商品，通常要在单价后面注明“包括包装费用”。

自测练习

一、关键名词

中性包装　　　　运输标志　　　　条形码

二、判断题

(　　) 1. 运输包装上的标志就是指运输标志，也就是通常所说的唛头。

(　　) 2. 包装费用通常在单价以外另行计价。

(　　) 3. 以下包装条款是正确的：木箱装，然后装托盘。

(　　) 4. 国际上通用的条形码有两类：UPC 和 EAN。UPC 码是目前国际公认的物品编码标识系统。

(　　) 5. 包装由卖方决定，买方不得要求使用特殊包装。

(　　) 6. 运输标志、指示性标志和警告性标志都是刷在商品的外包装上的。

(　　) 7. 对于警告性标志，各国一般都有统一规定。但我国出口危险品货物除印刷我国的危险品标志外，还应标明国际上规定的危险品标志。

(　　) 8. 进出口商品包装上的包装标志，都要在运输单据上表明。

(　　) 9. 采用定牌出口商品时，除非买卖双方另有规定，一般都应在商品包装上注明“中国制造”字样。

(　　) 10. 指示性标志用图形或文字表示。

三、计算题

1. 一位新西兰客商前来购买童车，他看中我某公司货号为 173 的款式，约定纸箱包装，每箱装两辆，纸箱尺码 80 厘米×50 厘米×42 厘米，请计算一个 40 英尺货柜可装多少箱。

2. 有一中东客商向我某公司询购安全皮鞋，要求五层瓦楞纸箱包装，每箱装 12 双，每双装一纸盒，纸盒尺寸为 380 毫米×240 毫米×103 毫米，试计算纸箱外径尺寸。

四、案例分析

1. 国内某贸易公司向俄罗斯出口大豆，合同中规定数量为 1000 公吨，用麻袋装。出口方在装运中由于麻袋数量不足，有 100 公吨的货物改用了塑料袋装。试分析，若进口方收到货后发现这一情况，应如何处理？

2. 某外商欲购我某公司“菊花”牌电钻，但要求改用“鲨鱼”牌商标，并在包装上不得注明“Made in China”字样，我某公司是否可以接受？应注意什么问题？

3. 某口岸过去出口手绢是 12 打一包，后改为 5 打一包，而后又改为一打一盒，进而又改为半打一盒、5 条一盒、3 条一盒，结果销售大增，这是什么道理？

4. 我某公司出口某种化工原料，共 500 公吨。合同与来证均规定为麻袋装。但我某公司到装船发货时发现麻袋装的货物只够 450 公吨，剩下的 50 公吨便以塑料袋装的同样货物充抵，这样做有无问题？

5. 我某公司出口水果罐头一批，合同规定为纸箱装，每箱 30 听，共 80 箱。但我某公司发货时改为每箱 24 听共 100 箱，总听数相等。这样做妥当吗？

6. 2015 年 3 月初，山东某乡镇企业与 A 国的 M 贸易公司签订了一份出口烤花生的合同。合同规定出口数量为 40 公吨，采用纸箱装，每箱装 10 袋，每袋 450 克。合同规定，付款方式为即期信用证，交货时间为当年的 4 月 30 日前，目的港为 A 国 S 港。由于 M 贸易公司对货物的内包装袋不太满意，认为太粗糙，图案不理想，于是签约时决定使用自己的包装袋。因此，在合同的包装条款中附带了一句：内包装由 A 方提供。

合同签订后，中方抓紧时间组织加工，同时催促 A 方抓紧运送包装袋。中方于 4 月 15 日将货物加工完毕，只等 A 方包装袋到位，但 A 方包装袋始终未到。中方多次催促之后，A 方提供的内包装终于在 4 月 24 日到货。中方立即组织装袋打包，但货物最终没能赶上 4 月 28 号的船期，中方于 28 日致电 A 方公司，指出由于 A 方公司内包装袋的迟交，导致了中方公司不能按时交货，因此要求将交货期改为 5 月 15 日之前。

4 月 29 日，对方回电说："由于贵方延迟交货已成事实，我方不同意贵方迟交系由我方造成的说法。但我方考虑到贵方的实际困难，要求中方公司在价格上减让 10%，否则拒绝改期交货。"中方加工厂在接到对方的电函后，与对方交涉，对方做出让步，同意交货期改为 5 月 15 日之前，中方价格减让 8%。考虑到货物迟交已经形成事实，而且货物已经准备就绪，市场行情不断看跌，没有别的选择，只好同意了对方的要求。试分析发生纠纷的原因。

五、技能训练

1. 根据下列条件设计一个唛头。

客户名称：HANOF TOOLET CO.

商品名称：100% 全棉男式衬衫

成交数量：5400 件

目的港：纽约

包装：每件装一塑料袋，每 60 件装一纸箱

2. 结合实际，用英文拟订东北大豆、捷安特自行车、毛绒熊玩具、男式衬衫这 4 项商品的包装条款。

条款四

价格条款

知识要点

1. 熟悉有关价格术语的含义、作用、种类以及 11 种价格术语间的关系，掌握重要的国际贸易惯例，特别是《2010 年国际贸易术语解释通则》的主要内容及其特点；

2. 掌握《2010 年国际贸易术语解释通则》中最常用的几种价格术语之有关买卖双方的责任、风险、费用的划分、所有权转移等问题；

3. 掌握佣金和折扣的计算；

4. 各种术语间的价格换算及出口报价。

技能要求

1. 用国际贸易惯例分析与贸易术语有关的案例；

2. 根据贸易情况选择合适的贸易术语；

3. 根据洽谈结果填制合同中有关价格、金额等条款；

4. 根据所学专业知识计算出应报价格。

一、国际贸易单价及价格术语的含义

（一）国内、国际单价的比较

单价即每单位多少钱，也就是人们常说的价格，这是人们每天都有可能涉及且为人们所关心的问题。如“某种教材的价格为 25 元一本”“这支笔 1 元”“某种配置的电脑每台 4 500 元”等，这些价格中都包括有计价金额、计价货币、计量单位 3 项基本内容。

国际贸易中的商品价格自然也不可能离开上述 3 项内容。但是，国际贸易毕竟是在两个国家或地区间进行，相距遥远，涉及买卖双方的责任、风险、费用的划分，还涉及货物运输、办理保险、进出口清关的手续和费用等一系列错综复杂的问题，如果每笔交易都就以上问题进行协商，势必影响交易的进程，增加交易费用。因此，经过长期的国

际贸易实践，一种能解决上述问题的术语应运而生，也就是在上述价格中加上一个术语，用来表示这个价格的构成，以及按照该价格卖方应在哪里交货，应该承担哪些责任和风险，买方的责任和风险又如何划分等等。所以，国际贸易中的单价应该由计价金额、计价货币、计量单位和价格术语 4 项内容组成。如某出口商品的报价为每公吨 550 美元 FOB Shanghai。这一价格就意味着卖方应承担到上海港将货物交到船上前的一切费用和风险，包括在此之前的其他一切常规责任和义务；买方承担在上海港将货物交到船上之后的一切费用和风险，包括海上货物运输和海上货物运输保险的手续办理及费用支付等。

（二）价格术语的含义

价格术语又称贸易术语（Price Terms，Trade Terms），是指用一个简短的概念或英文字母（或缩写）来说明商品的价格构成和买卖双方的有关手续、费用、风险及责任的划分、所有权转移的界限等问题，它是国际贸易中单价的一个重要组成部分。

国际贸易较国内贸易复杂，从一国出口到另一国进口往往要经过诸多环节，某一环节稍出差错将影响整笔交易的顺利进行。因此，交易磋商过程中必须对每一环节反复磋商，这将耗费大量时间和费用，影响交易达成。价格术语则解决了这一难题，这种术语能用几个简短的字母来确定交货地点、概括买卖双方的有关手续、费用和风险的划分及办理相关手续的责任，从而简化了交易洽商的内容，缩短成交过程，节省业务费用。

二、有关价格术语的国际贸易惯例

价格术语的出现的确给国际贸易带来了很大的便利，但原先各国并无完全统一的解释。为了加速国际贸易发展，某些国际组织和工商团体曾制定了一些有关国际贸易术语方面的规则、条例，以统一和规范国际贸易实务。这些规则和条例虽然并无强制性，但得到世界不少国家的认可并运用在国际贸易实践中，逐渐成为国际贸易惯例。目前国际上关于价格术语方面较有影响力的惯例主要有 3 个。

（一）《1932 年华沙—牛津规则》

《1932 年华沙—牛津规则》（Warsaw-Oxford Rules 1932，简称 W. O. Rules 1932）是由国际法协会制定的。该协会于 1928 年在华沙举行会议，制定了有关成本加保险费、运费（CIF）买卖合同的统一规则，共 22 条，称为《1928 年华沙规则》。后经 1930 年纽约会议、1931 年巴黎会议和 1932 年牛津会议修订，定名为《1932 年华沙—牛津规则》，共 21 条。本规则主要说明 CIF 买卖合同的性质和特点，并且具体规定了 CIF 合同中买卖双方所承担的费用、责任与风险。本规则适用的前提是必须在买卖合同中明确表示采用此规则。虽然这一规则现在仍得到国际上的承认，但实际上已很少采用。

（二）《1941 年美国对外贸易定义修正本》

1941 年 7 月 30 日，美国商会、美国进出口协会及全国对外贸易协会所组成的联合委员会通过了《1941 年美国对外贸易定义修正本》（Revised American Foreign Trade Definitions 1941）。该修正本主要对以下 6 种术语做了解释。

（1）产地交货 EX（Point of Origin），所报价格仅适用于原产地交货，卖方同意在规定日期或期限内在双方商定的地点将货物置于买方控制之下。

（2）在运输工具上交货 FOB（Free on Board），此术语又分为 6 种解释。

① 在内陆指定发货地点的指定内陆运输工具上交货（FOB〈named inland carrier at named inland point of departure〉）。

② 在内陆指定发货地点的指定内陆运输工具上交货，运费付到指定的出口地点（FOB〈named inland carrier at named inland point of departure〉freight prepaid to〈named point of exportation〉）。

③ 在指定的内陆发货地点的指定内陆运输工具上交货，减除至指定出口地点的运费（FOB〈named inland carrier at named inland point of departure〉freight allowed to〈named point of exportation〉）。

④ 在指定出口地点的指定内陆运输工具上交货（FOB〈named inland carrier at named point of exportation〉）。

⑤ 指定装运港船上交货（FOB vessel〈named port of shipment〉）。

⑥ 进口国指定内陆地点交货（FOB〈named inland point in country of importation〉）。

（3）在运输工具旁交货 FAS（Free along Side），是指卖方所报价格包括将货物交到各种运输工具旁边，如果在 FAS 后面加上 Vessel 字样，则表示“船边交货”。

（4）成本加运费 C&F（Cost and Freight），卖方所报价格包括将货物运到指定目的地的运输费用在内。

（5）成本加保险费、运费 CIF（Cost，Insurance and Freight），卖方所报价格包括货物的成本、海洋运输保险费和将货物运到指定目的地的一切运输费用在内。

（6）目的港码头交货 EX Dock（named port of importation），按此术语，卖方所报价格包括货物的成本和将货物运到指定进口港的码头所需的全部费用，并交纳进口税。

本定义主要适用于美洲国家，在很多解释上与其他惯例不同，因此，使用本定义或对该地区交易时要慎重。不但要规定采用某种术语，还要明确所适用的国际贸易惯例及版本。否则，极易引起误解，从而产生不必要的贸易纠纷。

（三）《2010 年国际贸易术语解释通则》

在国际贸易的长期实践中，形成了一些价格术语，但各国对同一价格术语往往有不完全相同的解释，这给贸易的顺利进行带来一定的障碍，因此，对国际贸易中普遍采用的价格术语提供一套具有国际贸易通常性质的规定或解释就非常重要。基于这种需要，国际商会于 1936 年制定了《国际贸易术语解释通则》，后来该通则于 1953 年、1967 年、1976 年和 1980 年先后进行了 4 次修订和补充。鉴于电子数据交换（EDI）通讯方式的广泛运用以及运输技术的变化，国际商会又于 1989 年 11 月通过了《1990 年国际贸易术语解释通则》。20 世纪末，国际商会国际商业惯例委员会考虑到世界上无关税区的发展，电子商务对传统国际贸易的影响不断扩大，再次对《国际贸易术语解释通则》进行修订，并于 1999 年 9 月公布了《2000 年国际贸易术语解释通则》(Incoterms 2000)，2000 年 1 月 1 日正式生效。

进入 21 世纪后，由于国际贸易迅速发展、无关税区不断扩大、商业交易中电子信息使用不断增加、货物运输中对安全问题的进一步关注以及运输方式的不断变化，国际商会于2007年又开始了新一轮的通则修订工作，经过3年的努力，《2010年国际贸易术语解释通则》（International Rules for the Interpretation of Trade Terms 2010，缩写Incoterms®2010）于2010年9月27日公布，2011年1月1日正式生效。Incoterms®2010实施并不意味着Incoterms 2000就自动作废，当事人在交易过程中仍然可以自愿选择不同年代版本的《国际贸易术语解释通则》。

Incoterms®2010与以往的通则比较，具有以下一些特点：

（1）在合同中使用Incoterms®2010，应明确表示“所选用的国际贸易术语及指定地点，并标明Incoterms®2010。”例如“FCA Shanghai Incoterms®2010”。在11种贸易术语中，EXW、FCA、DAT、DAP、DDP、FAS和FOB中的指定地点是交货地点和风险从卖方转移到买方的地点；CPT、CIP、CFR和CIF中的指定地点与交货地点不同，指定地点是目的地，其运费已经支付，交货地点是出口国指定地点或装运港。

（2）国际贸易术语由原来的13个减至11个，新增的DAT（运输终端交货）和DAP（目的地交货）取代了Incoterms 2000中的DAF（边境交货）、DES（目的港船上交货）、DEQ（目的港码头交货）和DDU（未完税交货）。

（3）国际贸易术语的分类由原来的4组分为适用于各种运输方式和水上运输方式两组。

第一组：适用于任何运输方式的7种术语。

EXW（Ex Works）工厂交货；

FCA（Free Carrier）货交承运人；

CPT（Carriage Paid to）运费付至；

CIP（Carriage and Insurance Paid to）运费、保险费付至；

DAT（Delivered at Terminal）运输终端交货；

DAP（Delivered at Place）目的地交货；

DDP（Delivered Duty Paid）完税后交货。

第二组：适用于水上运输方式的4种术语。

FAS（Free alongside Ship）装运港船边交货；

FOB（Free on Board）装运港船上交货；

CFR（Cost and Freight）成本加运费；

CIF（Cost Insurance and Freight）成本、保险费加运费。

（4）传统的国际贸易术语主要适用于跨越国界的国际货物买卖合同。但目前许多国家像欧盟一样使不同成员国间的边界形式显得不再重要。因此，Incoterms®2010所有术语可同时适用于国际和国内货物买卖合同。

（5）《2010年国际贸易术语解释通则》取消了FOB、CIF、CFR中“船舷”的概念，买卖双方风险划分的界限为货物交到装运港的船上。

（6）Incoterms®2010买方义务和卖方义务仍然采用逐项间隔排列，左右对照的方式，A1至A10为卖方义务、B1至B10为买方义务。具体内容如表4-1所示。

表 4-1　　买卖双方义务对照表

A　卖方义务	B　买方义务
A1　卖方一般义务	B1　买方一般义务
A2　许可证、授权、安检通关和其他手续	B2　许可证、授权、安检通关和其他手续
A3　运输合同与保险合同	B3　运输合同与保险合同
A4　交货	B4　收取货物
A5　风险转移	B5　风险转移
A6　费用划分	B6　费用划分
A7　通知买方	B7　通知卖方
A8　交货凭证	B8　交货证据
A9　查对——包装——标记	B9　货物检验
A10　协助提供信息及相关费用	B10　协助提供信息及相关费用

Incoterms®2010 中的 11 种价格术语，使用较多的是 FOB、CFR、CIF 以及在此基础上发展起来的 FCA、CPT、CIP，了解这些术语的内容是极为重要的，下面两部分将对以上 6 种及其他 5 种术语作详细的介绍。

案例思考

出口商甲与进口商乙签订了一份出口合同，合同采用 FOB 术语对外报价，但同时规定运输由卖方办理，并且卖方负责在规定的时间将货物送到买方，这两条规定与《国际贸易术语解释通则》的相关规定是相违背的。请问：是按照合同规定由卖方负责办理运输、卖方负责将货物送到对方，还是按照国际贸易惯例规定由买方负责办理运输、卖方只负责将货物送到装运港？如果合同中规定：本合同受 Incoterms®2010 的约束，情况又将如何？

三、国际贸易中 6 种主要贸易术语

Incoterms®2010 中共有 11 种价格术语，其中最主要的价格术语是 FOB、CIF、CFR、FCA、CPT、CIP，前 3 种价格术语是国际贸易中最常用的，仅适用于海洋运输和内河运输；后 3 种是根据前 3 种发展而来的，适用于各种运输方式。本部分将就上述 6 种术语的含义、买卖双方的义务和责任、风险和费用的划分界限以及在使用中应注意的问题等作较为详细的介绍。

（一）FOB

1. FOB 的含义

FOB（Free on Board... named port of shipment）Incoterms®2010——装运港船上交货，是指卖方以在指定装运港将货物装上买方指定的船舶或通过取得已交付至船上货物的方式交货。货物灭失或损坏的风险在货物交到船上时转移，同时买方承担自那时起的一切费用。本术语只适用于海洋运输和内河运输。FOB 可能不适合于货物在上船前已经交给承运人的情况，例如用集装箱运输的货物通常是在集装箱码头交货。在此类情况

下，应当使用 FCA 术语。

FOB 最早可追溯到 18 世纪末，那时商人自己租船在不同的外国港口停靠，根据需要购买当地能提供的商品，他及其代理人在整个航程中始终监督这一冒险活动，并负责对所购商品进行检验。因此，卖方在交易中只负责将货运到港口交给买方就算完成了交货义务，而买方则必须自己租船，并承担卖方交货后的一切风险。这一做法与现行的 FOB 基本相似。

2. 买卖双方的责任划分

根据 Incoterms®2010 对 FOB 的解释，买卖双方的主要义务如下：

（1）卖方义务：

① 卖方必须在约定的日期或期限内，在指定的装运港，将符合销售合同规定的货物按照该港口的习惯方式交至买方指定的船上，并给予买方说明已按照规定交货的充分通知。

② 卖方必须自担风险和费用，取得任何出口许可证或其他官方许可，并在需要办理海关手续时，办理出口货物所需的一切海关手续。

③ 卖方必须负担货物在装运港交到船上为止的一切与货物有关的费用和货物灭失或损坏的风险。

④ 卖方必须自负费用向买方提供商业发票和证明货物已交至船上的交货凭证、运输单据或具有同等作用的电子信息。

（2）买方义务：

① 买方必须按照销售合同规定支付价款。

② 买方必须自负费用订立从指定的装运港运输货物的合同，并给予卖方有关船名、装船点和要求交货时间的充分通知。

③ 买方必须自担风险和费用，取得任何进口许可证或其他官方许可，并在需要办理海关手续时，办理货物进口和在必要时从他国过境的一切海关手续。

④ 买方必须负担货物在装运港交到船上之后的一切与货物有关的费用和货物灭失或损坏的风险。

⑤ 买方必须收取卖方按合同规定交付的货物，接受按合同规定提交的交货凭证。

为便于记忆，现将上述买卖双方的义务和责任归纳如下，如表 4-2 所示。

表 4-2　　FOB 术语买卖双方责任划分一览表

分类	卖　方	买　方
常规责任	1. 负责在规定时间，在指定的装运港按该港习惯方式将货交至指定的船上，并给予买方充分的通知 2. 在需要办理海关手续时，负责办理出口手续，取得出口许可证或其他官方许可 3. 负责提供交货凭证、运输单据或同等作用的电子信息	1. 收取按合同规定交付的货物并负责按合同规定支付货物价款 2. 在需要办理海关手续时，负责办理进口手续，取得进口许可证或其他官方许可 3. 接受有关单据

续表

分类	卖方	买方
共同责任	负担货物在装运港交到船上前的一切费用和风险	负担货物在装运港交到船上后的一切费用和风险
主要责任		1. 负责租船订舱，支付运费，并给予卖方关于船名、装船地点和要求交货时间的充分通知 2. 负责办理保险及支付保险费

案例思考

1. 某公司出口洋葱头，FOB 大连。装船前检验合格，但是目的港卸货时发现部分洋葱头腐烂。买方就该货损向卖方索赔，遭到拒赔，引发贸易纠纷，双方同意将该争议案件提交仲裁。请问，仲裁机构应如何裁决？

2. 某公司出口燕麦种子，FOB 天津新港，合同规定燕麦种子的发芽率不得低于90%。装运前燕麦种子发芽率超过90%，合格。货到目的港检验结果显示该批种子的发芽率不足50%，不合格。买方就该货损向卖方索赔，遭到拒赔，引发贸易纠纷，双方同意将该争议案件提交仲裁。仲裁机构调查发现：由于卖方未能于该批燕麦种子包装前对包装物（麻袋）进行充分的熏蒸处理，致使麻袋上残留虫卵，在运输途中虫卵孵化，啃噬了燕麦种子胚芽，致损，裁决卖方应该赔偿。你认为仲裁机构裁决的依据是什么？

3. 租船运输方式下装船费用的确定

按 Incoterms®2010 的规定，货物在装运港交到船上作为买卖双方费用划分的界限，但 Incoterms®2010 只是一种惯例，它可以被买卖合同的具体规定或买卖双方确立的习惯做法所超越或改变。因此，在国际贸易实践中，我们可以对费用划分的界限做出明确规定，当然也可以按 Incoterms®2010 的规定办理。

在装运港的装船费用主要指与装船有关的一些支出，如平舱费（Trimming Charges）、理舱费（Stowage Fee）、捆扎费（Lashing Charges）、加固费（Securing Charges）等。

以 FOB 条件买卖时，如果使用班轮运输，由于班轮一般管装管卸，一切费用都包括在运费之内，则装卸费用由支付运费的一方即买方负担，卖方只需在装运港将货物交给买方指定的承运人即算完成交货，有关装船费用也由卖方转移到买方，但风险划分的界限依然是货物交到装运港的船上。如果使用租船运输时，买卖双方有关装船费用的负担是按照 Incoterms®2010 办理，还是双方根据具体情况另行规定，必须在合同中明确表示，以避免争议的产生。实际业务中，可以通过 FOB 的变形来解决这一问题。

（1）FOB 班轮条件（FOB Liner Terms），按此变形，装船费用按班轮条件来办理，即由支付运费的一方——买方负担。

（2）船上交货并理舱（FOB Stowed），指卖方负责将货物装入船舱并负担包括理舱费在内的装船费用。

（3）船上交货并平舱（FOB Trimmed），指卖方负责将货物装入船舱并负担包括平舱费在内的装船费用。若买方租用自动平舱船时，卖方应退回平舱费用。

（4）FOB 吊钩下交货（FOB Under Tackle），指卖方将货物运到船舶吊钩所及之处，从货物起吊开始的装船费用由买方负担。由于吊钩下可能在码头，也可能是驳船，而且大件货物涉及岸吊和浮吊的租用，易引起争议，因此，一般不用此变形。

还有如 FOB Stowed and/or Trimmed、FOB Stowed and Secured、FOB Stowed and Lashed 等。

以上 FOB 变形只涉及装船费用，风险划分不变。

另外，要注意某些国家的某些港口对 FOB 有关装船费用的特别解释，例如：

FOB Liverpool：除非合同另有规定，卖方需负责将货装到利物浦港口的船上并理好舱。

FOB London：除非合同另有规定，卖方需负责将货物装到伦敦港口的船上，但不负责平舱及理舱费用，风险以货物实际装到船上为界。

因此，在实际业务中，如果采用租船方式且对装船费用未作明确规定的，一定要注意有关国家的习惯做法，以免产生不必要的麻烦。

案例思考

如果你是一家进口公司的业务员，准备按照 FOB 条件从国外进口一批矿产品，采用租船方式。经了解，装运港的条件很差，港口的各项费用很高，如果使用 FOB 的变形对外报价，你会选择哪一种？为什么？

4. 租船订舱与装船通知

按规定 FOB 条件下，由买方负责租船订舱，并将船名、船期通知卖方。在具体业务中，卖方也可接受买方的委托代为租船订舱或投保，但纯属代办。如卖方不能完成买方之委托，买方不得因此而向卖方提出任何异议或借以撤销合同。如按规定办理，买方负责安排船只，卖方负责装货，就涉及船货衔接问题，一般情况下，如果船只按时到达，而卖方货未备齐，则卖方应承担由此造成的空舱费和滞期费；如果买方延迟派船，由此引起的卖方仓储费的增加应由买方负责；未经卖方同意，船提前到，卖方不负担空舱费等。

按 Incoterms® 2010 的规定，卖方交货后应给予买方充分的通知，并且卖方在买方的请求下必须向买方提供投保所需的信息，以便买方能及时办理保险。因此，通常情况下，卖方在货物装船过程中或装船后应及时向买方发出装船通知，以便买方能及时投保，不致造成漏保，否则，由此引起的不良后果卖方要承担相应的责任。

案例思考

1. 我方进口商以FOB条件从巴西进口橡胶，但是我方由于租船困难，不能在合同规定的时间内到装运港接运货物，从而出现了较长时期的货等船现象，于是巴西方面要求撤销合同并向我方进口商提出赔偿损失的要求。巴西出口商的做法是否合理？

2. 某出口生产企业的李先生与国外一客户按FOB条件达成一笔交易，合同规定装运期为2015年10月。10月23日（星期五）货物顺利装上运往目的港的船上，并于当晚驶离装运港。李先生因忙碌了一周感到疲惫不堪，周末好好休息了两天，10月26日上午一上班，李先生就给进口商发了一份装船通知，半小时以后，李先生收到一份传真，被告知载货船舶于10月25日晚在某海域发生海难，出口货物全部灭失。李先生对此并不在意，认为货物已经装船并出了装运港，风险由买方承担；如果是保险范围内的损失，买方可以找保险公司索赔，因为，办理保险是买方的责任。请问，李先生的这种想法对吗？为什么？

3. 某年美国A公司按照FOB条件从俄罗斯B公司进口一批钢材，买方A按时派船至装运港，卖方B却没有备货至指定装运港，买方多次催促，卖方先以“货物在运输途中，遇事延误了，请耐心等待”等多种理由搪塞，最后才被迫承认自己没有办法组织到货源，无法交货。于是，买方所派船舶在指定装运港逗留五十多天后，空船而走。由于买方和承运人签订的是定程租船合同，该合同规定滞期费费率为每天12 000美元，于是，船方向买方索要六十多万美元的滞期费，买方则要求由卖方承担此项费用。你认为买方的要求是否合理。

5. 个别国家对FOB的不同解释

有关FOB所涉及的交货地点、风险费用的划分、买卖双方的责任划分等方面的问题，不同的国家有不同的解释。例如，《1941年美国对外贸易定义修正本》中的FOB有6种解释，前4种是指在内陆发货地点或指定出口地点的内陆运输工具上交货；第五种是指在指定装运港船上交货；第六种是指在进口国指定内陆地点发货。前4种及第六种的FOB与Incoterms®2010中的FOB有明显的区别，第五种FOB则与Incoterms®2010中的FOB基本相似，但要在FOB和装运港名称之间加上“Vessel”字样，如卖方在装运港纽约交货应写成：FOB Vessel New York，买卖双方划分风险的界限是在装运港船上。

关于出口手续的办理，《1941年美国对外贸易定义修正本》规定：卖方根据买方请求，并由买方负担费用的前提下，协助买方取得为出口所需要的出口国证件。买方要支付出口税以及其他因出口需征收的各项费用。

（二）CIF

1. CIF的含义

CIF（Cost、Insurance and Freight... named port of destination）Incoterms®2010——成本、保险费加运费，是指卖方在船上交货或以取得已经这样交付的货物方式交货，货物

灭失或损坏的风险在货物交到船上时转移。卖方负责租船订舱，支付从装运港到目的港的正常运费，并由承运人将货物运至指定的目的港。卖方还要为买方在运输途中货物的灭失或损坏的风险办理保险，支付保险费。CIF 可能不适合于货物在上船前已经交给承运人的情况，例如用集装箱运输的货物通常是在集装箱码头交货。在此类情况下，应当使用 CIP 术语。

由于 CIF 术语后面跟的是目的港，所以一直被称作“到岸价”，其实这种叫法是不准确的，容易被误解为卖方负责将货物运到目的港并承担到此为止的一切费用和风险，这与 CIF 的含义相违背，必须加以注意。

2. 买卖双方的责任划分

根据 Incoterms®2010 对 CIF 的解释，买卖双方的主要义务如下：

（1）卖方义务：

① 卖方必须在约定的日期或期限内，在指定的装运港，将符合销售合同规定的货物交至运往指定目的港的船上，并给予买方说明已按照规定交货的充分通知以及要求的任何其他通知，以便买方能够为受领货物而采取通常必要的措施。

② 卖方必须自担风险和费用，取得任何出口许可证或其他官方许可，并在需要办理海关手续时，办理出口货物所需的一切海关手续。

③ 卖方必须负担货物在装运港交到船上为止的一切货物灭失或损坏的风险及由于各种事件造成的任何额外费用。

④ 卖方必须自负费用向买方提供商业发票和证明货物已交至船上的交货凭证、运输单据或具有同等作用的电子信息。

⑤ 卖方必须自负费用按照通常条件订立运输合同，经由惯常航线，将货物用通常可供运输合同所指货物类型的海轮（或船只）装运至指定目的港。

⑥ 卖方必须按照合同规定，自负费用取得货物保险，并向买方提供保险单或其他保险凭证，以使买方或任何其他对货物具有保险利益的人有权直接向保险人索赔。

（2）买方义务：

① 买方必须按照销售合同规定支付价款。

② 买方必须自担风险和费用，取得任何进口许可证或其他官方许可，并在需要办理海关手续时，办理货物进口和在必要时从他国过境的一切海关手续。

③ 买方必须负担货物在装运港交到船上之后的一切货物灭失或损坏的风险及由于各种事件造成的任何额外费用。

④ 买方必须收取卖方按合同规定交付的货物，接受按合同规定提交的交货凭证。

买卖双方的有关义务和责任如表 4-3 所示。

表 4-3　CIF 术语买卖双方责任划分一览表

分类	卖　方	买　方
常规责任	同 FOB（见表 4-2）	同 FOB（见表 4-2）
共同责任	同 FOB（见表 4-2）	同 FOB（见表 4-2）

续表

分类	卖　方	买　方
主要责任	1. 租船或订舱，支付运费 2. 办理保险，支付保险费	

从表 4-3 可以看出，CIF 与 FOB 贸易术语的不同点就在于租船订舱、支付运费，办理保险并支付保险费这两项主要责任，CIF 这两项责任由卖方承担，FOB 则由买方承担。

案例思考

改革开放初期，我国某出口公司与欧洲某进口商按照 CIF 条件签订了一份出口冻兔肉的合同。我方在合同规定的装运期内将符合合同规定的冻兔肉装上了运往目的港的船上，随后，我方制齐全套货运单据向银行办理了结汇手续。一个多月后，买方来电告知，货物才到达目的港，比预计时间晚了 10 多天，部分冻兔肉因装载于不适宜的位置而化冻并且已经变质。买方认为，卖方没有将完好的货物按时送到目的港，应负责赔偿买方的损失，退回部分货款。我方多数业务员在处理对方来电时认为，按照 CIF 术语成交，既然由我方办理运输，就应该负责运输中货物的安全，另外还认为，CIF 是“到岸价”，我方理应负责将完好的货物按时送到对方，因此，应该赔偿对方的损失。你认为应该这样处理吗？为什么？

3. 保险的有关规定

按 CIF 术语达成的交易，卖方要为买方在运输途中货物灭失或损坏的风险办理保险，并注意以下规定：

（1）卖方应与信誉良好的承保人或保险公司订立保险合同，该保险需至少符合《协会货物保险条款》或其他类似条款中的最低险别。

（2）买方要求且能够提供卖方所需的信息时，卖方应办理任何附加险，由买方承担费用，如果能够办理，诸如《协会货物保险条款》或类似条款的险别，也可同时或单独办理《协会战争险条款》和/或《协会罢工险条款》或其他类似条款的险别。

（3）保险最低金额是合同规定价格另加 10%（即 CIF 价的 110%）。

（4）采用合同货币投保。

在实际业务中，我们应按此规定执行。另外，买卖双方在订立合同时必须对保险险别、投保加成、保险金额等问题做出明确规定，以防发生争议。

案例思考

以 CIF 达成的交易，在无相反明确协议时，卖方只需按所保条款的最低险别投保，如果按照中国人民保险公司的有关条款，卖方只需投保平安险。但在我国的实际出口业务中，卖方所投保的险别一般都是“一切险加战争险”，且没有说明费用由买方负担。这样与国际惯例相违背，而且卖方还多承担了费用。你能分析其中的原因吗？

4. 租船订舱与装船通知

按 CIF 术语买卖双方的责任划分，卖方应在合同规定的时间内将货物装运出口，并且必须按通常条件及惯驶的航线，自费订立运输合同，使用通常类型可供运输合同货物的海轮（或依情况适合内河运输的船只）。除非双方另有约定，对于买方提出的关于限制载运船舶的国籍、船龄、船型、船级以及指定装载某班轮公会的船只等项要求，卖方均有权拒绝接受，但对某些合理的要求，也可考虑接受。

关于装船通知问题，各国解释不一，一般来说，为了便于买方了解货运情况，及早做好接货准备，卖方可在装船后发出装船通知。

5. 租船运输方式下卸货费用的确定

在 FOB 术语中已述及装货费的负担问题，当采用租船运输时，可采用价格术语的变形来解决，卸货费则通常由支付运费的一方（买方）负担。同理，在 CIF 术语中，如果采用班轮运输，有关装卸货费用均由班轮公司负责，实际上由支付运费的一方即卖方负担；而在租船运输中，有关装货费用可理解为由支付运费的一方（卖方）负担。根据 Incoterms®2010 规定，买方必须支付包括驳运费和码头费在内的卸货费，除非根据运输合同该费用应由卖方支付者外。因此，买卖双方也可以通过 CIF 的变形来明确卸货费用的负担，主要有以下 4 种变形：

（1）CIF 班轮条件（CIF Liner Terms），指卸货费用按班轮条件办理，即由支付运费的一方（卖方）负担。

（2）CIF 舱底交货（CIF EX Ship's Hold），指买方负担将货物从目的港船舱舱底起吊卸到码头的费用。

（3）CIF 卸到岸上（CIF Landed），指货物到达目的港后，包括驳船费和码头捐在内的卸货费由卖方负担。此变形一般不采用。

（4）CIF 吊钩交货（CIF EX Tackle），指卖方负担货物从舱底吊至船边卸离吊钩为止的费用。

案例思考

我某出口公司以 CIF 魁北克向加拿大某进口商出口一批农产品，合同规定装运期为 10 月份，可以自由转运，但货物必须于 11 月 30 日前到达魁北克，否则买方有权拒收。我方于 10 月 10 日装船完毕，货物到达魁北克时已经是 11 月 25 日，此时，魁北克港开始结冰。承运人担心船舶进港后出不来，于是根据自由转运条款要求船长将货物全部改卸哈利法克斯港，再装火车运往魁北克，到达时间为 12 月 2 日。进口商以货物晚到为由拒收货物，经多次交涉，最终以我方降价 15% 了结此案，我方共损失 36 万加元。试分析我方失误的原因，我方应如何避免这种损失的产生？

（三）CFR

1. CFR 的含义

CFR（Cost and Freight... named port of destination）Incoterms® 2010——成本加运费，是指卖方在船上交货或以取得已经这样交付的货物方式交货，货物灭失或损坏的风险在货物交到船上时转移。卖方负责租船订舱，支付从装运港到目的港的正常运费，并由承运人将货物运至指定的目的港。CFR 不适合于货物在上船前已经交给承运人的情况，如用集装箱运输的货物通常是在集装箱码头交货。在此类情况下，应当使用 CPT 术语。

案例思考

中国某外贸公司（以下称卖方）曾与荷兰某公司（以下简称买方）按 CFR 鹿特丹条件签订一项出口合同，合同规定在天津新港先装一批货物，然后驶往上海港再装一批货物。该轮在新港装货后，卖方没有向买方发出装运通知，故买方没有及时投保货运险。该轮驶往上海港装货途中，在吴淞口突然发生火灾，船上货物均被烧毁。由于买方未接到卖方装运通知而没有投保货运险，无法向保险公司索赔损失，便向卖方索赔，卖方经办人员拒赔，其理由是他曾向买方表示过，这批货物装船后，不拟发装运通知，买方未表态，被视为默认接受。双方因此产生争议。后经双方友好协商，最后以各负火灾损失 50% 达成和解协议了结此案。请你用所学知识分析双方应如何避免这种损失的发生。

2. FOB、CIF、CFR 间的异同点

CFR 与 CIF 除了在保险责任方面有所区别外，其他都很相似，如以上 CIF 所涉及的租船订舱、卸货费用划分问题同样适用于 CFR，至于保险问题，CFR 与 FOB 基本相似。

以上所述 FOB、CIF、CFR 术语是国际贸易中最常用的，就买卖双方的义务来说，很多方面是相同的，不同之处主要在于租船订舱、支付运费和办理保险、支付保险费这两方面的责任。下面将以上 3 种术语的异同点归纳如下，如表 4-4 所示。

表 4-4　　FOB、CIF、CFR 异同点一览表

<table>
<tr><th></th><th>卖　方</th><th>买　方</th></tr>
<tr><td rowspan="2">相同点</td><td>1. 装货，充分通知
2. 出口手续，提供证件
3. 交单</td><td>1. 接货
2. 进口手续，提供证件
3. 受单、付款</td></tr>
<tr><td colspan="2">4. 装运港交货，风险、费用划分一致，以货物在装运港交到船上为界
5. 交货性质相同，凭单交货、凭单付款
6. 适合于海洋运输和内河运输</td></tr>
</table>

续表

不同点	FOB		租船订舱、支付运费（F） 办理保险、支付保险费（I）
	CIF	租船订舱、支付运费（F） 办理保险、支付保险费（I）	
	CFR	租船订舱、支付运费（F）	办理保险、支付保险费（I）

3. 关于凭单交货、凭单付款问题

Incoterms®2010 中的价格术语，按其交货性质不同，可以分为象征性交货的术语和实际交货的术语两大类。象征性交货的价格术语有一个共同特点，即凭单交货、凭单付款。采用这类价格术语时，卖方只要在合同规定的时间和地点，将货物装上运往指定目的地的运载工具上，取得合同规定的装运单据并提交给买方，就算完成了交货义务，买方应在收到装运单据时付款。也就是说，买方凭单付款而不是凭实际交货付款，即使在卖方提交单据的时候，货物已经发生灭失或损坏，但只要单据是正确的、齐全的，买方仍须按合同规定支付货款。反之，如果卖方所交单据不正确或不齐全，买方有权拒付，即使所交货物与合同完全相符。

实际交货的价格术语是卖方必须在合同指定地点把货物交由买方控制才算完成交货任务。在此条件下，装运单据不能代替货物，卖方必须在指定地点把卖出的实物交给买方。本部分所述的 6 种术语均属象征性交货的术语，而后面一部分所述的 5 种术语则属实际交货的术语。

4. 货物所有权与风险的转移问题

所谓的所有权是指对财产享有占有、使用和处理的权利。所有权的转移是指何时此项权利由卖方转移给买方。在实际交货的贸易术语中，卖方在合同指定地点将货物交由买方控制时就算完成了交货任务，货物的所有权也随之由卖方转移至买方，风险同时转移。

在象征性交货的价格术语中，风险与所有权并非同时转移，风险一般是在卖方将货物交承运人监管时，或在装运港装上船时转移。所有权则是随卖方交单而转移。按这类价格术语达成的交易，在买方未付款前，卖方往往不愿意将所有权转移，卖方只有通过掌握代表所有权凭证的提单等货运单据的办法来保留对货物的所有权。具体转移步骤应该是：首先，由卖方备齐所有合格的单据，将其交予银行，但银行在买方未付清货款前不得将单据交给买方，这样货物所有权仍在卖方；然后，买方按规定向银行付款，银行交单，此时货物所有权完全转移。因此，在象征性交货的价格术语中，所有权同风险转移是不一致的，风险转移在先，所有权转移在后。

案例思考

买卖双方以 CIF 条件达成一笔交易，卖方在规定的时间和地点将符合合同规定的货物装船，载货船舶于出港后第三天触礁沉没。货物装运半个月后，卖方备齐提单、发票、装箱单、保险单等规定的货运单据要求买方付款，买方以货物已经全部灭失为由拒绝受单和付款。试分析买方这样做有无道理。

（四）FCA、CIP、CPT

随着运输业的发展，2010 年生效的《国际贸易术语解释通则》进一步完善了 FCA、CIP、CPT 这 3 种可适用于任何运输方式的术语，同时规定 FOB、CIF、CFR 仅适用于海运和内河运输。这 3 种术语在很多方面是很相似的，但各自又有很多不同的特点。现就 Incoterms®2010 对 FCA、CIP、CPT 术语的含义及买卖双方的责任划分简单介绍如下。

1. FCA

FCA（Free Carrier... named place）Incoterms®2010——货交承运人，是指卖方在卖方所在地或其他指定地点将经出口清关的货物交给买方指定的承运人或其他人。由于风险在交货地点转移至买方，特别建议双方尽可能清楚地写明指定交货地内的交付点。

Incoterms®2010 在 FCA 的使用说明中明确规定了以交货地来确定双方的装、卸货义务。具体规则是：如果交货是在卖方的场所进行，卖方有义务将货物装上买方提供的运输工具；如果交货是在任何其他地方进行，卖方不负责卸货，即当货物在卖方的运输工具上，尚未卸货，而将货物交给买方指定的承运人或其他人处置时，交货即算完成。

按此术语达成的交易，买卖双方的主要责任分别是：

（1）卖方主要责任：

① 卖方必须自担风险和费用，取得任何出口许可证或其他官方许可，并在需要办理海关手续时，办理出口货物所需的一切海关手续。

② 卖方必须在指定的交货地点，在约定的交货日期或期限内，将货交给买方指定的承运人或其他人，并给予买方说明已按照规定交货的充分通知。

③ 卖方必须承担货物被交由承运人或其他人监管为止的一切与货物有关的费用和货物灭失或损坏的风险。

④ 卖方必须自负费用向买方提供商业发票和证明货物已交给承运人的交货凭证、运输单据或具有同等作用的电子信息。

（2）买方主要责任：

① 买方必须自费订立自指定地承运货物的合同，支付运费，并将承运人名称及其他有关信息及时通知卖方。

② 买方必须承担货物被交由承运人或其他人监管之后的一切与货物有关的费用和货物灭失或损坏的风险。

③ 买方必须接受按合同规定提交的交货凭证或相等的电子信息。

④ 买方必须自担风险和费用，取得任何进口许可证或其他官方许可，并在需要办理海关手续时，办理货物进口和在必要时从他国过境的一切海关手续。

⑤ 买方必须收取卖方按合同规定交付的货物，并按合同规定支付货款。

⑥ 买方应对货物在运输中途中可能发生的灭失或损坏的风险取得货物保险，订立

保险合同，并支付保险费。

案例思考

2016 年，中国 A 公司从泰国曼谷 B 公司以 FCA（曼谷市内指定地点）进口一批食糖，合同约定适用 Incoterms® 2010。买方 A 公司如期将租用的货车派至指定交货地点（即卖方 B 所在地）。A 请求 B 装车，后者以手头订单多、人手不足等为由，拒绝装车。A 只好雇佣当地人装车，货刚刚装上车，还未来得及做好防护措施，突然天降大雨，致使部分货物脏包，减损了货物的商业价值。买方 A 可否要求卖方 B 支付装车费并赔偿货损？

2. CIP

CIP（Carriage and Insurance Paid to... named place of destination）Incoterms® 2010——运费、保险费付至，是指卖方将货物在双方约定地点（如双方已经约定了地点）交给其指定的承运人或其他人。在货物被交由承运人或其他人保管时，货物灭失或损坏的风险以及由于在货物交给承运人或其他人后发生的事件而引起的额外费用，即从卖方转移至买方。卖方必须签订运输合同并支付将货物运至指定目的地的运费。卖方还必须为买方在运输途中货物的灭失或损坏风险签订保险合同，并支付保险费。

按此术语达成的交易，买卖双方的主要责任分别是：

（1）卖方主要责任：

① 卖方必须自担风险和费用，取得任何出口许可证或其他官方许可，并在需要办理海关手续时，办理出口货物所需的一切海关手续。

② 卖方必须自费订立将货物运往指定目的地的约定点的运输合同，并支付有关运费。如未约定或按照惯例无法确定具体交货点，则卖方可在指定的目的地选择最适合其目的的交货点。

③ 卖方必须在运输合同中规定的地点和日期将货物交给其指定的承运人或其他人，并给予买方已交货的充分通知。

④ 卖方必须承担货物被交由承运人或其他人监管为止的一切与货物有关的费用和货物灭失或损坏的风险。

⑤ 卖方必须对货物在运输途中可能发生的灭失或损坏的风险取得货物保险，订立保险合同，并支付保险费。

⑥ 卖方必须自负费用向买方提供商业发票和证明货物已交给承运人的交货凭证、运输单据或具有同等作用的电子信息。

（2）买方主要责任：

① 买方必须承担货物被交由承运人或其他人监管之后的一切与货物有关的费用和货物灭失或损坏的风险。

② 买方必须收取卖方按合同规定交付的货物，并按合同规定支付货款。

③ 买方必须接受按合同规定提交的交货凭证或相等的电子信息。

④ 买方必须自担风险和费用，取得任何进口许可证或其他官方许可，并在需要办

理海关手续时，办理货物进口和在必要时从他国过境的一切海关手续。

从上述责任划分可以看出，CIP术语有关买卖双方的责任划分，只要将FCA买方责任中第①、第⑥两项责任归在CIP卖方责任中即可。

3. CPT

CPT（Carriage Paid to... named place of destination）Incoterms®2010——运费付至，是指卖方将货物在双方约定地点（如果双方已经约定了地点）交给卖方指定的承运人或其他人。在货物被交由承运人或其他人保管时，货物灭失或损坏的风险以及由于在货物交给承运人或其他人后发生的事件而引起的额外费用，即从卖方转移至买方。卖方必须签订运输合同并支付将货物运至指定目的地的运费。

CPT术语有关买卖双方的责任划分，只要将FCA买方责任中第1项责任归在卖方即可，在此不再赘述。

4. FCA、CIP、CPT与FOB、CIF、CFR的比较

从上述3种价格术语的责任划分可以看出，买卖双方的主要责任依然是运输和保险，同时，这两项责任也是这3种价格术语的差别所在。因此，这3种价格术语买卖双方责任划分的基本原则与FOB、CIF、CFR术语是基本相同的，但由于它们所适用的运输方式完全不同，所以还是有区别的，具体表现在以下6个方面。

（1）适用的运输方式不同。FOB、CIF、CFR仅适用于海洋运输和内河运输；而FCA、CIP、CPT适用于任何运输方式。

（2）交货地点及风险、费用转移界限不同。FOB、CIF、CFR术语的交货地点均为出口国装运港，风险和费用的划分则以货物在装运港装上船为界；FCA、CIP、CPT术语的交货地点应视不同的运输方式和不同的约定而定，它可以是出口地的某运输工具上，也可以是承运人的运输站或其他地点，至于风险和费用则于卖方将货物交由指定承运人或其他人保管时转移至买方。

（3）装卸货费用负担不同。FOB、CIF、CFR术语在租船运输情况下，有关装卸货费用可以通过价格术语的变形或合同的具体规定来确定；FCA、CIP、CPT术语由于其风险费用的转移以货交承运人为界，因此就不存在上述问题，装卸货费用均由支付运费的一方承担。

（4）运输单据不同。FOB、CIF、CFR条件下，卖方一般提供海运提单；FCA、CIP、CPT条件下，卖方提交的运输单据因运输方式的不同而不同，如铁路运单、航空运单、国际多式联运单据等。

（5）运费负担不同。按FOB、CIF、CFR术语，运费主要指从装运港到目的港的海运运费；按FCA、CIP、CPT术语，运费则包括从出口国指定地点到进口国指定地点，中间可能涉及几种不同的运输方式。

（6）保险的内容不同。FOB、CIF、CFR主要涉及的是海洋货物运输保险；FCA、CIP、CPT则涉及各种运输方式下的货物保险。

四、其他5种价格术语

除了上述6种常用的价格术语外，Incoterms®2010还包括以下5种价格术语。

（一）EXW

EXW（Ex Works... named place）Incoterms®2010——工厂交货，是指当卖方在其所在地或其他指定的地点（如工场、工厂或仓库等）将货物交给买方处置时，即完成交货。买方负担货物自卖方所在地或其他指定的地点交付后至最终目的地的一切费用和风险。

（1）卖方不需将货物装上任何前来接运的运输工具，即使卖方也许更方便这样做。

（2）卖方也无需办理出口清关手续。如买方不能直接或间接地办理货物出口报关手续时，则不宜采用此价格术语。

（3）适合国内贸易，而 FCA 一般更适合国际贸易。

（4）EXW 是卖方责任最小的价格术语。

案例思考

1. 某公司按 EXW 条件出口一批电缆，但在交货时，买方以电缆的包装不适宜出口运输为由，拒绝提货和付款，买方的行为是否合理？

2. 2015 年 4 月，在广州春交会上，香港某进口商（以下简称 A）与汕头市某出口公司（以下简称 B）签订了一份出口尼龙绉纹布跑步衫 3 000 打的合同。合同规定每打 15 美元 EXW 汕头，纸箱装，每箱 5 打，6 月 15 日前交货，支付方式为经 A 验货合格后电汇。6 月 9 日 B 通知 A 货已备妥速来验收。6 月 10 日 A 派代表来汕头，由 B 陪同赴汕头市某服装厂（以下简称 C）验货。6 月 11 日该批货物全部验收合格后，在 A 方代表的监督指导下，按照 A 方出具的唛头装箱刷唛。随即该代表向 A 发出电传，称货已验收、刷唛完毕，B 等货款汇到后即可提供商业发票和其他有关的单证。12 日 B 收到 A 汇来的货款 45 000 美元，随即 B 将有关票证交给 A 方代表。这时该代表向 B 提出货物暂放 C 处，等其与汕头某货运代理联系妥当集装箱和出口报关事宜后便来工厂提货。B 当即与 C 联系，C 回答该批货物已单独存放，随时可供提取。13 日下午 A 方代表来电话称，货运代理要到 14 日上午才能安排车来 C 处拉货。不料，在 14 日凌晨 C 处突遭火灾，全部厂房及物资化为乌有。A 闻讯后立即来汕头要求 B 退还货款，理由是其并未提货，货物被焚应由 B 负责。B 拒不同意，理由是着火属不可抗力，而且其已按时履行了交货手续，该损失应由 A 自己承担。A 却认为 C 并未开具货物出厂证，货物所有权仍在 B 方。双方各执一词，最后港商 A 向汕头市人民法院控告 B 未履行交货义务，理应承担退还货款的责任。如你作为法官，如何判决此案？

（二）FAS

FAS（Free alongside Ship... named port of shipment）Incoterms®2010——装运港船边交货，是指卖方在指定的装运港将货物交到买方指定的船边（例如置于码头或驳船上）时，即为交货。货物灭失或损坏的风险在货物交到船边时发生转移，同时买方承担自那时起的一切费用。

（1）货物装在集装箱里时，卖方通常将货物在集装箱码头移交给承运人，而非交到船边。这时，FAS 术语不适合，而应当使用 FCA 术语。

（2）卖方负责办理出口清关手续，但卖方无义务办理进口清关、支付任何进口税或办理任何进口海关手续。

（3）由于卖方承担在特定地点交货前的风险和费用，而且这些费用和相关作业费用可能因各港口惯例不同而变化，建议双方尽可能清楚地约定指定装运港内的装货点。

（三）DAT

DAT（Delivered at Terminal... named place）Incoterms®2010——运输终端交货，是指当卖方在指定港口或目的地的指定运输终端将货物从抵达的载货工具上卸下，交由买方处置时，即为交货。卖方承担将货物送至指定港口或目的地的运输终端并将其卸下的一切风险。该术语可适用于任何运输方式。

（1）运输终端意味着任何地点，而不论该地点是否有遮盖，如码头、仓库、集装箱堆积场或公路、铁路、空运货站。

（2）由于卖方承担在特定地点交货前的风险，建议双方尽可能确切地约定运输终端，或在约定港口或目的地的运输终端内的特定的点。

（3）如果双方希望由卖方承担由运输终端至另一地点间运送和受理货物的风险和费用，则应当使用 DAP 或 DDP 术语。

（四）DAP

DAP（Delivered at Place）Incoterms®2010——目的地交货，是指当卖方在指定目的地将仍处于抵达运输工具之上，且已作好卸货准备的货物交由买方处置时，即为交货。卖方承担将货物运送到指定地点的一切风险。该术语可适用于任何运输方式。

（1）卖方承担在特定地点交货前的风险，建议双方尽可能清楚地约定指定目的地内的交货点。

（2）如果卖方按照运输合同在目的地发生了卸货费用，除非双方另有约定，卖方无权向买方要求偿付。

（3）卖方必须办理出口清关手续，但无义务办理进口清关手续。如果双方希望卖方办理进口清关、支付所有进口关税，并办理所有进口海关手续，则应当使用 DDP。

（五）DDP

DDP（Delivered Duty Paid... named place of destination）Incoterms®2010——完税后交货，是指卖方在指定的目的地将仍处于抵达的运输工具上，但已完成进口清关，且已作好卸货准备的货物交由买方处置时，即为交货。卖方必须承担将货物运至目的地的一切风险和费用，并且有义务完成货物出口和进口清关，支付所有出口和进口的关税和办理所有海关手续。

（1）由于卖方承担在特定地点交货前的风险和费用，建议双方尽可能清楚地约定指定目的地内的交货点。

（2）如果按照运输合同卖方在目的地发生了卸货费用，除非双方另有约定，卖方无权向买方索要。

（3）卖方无法直接或间接地取得进口许可证时不宜采用该术语。如双方希望买方承担所有进口清关的风险和费用，则应使用 DAP 术语。

（4）除非买卖合同中另行明确规定，任何增值税或其他应付的进口税款由卖方承担。

（5）DDP 是卖方责任最大的贸易术语。

上述 5 种术语都属于实际交货的价格术语，在实际业务中较少使用，但是为了便于记忆，现将这些价格术语有关交货地点、出口手续和进口手续的办理用表格归纳如下，如表 4-5 所示。

表 4-5　　　　5 种术语对比表

术语	交货地点	出口手续	进口手续
EXW	卖方所在地或其指定地点	买方	买方
FAS	装运港买方指定的船边	卖方	买方
DAT	指定港口或目的地的指定运输终端	卖方	买方
DAP	指定目的地	卖方	买方
DDP	指定目的地	卖方	卖方

Incoterms®2010 中共有 11 种价格术语，各种术语都有其个性，但也有共性。为便于学习、理解和掌握所学的国际贸易术语，现将其归类汇总如下，如表 4-6 所示。

表 4-6　　　　11 种贸易术语对比表

<table>
<tr><th>术语</th><th>交货地点</th><th>运输</th><th>保险</th><th>出口手续</th><th>进口手续</th><th>风险转移</th><th>所有权转移</th></tr>
<tr><td>EXW</td><td>出口国工厂</td><td>买方</td><td>买方</td><td>买方</td><td>买方</td><td rowspan="5">随交货转移</td><td rowspan="5">随交货转移</td></tr>
<tr><td>FAS</td><td>装运港船边</td><td>买方</td><td>买方</td><td>卖方</td><td>买方</td></tr>
<tr><td>DAT</td><td>指定运输终端</td><td>卖方</td><td>卖方</td><td>卖方</td><td>买方</td></tr>
<tr><td>DAP</td><td>指定目的地</td><td>卖方</td><td>卖方</td><td>卖方</td><td>买方</td></tr>
<tr><td>DDP</td><td>指定目的地</td><td>卖方</td><td>卖方</td><td>卖方</td><td>卖方</td></tr>
<tr><td>FOB</td><td rowspan="3">装运港</td><td>买方</td><td>买方</td><td>卖方</td><td>买方</td><td rowspan="3">装运港船上</td><td rowspan="6">随交单而转移</td></tr>
<tr><td>CIF</td><td>卖方</td><td>卖方</td><td>卖方</td><td>买方</td></tr>
<tr><td>CFR</td><td>卖方</td><td>买方</td><td>卖方</td><td>买方</td></tr>
<tr><td>FCA</td><td rowspan="3">出口国指定地点</td><td>买方</td><td>买方</td><td>卖方</td><td>买方</td><td rowspan="3">货交承运人</td></tr>
<tr><td>CIP</td><td>卖方</td><td>卖方</td><td>卖方</td><td>买方</td></tr>
<tr><td>CPT</td><td>卖方</td><td>买方</td><td>卖方</td><td>买方</td></tr>
</table>

五、报价核算及价格条款

（一）折扣和佣金

1. 折扣

折扣（Discount）是指卖方按原价给予买方一定百分比的减让，一般由卖方在买方付款时预先扣除。在合同中，通常用文字说明的方法表示折扣，例如：

CIF 香港价每公吨 2 500 港元减 2% 折扣

HKMYM2 500 per M/T CIF Hong Kong less 2% Discount

国际贸易中常用的折扣形式有品质折扣、数量折扣、季节折扣、现金折扣、特别折扣等。折扣的表示方法及计算方法有很多种，但最主要的计算方法是：

折扣=金额×折扣率

折实售价=原价×(1-折扣率)

【例 4-4】 某出口商品对外报价为 FOB 上海价每打 50 美元，含 3% 折扣，如出口该商品 1 000 打。试计算其折扣额和实收外汇各为多少？

解： 因为　折扣=金额×折扣率

折实售价=原价×(1-折扣率)

所以：折扣额=1 000×50×3% =1 500（美元）

折实售价=50×(1-3%)= 48.5（美元）

实收外汇=48.5×1 000=48 500（美元）

或　实收外汇=50 000-1 500=48 500（美元）

答： 折扣额为 1 500 美元，实收外汇为 48 500 美元。

2. 佣金

佣金（Commission）又称手续费（Brokerage），是买方（由其委托第三者采购）或卖方（由其委托第三者推销）付给“第三者”的报酬。佣金分“明佣”和“暗佣”两种，在价格中体现佣金的为明佣，在价格中看不出含佣，但实际上含佣的为暗佣，两者通称为含佣价。暗佣表面上与净价没有区别，为了明确起见，一般在净价的贸易术语后加“Net”字样。如：

USD25.00 per case CFR Rotterdam including 2% Commission

或 USD25.00 per case CFRC2 Rotterdam

USD24.50 per case CFR Net Rotterdam

决定佣金多少的关键是计算佣金的基数，通常有以下 3 种方法。

（1）以卖方净收入 FOB 作为佣金的计算基数。如一批出口货物 CFR 的发票金额为 100 000 美元，运费为 50 000 美元，佣金率为 3%，如果买卖双方约定按 FOB 价格计算佣金，则佣金为(100 000-50 000)×3% =1 500(美元)。如果以 CIF 成交，FOB 作为佣金基数，则在成交价基础上扣除运费和保险费，然后计算佣金。

（2）以成交价作为佣金的计算基数。如买卖双方以 CIF 价格成交，金额为 100 000 美元，佣金率为 2%，则佣金为 100 000×2% =2 000 美元。

（3）按成交数量收取佣金。国际贸易中一般很少使用这种方法。

在实际业务中，成交额作为计算佣金的基数，用公式表示：

佣金=含佣价×佣金率

由此又可得出两个公式：

净价=含佣价×(1-佣金率)

含佣价=净价÷(1-佣金率)

具体到某一贸易术语：

$$\text{FOB 含佣价}=\frac{\text{FOB 净价}}{1-\text{佣金率}}$$

$$\text{CFR 含佣价}=\frac{\text{CFR 净价}}{1-\text{佣金率}}$$

$$\text{CIF 含佣价}=\frac{\text{CIF 净价}}{1-\text{佣金率}}$$

但 CIF 有其特殊性，所以上述 CIF 含佣价的公式也可以表示如下：

$$\text{CIF 含佣价}=\frac{\text{CFR 净价}}{1-\text{佣金率}-(1+\text{投保加成率})\times\text{保险费率}}$$

在实际业务中，有时外商因情况变化，要求将一种贸易术语改报成另一种贸易术语，或将净价改报成含佣价，或调整含佣价的佣金率，只要在我方净收入不受影响的情况下就可以接受。至于调整或改报的结果均可通过以上公式计算并获得。

（1）改报 CFR 价为 CIF 价。

【例 4-5】 CFR 为 840 美元，加成 10% 投保，保险费率为 1.2%。求 CIFC5 价是多少？

第一种方法：$\text{CIF}=\frac{\text{CFR}}{1-(1+10\%)\times 1.2\%}=851.24$（美元）

$\text{CIFC5}=851.24\div(1-5\%)=896.04$（美元）

第二种方法：$\text{CIFC5}=\frac{\text{CFR}}{1-(1+10\%)\times 1.2\%-5\%}=896.67$（美元）

如保险时是以 CIFC 价投保，则用第二种方法计算较准确。

答： CIFC5 应为 896.04 或 896.67 美元。

（2）净价改报含佣价。

【例 4-6】 某商品 CFR 价 2 000 美元，试改报为 CFRC4 价，并保持卖方的净收入不变。

解： 含佣价 $=\frac{\text{净价}}{1-4\%}=2\ 083.33$（美元）

答： 改报后的 CFRC4 价为 2 083.33 美元。

（3）调整含佣价的佣金率。

【例 4-7】 已知 CFRC3 为 1 200 美元，试改报为 CFRC5 价，并保持卖方净收入不变。

解： 先把 CFRC3 价改为 CFR 价

$$CFR = CFRC3\times(1-佣金率) = 1\,200\times(1-3\%) = 1\,164\ (美元)$$

再把 CFR 价改为 CFRC5 价

$$CFRC5 = \frac{CFR}{1-C5} = \frac{1\,164}{1-5\%} = 1\,225.26\ (美元)$$

或 $$CFRC5 = \frac{CFRC3\times(1-3\%)}{1-5\%} = 1\,225.26\ (美元)$$

答：改报后的 CFRC5 价为 1 225.26 美元。

佣金的改报在实际业务中远不止上述 3 种情况，例如：

【例 4-8】 我向西欧某客商推销某商品，发盘价格为每公吨 1 150 英镑 CFR 西欧某港口，对方复电要求改按 FOB 中国口岸定价，并给予 2% 佣金。经查，自中国口岸至西欧某港口的运费每公吨 170 英镑。我方如要保持外汇净收入不变，改按买方要求条件报价，应如何报价？

解：FOB = CFR − 运费

$$= 1\,150-170 = 980\ (英镑)$$

$$含佣价 = \frac{净价}{1-佣金率}$$

$$= \frac{980}{1-2\%} = 1\,000\ (英镑)$$

答：按照买方要求的价格应该是 1 000 英镑。

（二）出口价格核算

价格核算是进出口业务的关键环节，它直接关系到交易磋商的成败以及买卖双方的利益，因此，买卖双方必须了解并掌握其方法，以保证所报价格的准确性和合理性。

1. 出口价格构成

国际贸易中的价格主要由成本、费用和利润 3 部分构成。

（1）成本。成本是整个价格的核心，它不同于出口总成本，它只是出口企业或外贸单位为出口其产品进行生产、加工或采购所产生的生产成本、加工成本或采购成本，为计算方便，我们统一以购货成本即含税成本表示。但是，对外出口报价时，应将出口退税因素考虑进去，将退税收入扣除，最终以实际采购成本来核算价格。

（2）费用。出口价格核算中的费用主要有国内费用和国外费用两部分，如包装费、仓储费、国内运费、港口费、商检报关费、经营管理费等均属国内费用，而国外费用主要指的是出口运费和出口保险费，且只有对外报 CFR 或 CIF 价时才会计算国外费用。

（3）利润。利润指的是卖方的预期利润，一般以成交额为基数计算。

2. 出口报价核算

我们以 FOB、CIF、CFR 为例来说明出口报价步骤及使用的公式。

$$出口报价 = 成本 + 费用 + 预期利润 \qquad ①$$

公式①中的成本是不含税成本，即退税后的实际采购成本，可用以下公式计算：

$$实际采购成本=含税成本-退税收入$$

$$退税收入=\frac{含税成本\times出口退税率}{(1+17\%)}$$

故 $$实际采购成本=含税成本\times\left(1-\frac{出口退税率}{1+17\%}\right)$$ ②

公式①中的费用根据所报价格不同来确定，可以是国内费用或国内费用加国外费用（主要指国外运费和国外保险费）。如报 FOB 价，只包括国内费用，报 CFR 价则要加上国外运费，报 CIF 价还要加上国外保险费。

公式①中的预期利润是指按成交价的一定百分比算出的卖方收益。

下面我们以 FOB 为例来推导其报价公式：

$$FOB=C+\Sigma F+FOB\cdot P$$

其中：

FOB——出口报价

C——实际采购成本

ΣF——国内费用之和

P——预期利润率

$$FOB-FOB\cdot P=C+\Sigma F$$

$$FOB=\frac{C+\Sigma F}{1-P}$$

即

$$FOB报价=\frac{实际采购成本+各项国内费用之和}{1-预期利润率}$$ ③

同理

$$FOBC=\frac{实际采购成本+各项国内费用之和}{1-佣金率-预期利润率}$$ ④

如果对外报 CFR 或 CIF 价也可以通过推导得出下列公式：

$$CFR=\frac{实际采购成本+各项国内费用之和+国外运费}{1-预期利润率}$$ ⑤

$$CFRC=\frac{实际采购成本+各项国内费用之和+国外运费}{1-佣金率-预期利润率}$$ ⑥

$$CIF=\frac{实际采购成本+各项国内费用之和+国外运费}{1-预期利润率-(1+投保加成率)\times保险费率}$$ ⑦

$$CIFC=\frac{实际采购成本+各项国内费用之和+国外运费}{1-佣金率-预期利润率-(1+投保加成率)\times保费率}$$ ⑧

【例 4-9】 2016 年 6 月，我某工艺品进出口公司拟向其客户出口某种工艺品 100

箱，该产品国内采购价为每件 28 元人民币，每 50 件装一纸箱，包装费用每箱 100 元，国内运杂费共 1 500 元，商检报关费 500 元，港口各种费用 400 元，公司各种相关的管理费用 1 000 元。经核实，该批货物出口需运费 800 美元，如由我方保险，其保险按 CIF 成交价加一成投保一切险，费率为 0.5%，另外，这种产品出口有 13% 的退税。现假设该公司欲获得 10% 的预期利润，且国外客户要求价格中含 5% 佣金。试报该产品的 FOBC5 及 CIFC5 美元价格。（当时美元对人民币的汇率约为 1 ∶ 6.60，计算过程保留 4 位小数，计算结果保留 2 位小数）

解： 出口总数 = 100×50 = 5 000（件）

$$\text{实际采购成本}=\text{含税成本}\times\left(1-\frac{\text{出口退税率}}{1+17\%}\right)$$

$$=28\times\left(1-\frac{13\%}{1+17\%}\right)=24.89\ \text{（元/件）}$$

$$\text{国内费用}=(100/50)+(1\,500+500+400+1\,000)/5\,000$$

$$=2.68\ \text{（元/件）}$$

$$\text{出口运费}=800/5\,000=0.16\ \text{（美元/件）}$$

$$\text{FOBC5}=\frac{\text{实际采购成本}+\text{各项国内费用之和}}{1-\text{佣金率}-\text{预期利润率}}$$

$$=\frac{24.89+2.681}{(1-5\%-10\%)\times 6.60}=4.92\ \text{（美元/件）}$$

$$\text{CIFC5}=\frac{\text{实际采购成本}+\text{各项国内费用之和}+\text{国外运费}}{1-\text{佣金率}-\text{预期利润率}-(1+\text{投保加成率})\times\text{保费率}}$$

$$=\frac{[(24.89+2.68)/6.60]+0.16}{1-5\%-10\%-(1+10\%)\times 0.5\%}$$

$$=5.14\ \text{（美元/件）}$$

答： 我对外所报 FOBC5 和 CIFC5 价分别为每件 4.92 美元和 5.14 美元。

（三）合同中的价格条款

1. 价格条款的内容

国际货物买卖合同中的价格条款主要包括单价（Unit Price）和总值（Total Amount）两项内容，单价应由计价货币、单位价格金额、计量单位、价格术语 4 部分组成。因此，在订立价格条款时应就如何确定价格，如何选择计价货币、选择价格术语做出正确的判断，并明确规定。

2. 作价方法

在国际贸易中，有关商品的品质和数量条款中均可规定较为灵活的机动幅度，价格条款中对单价除了我们较多使用的固定作价外，也可以采用较为灵活的浮动价格和暂定价格，以减少市场变化给任何一方造成的损失。

（1）固定作价。在国际货物买卖中，如果没有特殊规定，合同中的价格一般理解为固定价格，即从订约到付款这段时间的价格是不变的，任何一方不得以市场发生巨大变化为由更改原定价格。这就要求双方订立合同时尽量能预测到市场的发展变化，交货期也不要拉得太长。有时，买卖双方为了进一步明确其价格的固定性，防止以后发生争议，也可在价格条款中对此做出明确规定，如“合同签订后任何一方不得调整价格”。

（2）暂定价格和浮动价格。

暂定价格是指合同中约定的货物价格极不稳定，难以预测，且交货期较远，订约时，买卖双方暂时确定一个价格，待日后交货前一段时间再由双方按当时的市场情况商定一个价格，这一价格即作为最后结算的价格。由于这一作价方法中的最后价格是以交货前一段时间的市场情况为依据，而无明显的规定，双方容易为“何为市场情况”发生争议，具有明显的不稳定性，故建议慎重使用。

浮动价格是指某些货物由于价格极不稳定，交货期较长或交货时间较远，为了避免任何一方因此造成巨大损失，而采用浮动作价的办法。采用这一作价办法时，必须在合同中规定一个基础价格并明确价格上浮或下浮的依据，例如，“以结算时的物价指数为依据加价或减价若干”“以结算时某交易所的价格为基础调整价格”。

3. 计价货币的选择

在国际贸易中，买卖双方使用何种货币主要依据双方自愿进行选择，一般来说有3种情况：使用卖方国家货币；使用买方国家货币；使用第三国货币。对任何一方来说，使用本国货币，承担的风险较小，但如果使用外币则可能要承担外汇汇率变动所带来的风险，因为当今国际金融市场普遍实行浮动汇率制，汇率上下浮动是必然的，任何一方都有可能因汇率浮动造成损失。因此，在进出口业务中，买卖双方必须考虑如何选择货币才能最大限度地减少外汇风险，主要有下列方法可供参考：

（1）尽量使用可以自由兑换且汇率较稳定的外汇。

（2）出口时争取使用“硬币”，进口时争取使用“软币”。

（3）“软币”“硬币”结合使用，这一方法主要针对某几种货币经常性的“软币”“硬币”交叉变化。

（4）如果出口时使用了“软币”，应相应提高报价；进口时使用“硬币”，应相应压价。

除此之外，还有不少减少外汇风险的方法，如订立黄金保值条款、特别提款权保值条款等。由于这些内容属于国际金融范围，这里不作介绍。

4. 价格术语的选用

国际贸易中，可供买卖双方选用的价格术语有很多，由于各种价格术语都有其特定的含义，不同的价格术语，买卖双方所承担的责任、义务、风险也不同，价格术语选择正确与否直接关系到买卖双方的经济利益。因此，选择价格术语时必须考虑以下因素。

（1）选用价格术语必须体现我国的对外政策。我们必须按照平等互利的原则在双方自愿的基础上选择价格术语。

（2）选择双方熟悉的、对买卖双方都较为便利的价格术语，如FOB、CIF、CFR已成为各国商人经常使用的价格术语。

（3）选择价格术语时应考虑本国保险业和运输业的情况，出口时争取使用CIF，这将有利于促进我国保险业和运输业的发展，也有助于我方做好船货衔接，按时履行合同。

（4）选用价格术语时应考虑运费因素。运费在价格中占有很大的比重，因此，在选择价格术语时应事先预算运费，如运价不稳定，无法测算运费，出口时，最好使用FOB，以避免运价上涨所造成的损失；如欲按CIF或CFR成交出口，价格内应考虑运费上涨因素，或在合同内订明以现行运费率为准，超额运费由买方负担。

（5）选用价格术语必须考虑国外港口装卸条件和港口惯例。各国港口装卸条件不同，装卸费和运费水平也不一样，并且某些港口还有一些习惯做法，交易中往往难以把握。如果我方进口时，国外装运港的条件较差，费用较高，则力争采用CIF或CFR，或者用FOB Stowed或FOB Trimmed；出口时，如果目的港条件较差，费用较高，我方应力争用FOB术语成交，如果必须使用CIF或CFR，则应选用其变形CIF Ex Ship's Hold或CFR Ex Ship's Hold。

（6）选用价格术语时应考虑海上风险程度。在国际贸易中，出口方一般都不愿意用目的地交货类的价格术语，如DAP、DAT、DDP；进口方一般不愿意用出口国内陆交货的价格术语，如EXW。这主要是由于对国外情况不了解，谁都不愿冒此风险。

（7）根据情况可适当选用FCA、CIP、CPT。这3种价格术语虽然早就出现在《国际贸易术语解释通则》中，但一直没有被我国广大的进出口商所接受。主要原因是一方面出口商对这3种价格术语不了解、不熟悉；另一方面是由于我国大部分机构无法承担“国际多式联运经营人”（MTO）的工作。事实上，这3种价格术语与FOB、CIF、CFR比较是有一些优势的：一是减少了出口人的风险；二是加快了出单时间，出口人可以提前收汇。

结合以上各种因素及我方的经营意图，权衡利弊，选择适当的价格术语。

自测练习

一、关键名词

价格术语	Incoterms®2010	FOB
CIF	FOB Liner Terms	CIF Ex Ship's Hold
FCA	CFR	凭单交货、凭单付款
货物所有权	佣金	折扣

二、简答题

1. FOB、CIF、CFR术语有哪些异同点？

2. 请比较以下4对术语：DAT与DAP，FAS与FOB Under Tackle，FOB Liner Terms与FOB Under Tackle，EXW与FCA。

3. 为什么把CIF称作“到岸价”是错误的？

4. 试比较FCA、CPT、CIP与FOB、CFR、CIF间的区别。

5. 请指出每一种价格术语的交货点和风险转移点。

6. 试写出国际贸易中6种主要贸易术语的中、英文全称和英文缩写。

7. 试述贸易术语变形的作用，并举例说明。

8. 我国某进出口公司欲从美国进口小麦，美方报价为每公吨200美元FOB纽约。

问在合同签订时，应明确哪些问题？

9. 买卖合同中的价格条款包括哪些内容？试举例说明。

三、计算题

1. 出口某商品 100 公吨，每公吨 1 500 美元 FOB Shanghai，现客户要求改报 CFRC4 London 价，已知该货每公吨运费为 180 美元。应如何报价？

2. 某商品原报价 CIFC2 Singapore 每打 25 美元，现客户要求佣金增至 4%，若想保持卖方净收入不变，应如何报价？

3. 某出口公司以每公吨 2 000 元的价格收购了 20 公吨的货物，现假设该货的出口退税率为 13%，国内费用水平为 12%，客户要求 2% 佣金，如果将换汇成本控制在 6.2 元以内，最低的 FOB 价应报多少美元？

4. 出口一个 20 英尺集装箱的内衣，纸箱装，每箱 20 套，纸箱尺码和毛重分别为 65cm×60cm×59cm 和 18 千克，供货价格为 52 元/每套（含 17% 的增值税，出口退税率为 9%），出口包装费每纸箱为 20 元，商检费、仓储费、报关费、国内运杂费、业务费、港口费及其他各种税费每个集装箱约为 2 150 元，20 英尺集装箱的国外运费约为每箱 1 200 美元，如果按 CIF 成交，我方按成交金额的 110% 投保一切险，费率为 0.5%。现假设汇率为 6.55 元人民币兑换 1 美元：

（1）我方欲获得 10% 的利润（按成交金额计算），试计算该货的 FOB 和 CIF 价。

（2）如果外商欲获得 3% 的佣金，CFRC3 价应为多少美元？

（3）如果外商在我方所报的 CIF 价基础上还价 10%，我方利润还有多少？

（4）如果外商坚持所还价格，而我方又想保持 10% 的利润不变，供货价应不高于每套多少元？

5. 我某出口商品每千克 100 美元 CFRC2 纽约。试计算 CFR 净价和佣金各为多少？如对方要求将佣金增加到 5%，我方同意，但出口净收入不能减少，CFRC5，应报何价？

6. 我某出口公司推销某商品对外报价为每箱 450 美元 FOB 天津新港，后国外商人要求改报 CIF 汉堡价，我方应报价多少？假设运费每箱 50 美元，保险费率为 0.8%。

7. 我某进出口公司同美商磋商进口一种仪器，每台 1 500 美元，FOB 旧金山报价，对方坚持用 CIF 术语成交，经过反复磋商，最后以 CFR 术语达成协议。已知单位商品运价为 300 美元，保险费率为 1%，投保加成 10%，求 CFR 的实际价格。

8. 如果我方向外商报价为 CIF 香港每公吨 520 美元，含折扣 2%，那么我方扣除折扣的净收入为多少？

四、案例分析

1. 有一份 CIF 合同，货物已在合同规定的期限和装运港装船，但受载船只离港 4 小时后触礁沉没。第二天，当卖方凭提单、保险单、发票等单证要求买方付款时，买方以货物已全部损失为理由，拒绝接受单证和付款。在上述情况下，卖方有无权利凭规定的单证要求买方付款？

2. 有一份 CIF 合同，日本公司出售 450 公吨洋葱给澳大利亚公司，洋葱在日本港口装船时，经公证行验明完全符合商销品质，并出具了合格证明。但该批货物运抵澳大利亚时，洋葱已全部腐烂变质，不适合食用。买方因此拒绝收货，并要求卖方退回已付清的货款。在上述情况下，买方有无拒收货物和要求卖方退回货款的权利？

3. 有一份出售一级大米300公吨的合同，按FOB条件成交，装船时货物经公证人检验，符合合同规定的品质条件，卖方在装船后及时发出装船通知。但航行途中由于海浪过大，大米被海水浸泡，品质受到影响。当货物到达目的港后，只能按三级大米价格出售，因而买方要求卖方赔偿损失。试问在上述情况下卖方对该项损失是否应负责？

4. 我方按每公吨242美元FOB VESSEL New York进口一批钢材共计200公吨。我方按时开出金额为48 400美元的信用证，但美商来电要求增加信用证金额至50 000美元，不然有关出口税捐及签证费用应由我方另行电汇。卖方为何提出这样的要求？

5. 某公司A与另一公司B签订一份为期10年的供货合同，规定：A公司每月向B公司供应10公吨1级菜油，价格每季度议订一次。同时规定："如双方发生争议，应提交仲裁处理。"但该合同执行了半年后，B公司提出因合同价格不明确，主张合同无效，后报经仲裁裁决。合同中价格条款是否明确？你认为应该如何处理争议？猜猜仲裁的结果如何？

五、操作训练

1. 根据作价原则、作价方法、合同中价格条款等知识，模拟拟定合同中的品质、数量、包装和价格条款。

2. 下列我方出口单价的写法是否正确？如有错误或不完整，请更正或补充。

① 每码3.50元CIFC香港；

② 每箱500英镑CFR净价英国；

③ 每吨1 000美元FOB伦敦；

④ 每打100欧元FOB净价减1%折扣；

⑤ 2 000日元CIF上海包含佣金2%。

条款五

运输条款

知识要点

1. 熟悉各种国际货物运输方式的利弊和特点；
2. 掌握班轮运输的特点；
3. 掌握装运条款的内容以及各种运输单据的性质、内容。

技能要求

1. 合理选定运输方式，并能够填制各种装运条款；
2. 熟练计算班轮运费；
3. 缮制海运提单等重要运输单据。

国际货物运输是国际贸易中非常重要的必不可少的一个环节。国际贸易由于是国与国之间的跨国界的运输，具有时间紧、环节多、情况复杂等特点，所以买卖双方在订立国际货物买卖合同时，都要选择合适的运输方式，订好各项装运条款。

一、国际贸易中的主要运输方式

当今国际贸易实践中常见的运输方式很多，可以使用海运、空运、陆路等各种运输方式。但不同的货物种类、不同的国家之间适合的运输方式是不同的。为了合理地选择运输方式，必须对各种运输方式的特点有所了解。

（一）海洋运输

海洋运输是国际物流中最主要的运输方式，是指使用船舶通过海上航道在不同国家和地区的港口之间运送货物的一种方式。目前，国际贸易总运量中的2/3以上及中国进出口货运总量的约90%都是利用海上运输。海上运输的经营方式主要有班轮运输（Liner Transport）和租船运输（Shipping by Chartering）两大类。班轮运输又称定期船运输，租船运输又称不定期船运输。

1. 海洋运输的特点

（1）运输量大。现代海上货物运输的特征是船舶的专业化、大型化、高速化。船舶的运载能力远远大于火车、汽车和飞机，是运输容量最大的运输工具，运输能力几乎不受限制，可以适用各种货物的运输。

（2）通过能力强。由于海运货物的航道主要利用天然海域，不受道路和轨道的限制，四通八达的天然航道使海上运输更加灵便，通过能力强。

（3）运费低廉。海运货物的航道主要是利用天然的水域，除了建设港口和购置船舶外，几乎不需投资，因此水路货物运输成本最低。据联合国贸易与发展委员会（UNCTAD）的统计数据，海运运费一般约为铁路运费的1/6、公路汽车运费的1/35。

海洋运输也存在明显的不足之处。如运输速度慢、受自然条件和气候影响大、风险大等。

2. 班轮运输

（1）班轮运输的特点。班轮运输指船舶按照固定的船期表、沿着固定的航线和港口来往运输，并按照相对固定的费率表收取运费的一种运输方式。其服务对象是非特定的、分散的众多货主，班轮公司具有公共承运人的性质。班轮运输的特点：

① 具有“四固定”的特点，即固定航线、固定港口、固定船期和相对固定的费率。这是班轮运输的最基本特征。

② 班轮运价内包括装卸费用，即货物由承运人负责配载装卸，承托双方不计滞期费和速遣费。

③ 承运人对货物负责的时段是从货物装上船起，到货物卸下船止。

④ 承托双方的权利义务和责任豁免以签发的提单为依据，并受统一的国际公约的制约。

（2）班轮运价。班轮运价（Liner Freight）是班轮公司为运输货物向货主收取的运输价格，包括航运成本和利润。班轮公司制定运价时，除了考虑航运成本费用外，还要关注以下几个主要因素：① 货物价值和商品特性；② 运量大小和港口装卸效率的高低；③ 航程的远近；④ 航运市场的供求变化和同业竞争的程度。

（3）班轮运价表。运价表（Freight Tariff）又称运价本或费率本。根据运价表制定人不同分为班轮公会运价表、班轮公司自定运价表、双边运价表、货方运价表、协议运价表等。根据运价表的结构不同可分为等级运价表和单项费率运价表。

在实际业务中，等级运价表使用最多。该表前部列有常用商品等级表（中英文对照），不同商品有不同等级，每一等级有一基本费率。一般分为20个等级，1级运费最低，20级运费最高。在等级表后列有各航线的杂货与集装箱货的费率（等级费率和包箱费率），同时附有计收标准以及各种附加费的收取。

（4）班轮运费的计收标准。运费计算标准是指计算运费的货物单位，不同的商品按不同的单位来计算运费。班轮运费由基本运费和附加费构成。基本运费的计收标准有如下几种：

① 按重量吨（Weight Ton）计收。运价表上用“W”表示。按货物毛重（公吨）计算，吨以下取小数3位。它适用于价值不高、体积小、重量大的货物。

② 按尺码吨（Measurement Ton）计收。运价表上用“M”表示。按货物体积（立方米）计算，立方米以下取3位小数。它适用于价值不高、重量轻、体积大的货物。重量吨和尺码吨统称为运费吨或计费吨（Freight Ton，缩写FT）。

③ 按重量吨或尺码吨计收。运价表上用W/M表示。这是常见的一种计收标准，由船公司选择其中计费较高的一种计收。

④ 按价格计收，俗称从价运费。运价表上用“Ad. Val”或“A. V.”表示。以货物价值作为运费计收标准，一般不超过FOB价0.5%。它适用于黄金、白银、精密仪器、手工艺品等贵重商品。

⑤ 按重量吨或尺码吨或从价运费计收。运价表上用W/M or A. V. 表示。由船公司从3种计收标准中选择收费最高的一种计收。

⑥ 按重量吨或尺码吨中收费较高的作为标准，再另行加收一定百分比从价运费。运价表上用W/M plus A. V. 表示，但此种方法不常使用。

⑦ 按货物的件数（Per Unit /Per Head）计收。如卡车按辆，活牲畜按头计收。

⑧ 按议价（Open Rate）计收。临时商定运价，如粮食、矿石、煤炭等大宗货物。

⑨ 按起码运费（Minimun Charge）。每张提单应收取的最低运费称为起码运费。一般不足1运费吨（1重量吨或1尺码吨）的货物按起码运费收费。

（5）杂货班轮运费的计算。

① 运费构成。班轮公司运输货物所收取的运输费用，是按照班轮运价表的规定计收的。班轮运价表一般包括说明及有关规定、货物分级表、航线费率表、附加费表、冷藏货及活牲畜费率表等。目前，我国海洋班轮运输公司使用的“等级运价表”，即将承运的货物分成若干等级，每个等级的货物有一个基本费率，称为“等级费率表”。

班轮运费包括基本运费和附加费两部分。前者是指货物从装运港到卸货港所应收取的基本运费，它是构成全程运费的主要部分；后者是指对一些需要特殊处理货物、突然事件的发生或客观情况变化等原因而需另外加收的费用。

② 班轮运费的计算公式。

A. 先根据货物的英文名称，从货物分级表中，查出有关货物的计算等级及其计算标准。

B. 然后再从航线费率表中查出有关货物的基本费率。

C. 最后加上各项需支付的附加费率，所得的总和就是有关货物的单位运费。

D. 再乘以计费重量吨或尺码吨，即得该批货物的运费总额。如果是从价运费，则按规定的百分率乘FOB货值即可。

E. 计算公式：$F=F_b+\Sigma S$。

在公式中，F表示运费总额，Fb表示基本运费，S表示某一项附加费。

基本运费是所运货物的数量（重量或体积）与规定的基本费率的乘积。即

$$F_b=f\times Q$$

在公式中，f表示基本费率，Q表示货运量。

附加费是指各项附加费的总和。在多数情况下，附加费按基本运费的一定百分比计

算，其公式为：

$$\Sigma S=(S_1+S_2+\cdots S_n)\times Fb=(S_1+S_2+\cdots S_n)\times f\times Q$$

其中 S_1、S_2、S_3、S_n 为各项附加费，用 Fb 的百分数表示。

【例 4-10】 上海运往毛里求斯的路易港口一批“阀门”一批计 150 箱，每箱体积为 20 厘米×20 厘米×60 厘米，每箱重量为 15 千克，当时燃油附加费为 30%，蒙巴萨港口拥挤附加费为 10%，其应付运费是多少？（相关等级费率如表 4-7 所示）

表 4-7　　中国—东非航线等级费率表　　单位：港元

货　名	计算标准	等级（Class）	费率（Rate）
农业机械	W/M	9	404.00
棉布及棉织品	M	10	443.00
小五金及工具	W/M	10	443.00
玩　具	M	20	1 120.00
基本港口：路易港（毛里求斯）、达累斯萨拉姆（坦桑尼亚）、蒙巴萨（肯尼亚）			

计算方法为：

（1）查阅货物分级表。阀门属于小五金类，其计收标准为 W/M，等级为 10 级。

（2）计算货物的体积和重量。

体积：0.2×0.2×0.6×150＝3.6（立方米）。

重量：$\frac{15\times150}{1\ 000}=2.25$（公吨）

由于 3.6 立方米的计费吨大于 2.5 公吨，因此计收标准为立方米。

（3）查阅“中国—东非航线等级费率表”，10 级费率为 443 港元，则基本运费为：

$$443\times3.6=1\ 594.8\text{（港元）}$$

（4）附加运费为：

$$1\ 594.8\times(30\%+10\%)=637.92\text{（港元）}$$

（5）上海运往肯尼亚蒙巴萨港 150 箱阀门，其应付运费为：

$$1\ 594.8+637.92=2\ 232.72\text{（港元）}$$

集装箱班轮运费的计算基本上分为两个大类：一类是袭用件杂货运费计算方法，即以每运费吨为单位（俗称散货价）；另一类是以每个集装箱为计费单位（俗称包箱价），这种费率以每个集装箱为计费单位，常用于集装箱交货的情况。

案例思考

出口商委托某货运代理办理国际海洋货物运输事宜。货物共有 3 批杂货：杂货 A，毛重5.0公吨，体积6.0立方米；杂货B，毛重4.0公吨，体积2.5立方米；杂货C，毛重0.9公吨，体积0.8立方米；W/M；基本运费80美元；油价调整指数附加费10%。请计算出口商共应支付多少海运费？

3. 租船运输

租船运输又称不定期船运输，它与班轮运输有很大区别。租船是指租船人向船东租赁船舶用于货物运输的一种方式，通常适用于大宗货物运输。有关航线和港口、运输货物的种类以及航行的时间等，都按照承租人的要求，由船舶所有人确认。租船人与出租人之间的权利义务以双方签订的租船合同确定。

（1）租船运输的特点。

① 租船运输是根据租船合同组织运输的，租船合同条款由船东和租方双方共同商定。各种租船合同均有相应的标准合同格式。

② 一般由船东与租方通过各自或共同的租船经纪人洽谈成交租船业务。

③ 不定航线，不定船期。船东对于船舶的航线、航行时间和货载种类等按照租船人的要求来确定，提供相应的船舶，经租船人同意进行调度安排。

④ 租金率或运费率是根据租船市场行情来决定。

⑤ 适合运输大宗低价货物，如粮食、矿砂、煤炭、化肥、水泥等。

（2）租船的方式。在国际海运业务中，租船方式分为定程租船、定期租船和光船租船三大类。

① 定程租船（Voyage Charter）。定程租船又称程租船或航次租船，是指船舶按照航程租赁，船方按照租船合同规定的条件，包括船名、受载日期、装卸时间等按时到港装货，运往卸货港，完成整个航程的运输。定程租船又分单程、来回航次和连续航次租船等。

定程租船的特点是无固定航线、固定装卸港口和固定航行船期，根据租船人（货主）的需要和船东的可能，经双方协商，在租船合同中规定；定程租船合同需规定装卸率和滞期、速遣费条款；运价受租船市场供需情况的影响较大，租船人和船东双方的其他权利、义务一并在程租船合同中规定。定程租船以运输货值较低的粮食、煤炭、木材、矿石等大宗货物为主。航次租船是指由船舶所有人负责提供一艘船舶在指定的港口之间进行一个航次或几个航次运输指定货物的租船；船舶的营运调度由船舶所有人负责，船舶的燃料费、物料费、修理费、港口费、淡水费等营运费用也由船舶所有人负担；船舶所有人负责配备船员，负担船员的工资、伙食费。航次租船的“租金”通常称为运费，运费按货物的数量及双方商定的费率计收。计算运费的方法有3种：按装货吨数计算；按卸货吨数计算；按包干运费，包价支付。

② 定期租船（Time Charter）。定期租船又称期租船，即租船人在规定的期限内取得船舶的使用权，并负责安排调度和经营管理，船方负责船员的工资、给养和船舶航行与维修。租期为几个月到若干年不等。

定期租船的特点是：在租赁期间，船舶交由租船人管理、调动和使用。货物的装卸、配载、理货等一系列工作都由租船人负责，由此而产生的燃料费、港口费、装卸费、垫舱物料费等都由租船人负担。租金是按月（天或日历月）以每一夏季载重吨为计算单位计收。租金一经约定即固定不变。船方负担船员薪金、伙食等费用，并负责保持船舶在租赁期间的适航状态以及因此而产生的费用和船舶保险费用。所谓适航状态一般是指使船舶能够正常运转，具有航海安全能力，能够适用接受和保管货物。

③ 光船租船（Bare Boat Charter）。它是租船的一种，是指船舶出租人提供一艘不包括船员在内的船舶出租给船舶承租人使用一段时间，并由承租人支付租金的一种租船方式。船东不提供船员。此方式多半是在船东想卖船而买方又无力一次支付价款情况下使用。

此外，还有一种租船方式叫航次期租（Time Charter on Trip Basis，TCT）。它是以完成一个航次运输为目的，按完成航次所花的时间和约定的租金率计算租金的方式。

（3）租船合同。租船合同（Charter Party）是指租船人按一定的条件向船舶所有人租用船舶、双方就相互间的权利和义务达成协议的法律文件。由于租船合同的内容比较复杂，为了简化租船洽商的条款、缩短洽商的时间，在国际租船市场上，一般都采用标准租船合同格式来进行洽商。当前，国际上应用最广的定程租船合同格式是《标准杂货定程租船合同》（Unilorm General Charter Party，GENCON，即金康合同），定期租船合同格式是《标准定期租船合同》（BALTIME）和《纽约土产交易所期租合同》（NYPE）等。

租船合同的主要条款有租船合同的当事人、船名、承运货物的名称和数量、装卸港口、受载期、运费和装卸费用、装卸期限、滞期费和速遣费等条款。

（4）装卸时间、速遣费和滞期费。在程租船条件下，货物装卸时间的长短，影响到船舶的周转使用，直接关系到船方的利益，因而，装卸时间条款成为程租船合同中的一项重要条款。该条款中的装卸货物时间规定用若干天来表示，也可用规定每天的装卸率来表示；与此同时，还需规定一种奖励和处罚措施，以促使租船人实现快装快卸。

速遣费（Qespatch Money）是指在规定的装卸时间内，租船人提前完成装卸作业，船方应向租船人就所节省的时间支付一定的奖金。滞期费（Qemurrage）是指在规定的装卸时间内，租船人未能完成装卸任务，租船人应对超过的时间向船方支付一定的罚金。

在采用程租船运送大宗进出口货物时，贸易合同应明确买卖双方的装卸责任，防止因拖延装货或卸货时间引起纠纷。一般的要求是：贸易合同中的有关条款应与和租船合同中的相关条款相衔接，以防止因脱节而造成损失。

（二）铁路运输

1. 国际铁路运输概述

铁路运输是现代运输业的主要方式之一。国际铁路运输是在国际贸易中仅次于海运的一种主要运输方式。其优势是运量较大，速度较快，运输风险明显小于海洋运输，能常年保持准点运营等。铁路运输在我国国民经济中占有重要地位，在我国对外贸易中更起着非同一般的作用。铁路货物运输的特点如下：

（1）铁路运输的准确性和连续性强。铁路运输几乎不受气候影响，一年可以不分昼夜地、定期地、有规律地、准确地运转。铁路运输速度远远高于海上运输。

（2）运输量比较大。铁路一列货物列车一般能运送 3 000~5 000 吨货物，远远高于航空运输和汽车运输。

（3）铁路运输成本较低。铁路运输费用仅为汽车运输费用的几分之一到十几分之一；运输耗油约是公路运输的 1/20。

（4）铁路运输安全可靠，风险远比海上运输小。

但是铁路运输的初期投资大，铁路运输需要铺设轨道、建造桥梁和隧道，建路工程艰巨复杂；需要消耗大量钢材、木材；占用土地，其初期投资大大超过其他运输方式。另外，铁路运输由运输、机务、车辆、工务、电务等业务部门组成，要具备较强的准确性和连贯性，各业务部门之间必须协调一致，这就要求在运输指挥方面实行统筹安排，统一领导。

2. 国际铁路联运

国际铁路货物联运简称“国际铁路联运”，是指使用一份统一的国际铁路联运票据，在跨两个及两个以上国家铁路的货物运送中，由参加国铁路负责办理两个或两个以上国家铁路全程运送货物过程，由托运人支付全程运输费用的铁路货物运输组织形式。无需发、收货人参加，铁路当局对全程运输负连带责任。

（1）国际铁路联运的特点。

① 它是不同国家或地区之间的货物运输。国际铁路运送的货物都要涉及两个或两个以上国家，因此涉及多个国境站。

② 它对运输条件有统一要求。国际铁路联运要求每批货物的运输条件要符合有关国际联运的公约、规则的统一规定，如货物包装、转载、票据的编制、添附文件及车辆使用等。

③ 国际铁路联运的组织工作复杂。因为联运货物必须有两个或两个以上国家铁路参加运送，在办理国际铁路联运时，其运输票据、货物、车辆及有关单证都必须符合相关国家的有关规定，并且要办好衔接工作。

④ 使用一份铁路联运票据完成货物的跨国运输。

⑤ 国境换装作业不需要货方参加。目前，俄罗斯和蒙古铁路的轨距为宽轨，而包括我国在内的其他国家的铁路大多为标准轨距，因此，在边境口岸需要进行货物换装业务。但是，这些作业都不需要货主参加，而由承办国际铁路联运的铁路方安排完成。

铁路在《国际铁路货物联合运输协定》所规定的条件范围内，从承运货物时起，至到站交付货物时止，以及如将货物转发送到未参加《国际铁路货物联合运输协定》铁路的国家，则至按另一种国际联运协定的运单办完货物运送手续为止，对于货物运到逾期以及对因货物全部或部分灭失、重量不足、毁损或其他原因降低质量所发生的损失负有责任。

（2）国际铁路联运出口货物运输实务流程。

① 出口货物的托运。货物托运是发货人向铁路提出委托运输的行为。国际铁路联运出口货物同国内运输货物的托运一样，发货人应向车站提出货物运单和运单副本，以此作为货物托运的书面申请。整车货物一般在装车完毕，发站在货物运单上加盖承运日期戳，即为承运。

② 发货人在装车发运中的工作。货物办理完毕托运和承运手续后，接下来是装车发运。按我国铁路的规定，在车站公共装卸场所内的装卸工作，由铁路负责组织；其他场所如专用权装卸场，则由发货人或收货人负责组织。但某些性质特殊的货物，如易腐烂货物、未装容器的活动物等，即使在车站的货场内，也均由发货人组织装车或卸车。

③ 出口货物在国境站的交接一般程序是，出口国境站货运调度根据国内前方站列车到达预报，通知交接所和海关做好接车准备工作；出口货物列车进站后，铁路会同海关接车，并将列车随带的运送票据送交接所处理，货物列车接受海关的监管和检查；交接所实行联合办公。

④ 到达取货：在货物到达后，应通知运单中所记载的收货人领取货物。在收货人付清运单中所载的一切应付运送费用后，铁路须将货物连同运单正本和货物到达通知单交付收货人。收货人须支付运送费用并领取货物。

根据货量、体积不同，铁路联运可分为整车货、零担货以及集装箱、托盘和货捆等装运方式。根据运送速度不同，铁路联运可以分为快运、慢运和随客列挂运 3 种。

（三）航空运输

航空运输是一种现代化的运输方式。国际航空货物运输虽然起步较晚，但发展极为迅速，自从飞机诞生后，以其自身的特有优势，发展极为迅速。近年来，随着国际贸易的迅速发展以及国际货物运输技术的不断现代化，空运方式日趋普遍。

1. 航空运输的特点

（1）运送速度快，空间跨度大。由于航空运输采用的运输工具是飞机，飞机的飞行时速都在每小时 600 千米~800 千米，比其他运输工具要快得多，火车时速一般每小时 100 千米~140 千米，汽车在高速公路上时速一般为 120 千米~140 千米，轮船就更慢了。航空运输的这一特点决定了其在国际运输中的特殊地位，一些时间性要求特别强的特殊货物多用航空运输。航空线路不受地面条件限制，一般可在两点间直线飞行，航程比地面短得多，而且运程越远，快速的特点就越显著。

（2）破损率低，安全性好。航空运输操作流程较为严格，减少了货损货差的机会，而且飞机运行较为平稳也不易损坏货物，所以贵重物品、精密仪器等多用航空运输。航空运输管理制度比较完善，可保证运输质量，如使用空运集装箱，则更为安全。飞机航行有一定的班期，可保证按时到达。

（3）手续简便。航空运输为了体现其快捷便利的特点，为托运人提供了简便的托运手续，也可以由货运代理人上门取货并为其办理一切运输手续。

（4）节省包装、保险、利息和储存等费用。由于航空运输速度快，商品在途时间短、周期快，存货可相对减少，资金可迅速收回。

（5）航空运输的运量小，运价较高。空运价格是海运价格的近十倍，因此很多货值低、时间要求不严的货物，由于运输成本的限制通常不采用空运方式。由于飞机本身的容积限制，其载量非常有限。

（6）易受天气影响 如遇大风、大雨、大雾等恶劣天气，航班就不能得到有效保证。

但是由于这种运输方式的优点突出，可弥补运费高的缺陷，加之保管制度完善，运量又小，货损货差较少，因此许多贵重物品，精密仪器，易腐烂变质的鲜活商品，时效性、季节性强的报刊、节令性商品，抢险、救急品的运输往往采用航空运输的形式。

当今国际市场竞争激烈，航空运输所提供的快速服务也使得供货商可以对国外市场瞬息万变的行情即刻做出反应，迅速推出适销产品占领市场，获得较好的经济效益。

2. 航空运输方式

（1）班机运输（Scheduled Airline）。班机运输是指具有固定开航时间、航线和停靠航站的飞机，通常为客货混合型飞机。货舱容量较小，运价较贵，但由于航期固定，有利于客户安排鲜活商品或急需商品的运送。班机以客货混合型飞机为主，也存在少量全货机航班。

（2）包机运输（Chartered Carrier）。包机运输是指航空公司按照约定的条件和费率，将整架飞机租给一个或若干个包机人（包机人指发货人或航空货运代理公司），从一个或几个航空站装运货物至指定目的地。包机运输适合于大宗货物运输，费率低于班机，但运送时间则比班机要长些。

（3）集中托运（Consolidation）。集中托运可以采用班机或包机运输方式，是指航空货运代理公司将若干批单独发运的货物集中成一批向航空公司办理托运，填写一份总运单送至同一目的地，然后由其委托当地的代理人负责分发给各个实际收货人。这种托运方式，可降低运费，是航空货运代理的主要业务之一。

（4）航空快递业务（Air Express Service）。航空快递业务是由快递公司与航空公司合作，向货主提供的快递服务，其业务程序为由快速公司派专人从发货人处提取货物后以最快航班将货物出运，飞抵目的地后，由专人接机提货，办妥进关手续后直接送达收货人，称为“桌到桌运输”（Desk to Desk Service）。这是一种最为快捷的运输方式，特别适合于各种急需物品和文件资料。

3. 航空运输的运价

（1）特种货物运价（Special Cargo Rate）。它是指特定货物在特定航线上享有的特别优惠的运价。特定运价规定有起码重量（100 千克），达不到则不能按此价计算。

（2）等级货物运价（Class Cargo Rate）。它仅适用于少数货物。通常在一般货物运价基础上增加或减少一定的百分比计收，其起码重量为 5 千克。

（3）一般货物运价（General Cargo Rate）。货物的种类既不适用特种货物运价也不适用等级货物运价，就必须按一般货物运价计收。以 45 千克为划分点，45 千克以上比 45 千克以下的运价低。换言之，重量越大其运价越低。

（四）集装箱运输

1. 集装箱运输的定义

集装箱运输（Container Transport）是以集装箱作为运输单位进行货物运输的一种现代化的运输方式。它可以从发货人仓库运到收货人仓库，实现门到门的运输，适用于海洋运输、铁路运输及国际多式联运。集装箱具有坚固、密封和反复使用的优越性，放在船上等于货舱，放在火车上等于车皮，放在卡车上等于货车。它具有装卸效率高、减少货损货差、提高货运质量、降低货运成本、简化手续、可进行连续运输的优点。

按国际标准化组织（International Organization for Standardization，ISO）第 104 技术委员会的规定，集装箱应具备下列特点：（1）能长期反复使用，具有足够的强度；

（2）途中转运不用移动箱内货物，可以直接换装；（3）可以进行快速装卸，并可从一种运输工具直接方便地换到另一种运输工具；（4）便于货物的装满和卸空；（5）具有1立方米（即35.32立方英尺）或以上的容积。满足上述5个条件的大型装货容器才能称为集装箱。

2. 集装箱运输的特点

（1）简化包装，大量节约包装费用。为避免货物在运输途中受到损坏，必须有坚固的包装，而集装箱具有坚固、密封的特点，其本身就是一种极好的包装。使用集装箱可以简化包装，有的甚至无须包装，实现件杂货无包装运输，可大大节约包装费用。

（2）减少货损货差，提高货运质量。由于集装箱本身就是一个坚固的包装，货物装箱并铅封后，途中无须拆箱倒载，一票到底，即使经过长途运输或多次换装，箱内货物也不易损坏。集装箱运输可减少被盗、潮湿、污损等引起的货损货差，深受货主和船公司的欢迎，并且由于货损货差率的降低，减少了社会财富的浪费，也提高了社会效益。

（3）减少营运费用，降低运输成本，由于集装箱的装卸基本上不受恶劣气候的影响，船舶非生产性停泊时间缩短，又由于装卸效率高，装卸时间缩短，对船公司而言，可提高航行率，降低船舶运输成本；对港口而言，可以提高泊位通过能力，从而提高吞吐量，增加收入。

3. 集装箱运输装箱方式和交接方式

（1）装箱方式。

① 整箱（FCL）。货主向承运人或租赁公司租用一定的集装箱，空箱运到工厂仓库后，在海关人员监管下，货主把货装入箱内，加锁铅封后，交承运人并取得站场收据，最后凭收据换取提单或运单。

② 拼箱（LCL）。承运人接受货主托运的数量不足整箱的小票货运后，根据货类性质和目的地进行分类整理，把去同一目的地的货，集中到一定数量，拼装入箱。承运人负责装拆箱的任何数量的货物（在集装箱货运站交货）。

（2）交接方式。交接方式有4种9类。

① FCL—FCL，即整箱交、整箱收，适用于 CY—CY、Door—Door、CY—Door、Door—CY。

② FCL—LCL，即整箱交、拆箱收，适用于 CY—CFS、Door—CFS。

③ LCL—FCL，即拼箱交、整箱收，适用于 CFS—CY、CFS—Door。

④ LCL—LCL，即拼箱交、拆箱收，适用于 CFS—CFS。

随着现代物流业的发展，其中 CY—Door、Door—Door、CFS—Door 等交接方式用得越来越多。

4. 集装箱运输计费方法及运输单据

（1）计费方法。集装箱运费包括内陆运费、拼箱费、堆场服务费、海运运费、集装箱及其设备使用费等。集装箱运费计收方法基本上有两种：按件杂货费率以每运费吨为计算单位；按包箱费率以每个集装箱为计费单位。包箱费率将逐步取代件杂货费率。

（2）货运单证。

① 托运单（Booking Note）。货代接受出口企业的订舱委托后缮制的单据，是向船公司订舱配载的依据。该托运单一式数联，含场站收据。

② 装箱单（Container Load Plan，CLP）。一式数份，整箱货由货主或货代填制，拼箱货由货运站填制，该单要与托运单完全一致。

③ 设备交接单（Equipment Interchange Receipt）。它是货柜所有人与用柜人之间划分责任的依据，是用柜人进出港区、场站及提柜、换柜的凭证。

④ 集装箱提箱单（Container B/L）。上面载有货柜的收货地点、交货地点、集装箱号和铅封号等。

⑤ 提货单（Delivery Order）。收货人收到“到货通知”后，持正本提单向船方换取提货单，然后办理报关，经海关在“提货单”上盖章放行后，才能凭此单向船方委托的货场或货运站提箱或提货，收货人在提货单上盖章证明船方责任已经结束。

（五）国际多式联运和大陆桥运输

1. 国际多式联运

国际多式联运是一种比区段运输高级的运输组织形式。20 世纪 60 年代末，美国首先试办多式联运业务，受到货主的欢迎。随后，国际多式联运在北美、欧洲开始采用；20 世纪 80 年代，国际多式联运已逐步在发展中国家实行。目前，国际多式联运已成为一种新型的、重要的国际集装箱运输方式，受到国际航运界的普遍重视。

（1）国际多式联运的定义。

国际多式联运（International Multimodal Transport）简称多式联运，是在集装箱运输的基础上产生和发展起来的，是指按照多式联运合同，以至少两种不同的运输方式，由多式联运经营人将货物从一国境内的接管地点运至另一国境内指定交付地点的货物运输。国际多式联运适用于水路、公路、铁路和航空多种运输方式，是一种以实现货物整体运输的最优化效益为目标的联运组织形式。它通常是以集装箱为运输单元，将不同的运输方式有机地组合在一起，构成连续的、综合性的一体化货物运输。通过一次托运、一次计费、一份单证、一次保险，由各运输区段的承运人共同完成货物的全程运输，即将货物的全程运输作为一个完整的单一运输过程来安排。

（2）国际多式联运的特点。

① 具有一份多式联运合同。该运输合同是多式联运经营人与托运人之间权利、义务、责任与豁免的合同关系和运输性质的确定，也是区别多式联运与一般货物运输方式的主要依据。

② 使用一份全程多式联运单证。该单证应满足不同运输方式的需要，并按单一运费率计收全程运费。

③ 至少两种不同运输方式的连续运输。

④ 必须是国际间的货物运输。这不仅是区别于国内货物运输，主要是涉及国际运输法规的适用问题。

⑤ 必须由一个多式联运经营人对货物运输的全程负责。该多式联运经营人不仅是订立多式联运合同的当事人，也是多式联运单证的签发人。当然，在多式联运经营人履行多式联运合同所规定的运输责任的同时，可将全部或部分运输委托他人（分承运人）

完成，并订立分运合同。但分运合同的承运人与托运人之间不存在任何合同关系。

由此可见，国际多式联运的主要特点是，由多式联运经营人对托运人签订一个运输合同，统一组织全程运输，实行运输全程一次托运，一单到底，一次收费，统一理赔和全程负责。它是一种以方便托运人和货主为目的的、先进的货物运输组织形式，有着诸多优点，是今后国际运输发展的方向。

2. 大陆桥运输

（1）大陆桥运输的定义。大陆桥运输（Land Bridge Transport）是指将横贯大陆的铁路（公路）运输系统作为中间桥梁，把大陆两端的海洋连接起来的集装箱连贯运输方式。简单地说，就是两边是海运，中间是陆运，大陆把海洋连接起来，形成海陆联运，而大陆起到了“桥”的作用，所以称之为“陆桥”。大陆桥运输是借助于不同的运输方式，跨越辽阔的大陆或狭窄的地峡，以沟通两个互不毗连的大洋或海域之间的运输形式，通常也是一种国际联合运输，目的在于缩短运输距离，减少运输时间和节约运输总费用支出。

（2）大陆桥运输的路线。

① 西伯利亚大陆桥（SLB）。西伯利亚大陆桥也称为第一亚欧大陆桥，东起俄罗斯东方港，西至俄芬（芬兰）、俄白（白俄罗斯）、俄乌（乌克兰）和俄哈（哈萨克斯坦）边界，过境欧洲和中亚等国家。西伯利亚大陆桥运输使用国际标准集装箱，将货物由远东海运到俄罗斯东部港口（纳霍德卡和东方港等），再经跨越欧亚大陆的西伯利亚铁路运至波罗的海沿岸，如爱沙尼亚的塔林或拉脱维亚的里加等港口，然后再采用铁路、公路或海运运到欧洲各地。

② 北美大陆桥。北美大陆桥是指利用北美的铁路从远东到欧洲的“海陆海”联运，它是世界上历史最悠久、影响最大、服务范围最广的陆桥运输线。该陆桥运输包括美国大陆桥运输和加拿大大陆桥运输。

美国大陆桥有两条线路：一是从美国西部太平洋的洛杉矶、西雅图、旧金山等港口上桥，通过铁路横贯至美国东部大西洋的纽约、巴尔的摩等港口转海运；另一路径是从美国西部太平洋港口上桥，通过铁路至南部墨西哥湾的休斯敦、新奥尔良等港口转海运。北美大陆桥于1971年底由经营远东/欧洲航线的船公司和铁路承运人联合开办“海陆海”多式联运线，后来美国的几家班轮公司也投入运营。目前，主要有4个集团经营远东经美国大陆桥至欧洲的国际多式联运业务，这些集团均以经营人的身份，签发多式联运单证，对全程运输负责。

加拿大大陆桥运输线路：从日本海运至温哥华或西雅图港口后，换装并利用加拿大铁路横跨北美大陆至蒙特利尔，再换装海运至欧洲各港。

③ 新亚欧大陆桥（Eurasia Bridge）。新亚欧大陆桥又称第二亚欧大陆桥，东起我国的连云港，经津浦、京山、京沪、京广、广深、京九等线路进入陇海线，途经我国的阿拉山口国境站进入哈萨克斯坦，最终与中东地区的黑海、波罗的海、地中海以及大西洋沿岸的各港口相连接，实现了“海陆海”运输的国际大通道。新亚欧大陆桥为亚欧开展国际多式联运提供了一条便捷的国际通道。该陆桥运输线的开通将有助于缓解西伯利亚大陆桥运力紧张的状况。

与西伯利亚大陆桥相比，新欧亚大陆桥的优势明显，陆上距离缩短，主要货源地扩大到东亚、东南亚和中亚、西亚各国和地区。如何利用和发挥这个优势为客户提供更好的运输服务，是世界面临的共同课题。

（3）大陆桥运输的特点。

① 采用海陆联运方式，全程由海运段和陆运段组成。

② 比采用海运缩短路程，但增加了装卸次数。所以某地域大陆桥运输能否发展，主要取决于它与全程海运比较，在运输费用、运输时间等方面的综合竞争度。

二、装运条款

装运条款（Terms of Shipment）是贸易合同的一个重要组成部分，主要指装运条件和相互责任。在洽商交易时，买卖双方必须就交货时间、装运地和目的地、能否分批装运和转船、转运等问题商妥，并在合同中具体订明。合同的装运条款应包括装运时间、装运港、目的港、是否允许转船与分批装运、装运通知以及滞期、速遣条款等内容。对外磋商交易和签订合同时，要争取把合同中的装运条款订得合理、明确，以利于进出口业务的顺利开展。

（一）装运时间

装运时间又称装运期（Time of Shipment），是卖方是否按合同履行了交货义务及承运人责任期间的重要依据，指卖方将合同规定的货物装上运输工具或交给承运人的期限。

装运时间是国际货物买卖合同的主要交易条款，卖方必须严格按规定时间交付货物，不得任意提前和延迟。否则如造成违约，则买方有权拒收货物，撤销合同，并提出索赔。它是根据买方的需要和卖方的供应情况来安排的。一般买方都希望严格按照合同规定的装运期交货，因为早装了会积压买方资金，迟装了又会导致市场脱销或停工待料。因此，装运时间的制定要协调合理，适时妥当。

在国际贸易中，交货时间（Time of Delivery）和装运时间（Time of Shipment）是两种不同的概念。在使用 FOB、CIF、CFT 以及 FCA、CIP、CPT 等贸易术语签订的买卖合同中，卖方在装运港或装运地，将货物装上船只或交付给承运人监管，就算已完成交货义务。因此，按照上述贸易术语订立的合同，交货和装运的概念是一致的，可以把二者当做同义语。但若采用“D”组贸易术语，如 DES（目的港船上交货）、DEQ（目的港码头交货）等达成交易时，交货时间是指货物运到目的港交给买方的时间。装运时间是指卖方在装运港，将货物装上船或其他运输工具的时间。所以，按照“D”组术语成交的合同，交货和装运则是两类完全不同的概念，二者不能相互代替使用，以免引起不必要的纠纷。

1. 装运时间的规定方法

我国进出口合同规定装运时间通常用以下几种方法：

（1）规定明确的装运时间。明确规定具体装运时间，但不确定在某一日期上。这又可分为规定一段时间和规定最后期限两种。例如：“1 月份装运”（Shipment during January）、“7/8/9 月装运”（Shipment during July/Aug. /Sep. ）、“9 月底或以前装运”

(Shipment at or before the end of Sep.)。此种规定方法明确、具体，使用较为广泛。

（2）规定在收到信用证后若干天内装运。采用此种方法，同时要规定最迟的开证日期（Latest Opening Date），避免买方拖延时间，影响合同按期履行。对外汇管制较严的国家或地区出口、买方资信了解不够或专门为买方特制的商品，往往采取上述规定方法，确保合同按期履行。例如规定："收到信用证后 30 天内装运"（Shipment within 30 days after receipt of L/C）。为防止买方不按时开证，一般还规定："买方必须不迟于某月某日将信用证开到卖方"（The relevant L/C must reach the seller not later than...）的限制性条款。

（3）收到信汇、电汇或票汇后若干天内装运。在 FOB 条件电汇支付的情况下，普遍使用这种方法。例如："收到你方 30% 电汇货款后 30 天内装运"（Shipment will be effected within 30days after receipt of your 30% deposite of the total amount by T/T）。

（4）笼统规定近期装运。例如："立即装运"（Immediate Shipment）"即刻装运"（Prompt Shipment）"尽速装运"（Shipment as Soon as Possible）。

2.《跟单信用证统一惯例》关于装运时间的解释

（1）不应使用诸如"迅速""立即""尽快"及类似词语，如使用这类词语，银行将不予置理。

（2）"止"（to）"至"（until）"直至"（till）"从"（from）及类似词语用于信用证上装运日期条款时，将被理解为包括所述日期。"以后"（after）一词将被理解为不包括所述日期。

（3）如果使用了"于或约于"（on or about）及类似词语，银行将解释为于规定的所述日期前后各 5 天之内装运，起讫日期均包括在内，一共 11 天。

（4）"上半月""下半月"应分别解释为每月 1 至 15 日或 16 日至该月的最后一天，首尾两日均包括在内。

（5）"月初""月中"或"月末"应分别解释为每月 1 至 10 日、11 至 20 日、21 日至该月最后一天，首尾两天均包括在内。

（6）交单期限，除到期以外，信用证还应规定一个运输单据出单后必须提示单据的特定期限，为运输单据出单后 21 天。

（7）最迟装船日期、发运日期或接收监督日期不能根据国定假日的正常停业而顺延。

3. 规定装运时间应注意的问题

（1）考虑货源与船源的实际情况。不同的商品有不同的生产周期，有的长些，有的短些，根据具体情况测算好生产周期，以便在生产即将结束时与船公司衔接好承运日期，避免造成有货无船或有船无货的被动局面。

（2）装运期限应当适度。装运期限的长短应视不同的商品和租船订舱的实际情况而定，过短会给船、货的安排带来困难；过长会造成买方积压资金，影响卖方售价，不利成交。

（3）注意装运期与开证日期的衔接，避免使用笼统的规定方法。一般来说，开证日期比装运日期要提前 30~45 天，根据不同商品具体而定。

（二）装运港和目的港

装运港（Port of Shipment）是指货物起始装运的港口，对于FOB合同，装运港为合同重要条件；目的港（Port of Destination）是指最终卸货的港口，对于CIF合同，目的港为合同重要条件。装运港和目的港的确定，不仅关系到卖方履行交货义务和货物风险何时转移，而且关系到运费、保险费以至成本和售价的计算等问题，因此必须在合同中具体规定。

1. 装运港的规定方法及注意事项

装运港一般由卖方提出，买方同意后确定。应选择接近货源地、储运设施较完备的港口，同时考虑港口和国内运输的条件及费用水平。

（1）一般情况下，规定一个装运港。例如：在青岛港装运（Shipment from Qingdao）。

（2）如数量较大或来源分散，集中一点装运有困难，可规定两个或两个以上装运港。例如：在宁波/上海装运（Shipment from Ningbo/Shanghai）。

（3）有时货源不十分固定，可不规定具体港口。例如：在中国港口装运（Shipment from Chinese port）。目前我国的装运港主要有上海港、宁波港、温州港、福州港、厦门港、汕头港、大连港、秦皇岛港、天津港、香港、烟台港、青岛港、连云港、南通港、广州港、黄埔港、湛江港、北海港及我国台湾的基隆港和高雄港等。

2. 目的港的规定方法及注意事项

目的港一般由买方提出，卖方同意后确定。通常规定一个目的港；有时明确目的港有困难，买方可规定两个或两个以上的目的港；个别也有作笼统规定的，如目的港：伦敦/利物浦/曼彻斯特（Port of Destination：London/ Liverpool/ Manchester），或目的港：欧洲主要港口（European Main Ports，E. M. P.）。

在出口交易中，选择目的港应当注意的问题如下：

（1）力求具体明确。如“西欧主要港口”，因对主要港口的概念无统一解释，易引起纠纷，应避免使用。但在实际业务中，也可允许在同一区域规定两个或两个以上的邻近港口作为可供选择的目的港，以照顾那些在订约时不能确定目的港的中间商客户。但要明确规定：选港增加的运费、附加费由买方承担；买方必须在开证同时告知最后目的港。

（2）注意目的港的条件。如有无直达班轮航线、装卸条件及运费、附加费水平等。这些关系到货运成本及租船订舱等问题。

（3）一般不接受指定某个码头卸货。如需要可视船方能否接受，再作规定。

（4）注意国外港口有无重名问题。为了避免错发错运，应明确目的港所在国和地区。

（5）不能接受内陆城市为目的港的条件，多式联运除外。对内陆国家出口，应选择距离该国目的地最近的港口为目的港。

（三）分批装运和转运

1. 分批装运

（1）分批装运的含义。分批装运（Partial Shipment）又称分期装运，是一个合同项下的货物先后分若干期或若干次装运。在国际贸易中，凡数量较大，或受货源、运输条件、市场销售或资金的条件所限，有必要分期分批装运、到货者，均应在买卖合同中规定分批装运条款。如为减少提货手续，节省费用，在进口业务中要求国外出口人一次装运货物的，则应在进口合同中规定不准分批装运（Partial shipment not allowed）条款。

一般来说，允许分批装运和转运对卖方来说比较主动，明确规定分期数量者除外，根据国际商会《跟单信用证统一惯例》的规定，除非信用证作相反规定，可准许分批装运。但是，如果信用证规定不准分批装运，卖方就无权分批装运。因此，为防止误解，如需要分批装运的出口交易，应在买卖合同中对允许分批装运做出明确规定。

但要注意一笔成交的货物，在不同时间和地点分别装在同一航次、同一条船上，即使分别签发了若干不同内容的提单，也不能按分批装运论处，因为该笔成交的货物是同时到达目的港的。根据《跟单信用证统一惯例》的规定，如信用证规定在指定时期内分批装运，其中任何一批未按批装运，信用证对该批和以后各批货物均告失效，除非信用证另有规定。

（2）分批装运的原因。分批装运一般是由于商品数量大，卖方不能做到货物一次交付或备货资金不足；或因为有的进口商，本人无仓库，货到后直接送工厂加工，提前到货无处存放，迟交货可能造成停产；或运输条件的限制。

（3）分批装运的规定方法。

① 只注明允许分批装运，但不作具体规定（Partial shipment is allowed）。

② 规定时间和数量的分批。例如：7、8、9 月每月装 1 000 吨（Shipment during July/August/ September 1 000 m/ts monthly）。规定等量分批装运时，最好在等量前加“约”字，以便灵活掌握。类似限批、限时、限量的条件，卖方应严格履行约定，只要其中任何一批未按时、按量装运，就可作为违反合同论处。如采用 L/C 支付，一批未按时交付，则本批及以后各批均告失效。

③ 规定不准分批装运（Partial shipment is not allowed）。

案例思考

我某出口公司收到一国外来证，货物为 40 000 只打火机，总价值为 4 万美元，允许分批装运，采用海运方式。后客户来传真表示急需其中 10 000 只（总数量的 1/4）打火机，并要求改用空运方式提前装运，并提出这部分货款采用电汇方式（T/T）在发货前汇至我方。遇到此类问题我方该怎么办？

2. 转运

（1）转运（Transhipment）的含义。货物装运后，需要通过中途港转运的称为转船，如需要买卖双方可以在合同中商定“允许转船”（Transhipment to Be Allowed）条款。

（2）转运的原因。转运一般是由于无直达船舶，或规定用集装箱装运，但装运港无装卸设备，须集中到其他口岸装箱。

(3) 分批装运和转运的有关规定。在信用证业务中，除非信用证明规定不准分批装运和转船，否则卖方有权分批装运和转船。

(4) 合同中的分批、转运条款。国际货物买卖合同中的分批、转运条款通常是与装运时间条款结合起来规定的。合同中分批、转运条款举例如下：

① 2011年4/5月分两批平均装运，允许转船。Shipment during Apr./ May 2011 in two about equal lots, transshipment allowed.

② 3/4/5月装运，允许分批和转船。Shipment during Mar./Apr./ May with partial shipment and transshipment allowed.

③ 11/12月分两次平均装运，由香港转运。During Nov./Dec. in two equal monthly shipment, to be transhipped at Hong Kong.

案例思考

1. 我国某公司向坦桑尼亚出口一批货物，出口港为天津新港，目的港为坦埸。国外来证未明确可否转船，而实际上从新港到坦埸无直达船。请思考，这种情况是否需要改证加上“允许转船”字样?

2. 某国际贸易公司对国外乔治公司出口500吨花生。买方申请开来的信用证规定：“分5个月装运；3月80吨；4月120吨；5月140吨；6月110吨；7月50吨。每月不许分批装运。装运从中国港口至伦敦。”国际贸易公司接到信用证后，根据信用证规定于3月15日在青岛港装运了80吨；于4月20日在青岛港装运了120吨，均顺利收回了货款。国际贸易公司后因货源不足于5月20日在青岛港只装了70.5吨。经联系得知烟台某公司有一部分同样规格的货物，所以国际贸易公司要求“HULIN”轮再驶往烟台港继续装其不足之数。船方考虑目前船舱空载，所以同意在烟台港又装了64.1吨。国际贸易公司向银行提交了两套单据：一套是在青岛于5月20日签发的提单，其货量为70.5吨；另一套是在烟台于5月28日签发的提单，货量为64.1吨。银行认为单据有两处不符点：(1) 在青岛和烟台分批装运货物；(2) 短量。请思考，不符点是否成立?

(四) 装运通知

装运通知 (Shipping Advice) 系出口商向进口商发出货物已于某月某日或将于某月某日装运某船的通知。装运通知的作用在方便买方购买保险或准备提货手续，其内容通常包括货名、装运数量、船名、装船日期、契约或信用证号码等，这项通知大多以电报方式发出，然也有用航邮方式发出的。装运通知的作用在方便买方购买保险、准备提货手续或转售；出口商作此项通知时，有时尚附上或另行寄上货运单据副本，以便进口商明了装货内容，并当货运单据正本迟到时，可及时办理担保提货。

在装运货物后，按照国际贸易的习惯做法，发货人应立即发送装运通知给买方或其指定的人，将合约号、品名、件数、重量、金额、船名、装船的日期等告知买方，以便买方做好报关接货的准备，从而方便买方办理保险和安排接货等事宜。如卖方未及时发送上述装船通知给买方而使其不能及时办理保险或接货，卖方应负责赔偿买方由此而引起的一切损害及损失。特别是按 CFR 或 CPT 条件成交时，卖方交货后，更应及时向买方发出装运通知。这一条款的规定可以明确双方责任，相互配合，做好船货衔接及融洽双方业务关系。

如在 FOB 条件下，卖方应在规定的装运期前 30~45 天向买方发出货物备妥通知，以便买方派船接货。买方接到通知后，也应将船名、抵港受载日期告知卖方，以便装货。

（五）其他装运条款

1. 滞期、速遣费条款

在国际贸易中，大宗货物多数采用程租船运输。由于装卸时间直接关系到船方的经济效益，在租船人负责装卸货物的情况下，租船合同中船方一般对货物的装卸时间做出明确规定，并制定罚款和奖励办法，用以约束租船人。但是，在业务中，负责装卸货物的不一定是租船人，可能是买卖合同的另一方，如 FOB 合同的租船人是买方，而装货是卖方；反之，CIF 合同的租船人是卖方，而卸货的则是买方。因此，负责租船的一方为了敦促对方及时完成装卸任务，就必须在买卖合同中规定装卸时间、装卸率和滞期、速遣条款。

滞期费是指在规定的装卸期限内，租船人未完成装卸作业，给船方造成经济损失，租船人对超过的时间向船方支付一定的罚金。速遣费是指在规定的装卸期限内，租船人提前完成装卸作业，使船方节省了在港开支，船方向租船人支付一定的奖金。

按惯例，速遣费一般为滞期费的一半。滞期、速遣条款的规定要与租船合同规定的内容协调起来，避免出现一面支付滞期费，另一方面又要支付速遣费的矛盾局面。

2. OCP 运输条款

OCP 是 Overland Common Points 的缩写，意为“内陆地区”，是指货运目的地为美国或加拿大内陆的一个区域，把海运货物卸在沿海港口再陆运至内陆运输可达的地点。OCP 运输称为内陆公共点或陆上公共点（Overland Common Points），是使用两种运输方式将卸至美国西海岸港口的货物通过铁路转运抵美国的内陆公共点地区，并享有优惠运价。美国的 OCP 地区只限于美国的中部和东部各州，它以落基山脉为界，其东部各州均为 OCP 地区，其西部各州均为非 OCP 地区。从远东至美国西岸港口，而后再向东运往 OCP 地区的货物，不仅其海运运费可享受优惠的 OCP 费率，而且进口方在支付从西岸至最终目的地的铁路或公路运费也较其本地运输费率低。在 CIF 或 CFR 条件下，如果出口商按 OCP 运输条款达成交易，不仅可享受美国或加拿大内陆运输的优惠费率，而且还可享受 OCP 海运的优惠费率。但使用时，须注意以下几个问题：

① 在成交时应在运输条款中明确“自××（装运港）至××（美国或加拿大西部港口）OCP ××（内陆地点）”（Shipment from ×× to ×× OCP ××）。

② 在装货单和提单卸货港一栏中须注明 OCP 字样，并在货物内容和运输唛头标明

内陆地点。如卸货港：温哥华（Vancouver），在货物一栏内打上“转至蒙特利尔”（in transit to Montereal）。

③ 在货物包装的运输唛头中也应在卸货港一项内刷注 OCP 字样，并将卸货港和最终目的地同时列明。例如“温哥华 OCP 蒙特利尔”（Vancouver OCP Montereal）。

三、运输单据

（一）海运提单

1. 海运提单的定义

海运提单（Ocean Bill of Lading，B/L）简称提单，是船方或其代理接管承运货物或货物装船后签发给托运人的货物收据，以及承运人据以保证交付货物的凭证。

2. 海运提单的性质和作用

（1）提单是承运人或其代理人签发的货物收据，证明已按提单所列内容收到货物。

（2）提单是一种货物所有权的凭证。提单的合法持有人凭提单可在目的港向轮船公司提取货物，也可以在载货船舶到达目的港之前，通过转让提单而转移货物所有权，或凭以向银行办理押汇货款。提单持有人有权凭提货背书转让其货物所有权。

（3）提单是托运人与承运人之间所订立的运输契约的证明。提单条款规定了承、托双方的权利和义务、责任与豁免，是处理纠纷的法律依据。发货人收到提单，说明已完成交货任务，可凭有关单证向银行办理收汇；收货人收到提单，说明货物所有权已从卖方转移到买方，在货物到港前，买方有权将提单转让给后来的购货人，或凭此向银行抵押贷款；货物到港后，买方可凭提单就运输途中发生的事故向船方索赔。

3. 海运提单的格式和内容

每个船公司都有自己的提单格式，但提单的内容大致相同，分为正面的记载事项和背面的运输条款，如表 4-8 所示。

（1）提单的正面内容主要包括：提单号码（B/L No.），托运人（Shipper），收货人或指示（Consignee or Order），被通知人（Notify Party），前程运输（Pre-Carriage by），装运港（Port of Loading），船名（Vessel），转运港（Port of Transhipment），卸货港（Port of Discharge），最后目的地（Final Destination），集装箱号或唛头号（Container Seal No. or Marks and Nos.），货物的件数、包装种类和货物的描述（Number and Kind of Packages Description of Goods），毛重（Gross Weight），尺码（Measurement），运费和费用（Freight and Charges），转船信息（Regarding Transshipment Information），运费预付地（Prepaid at），运费支付地（Freight Payable at），签单地点和日期（Place and Date of Issue），全部预付（Total Prepaid），正本提单份数（Number of Original Bs/L），承运人或船长的签名（Signed for or on Behalf of the Master）。

表 4-8 海运提单样本

托运人
Shipper

收货人或指示
Consignee or Order

通知地址
Notify Address

	转船港 Port of Transhipment
船名 Vessel	装货港 Port of Loading
卸货港 Port of Discharge	最后目的地 Final Destination

B/L No. ____________

直运或转船提单
BILL OF LADING
DIRECT OR WITH TRANSHIPMENT

中国对外贸易运输总公司

CHINA NATIONAL
FOREIGN TRADE TRANSPORTATION CORP.
Cable：SINOTRANS BEIJING
Telex：22153 TRANS CN
22154 TRANS CN
22265 TRANS CN

标志和号码 Marks and Nos.	件数和包装种类 Number and Kind of Packages：	货名 Description of Goods	毛重（千克） Gross Weight (kgs.)	尺码（立方米） Measurement (m^3)

以上细目由托运人提供
ABOVE PARTICULARS FURNISHED BY SHIPPER

运费和费用
Freight and Charges

SHIPPED on board in apparent good order and condition (unless otherwise indicated) the goods or packages specified herein and to be discharged at the mentioned port of discharge or as near thereto as the vessel may safely get and be always afloat.
The weight, measure, marks and numbers, quality, contents and value, being partculars funished by the Shipper, are not checked by the Carrier on boading.
The Shipper, Consignee and the Holder of this Bill of Loading hereby expressly accept and agree to all printed, written or stamped provisions, exceptions and conditions og this Bill of Lading, including those on the back hereof.
IN WITNESS whereof the number of original Bill of Lading stated below have been signed, one of which being accomplished, the other (s) to be void.

运费支付地 Freight Payable at	签单地点和日期 Place and Date of Issue
正本提单份数 Number of Original Bs/L	代表船长签字 Signed for or on benalf of the Master 代 理 as Agents

SUBJECT TO THE TERMS AND CONDITIONS ON BACK

（2）背面条款。在提单背面的运输条款是确定承托双方以及承运人、收货人和提单持有人之间的权利与义务的主要依据。国际上为统一提单背面条款内容，先后签署了3个有关提单的国际公约：①《统一提单的若干法律规则的国际公约》，简称《海牙规则》；②1968年签署的《布鲁塞尔议定书》，简称《维斯比规则》；③1978年签署的《联合国海上货物运输公约》，简称《汉堡规则》。

4. 海运提单的种类

（1）根据货物是否已经装船，海运提单分为已装船提单和备运提单。

①已装船提单（On Board B/L）。它是指货物已装上船，并有船名和装船日期，即提单日期。装船日期表明装货完毕日期，该日期应符合装运时间。业务中一般要求提供已装船提单。

②备运提单（Received for Shipment B/L）。它是指船方收到货物，等待装运期间签发的提单，在集装箱运输情况下，银行也可接受货物在承运人监管下出具的备运提单。

（2）根据货物外表有无不良批注，海运提单分为清洁提单和不清洁提单。

①清洁提单（Clean B/L）。它是指货物在装船时表面状况良好，船方未加任何有关货物受损或包装不良等批注的提单，银行只接受清洁提单。

②不清洁提单（Unclean B/L）。它是指船方在提单上对货物外表状况有不良的批注（包装不良或存在缺陷）的提单，银行不接受此类提单。如果出口方出具保函换取清洁提单，将造成如下后果：对收货人来说，船方剥夺了其本应享受的拒绝接受不清洁提单，拒绝付款或承兑的权利；对船方来说，签发了假提单，收货人可以欺诈为由向法院起诉，那时船方享有的那些法定权利、责任免除将丧失殆尽；对卖方而言，以保函换取清洁提单，向银行议付货款，换取一时的利益，但如船方向法院起诉，则船方和卖方共同欺骗收货人的行为将被曝光，卖方名誉受损。因此，利用保函换取清洁提单的做法，对提单的效力和信誉构成了严重损害，应坚决杜绝。

（3）根据运输方式的不同，海运提单分为直达提单和转船提单。

①直达提单（Direct B/L）是指从装运港将货物直接运达目的港所签发的提单。

②转船提单（Transshipment B/L）是指载货船舶不直接驶往目的港，须在途中某港换装另一船舶时所签发的包括运输全程的提单，转船提单上一般注有“在某港转船”字样。

（4）根据抬头（收货人）的不同，海运提单分为记名提单、不记名提单和指示提单。

①记名提单（Straight B/L）。它是指在收货人栏内列明收货人名称，货物只能交给收货人，不能背书（Endorsement）转让的提单。此种提单可以不凭正本提单提货，此时该提单就失去了物权凭证作用，一般用于买方预付货款情况。

②不记名提单（Bearer B/L）。它是指收货人栏内不需列任何收货人，只写明“货交提单持有人”，或不填写任何内容的提单。谁持有提单，谁就可以提货，船方交货是凭单不凭人。以上两种提单很少使用。

③指示提单（Order B/L）。它是指收货人栏内填写“凭指定”（To Order）或“凭某人指定”（To Order of...）字样的提单。此种提单经过背书才能转让。指示提单通过转让便可达成海上路货的交易。这种提单利于资金周转，业务中使用较多。

指示提单的背书有“空白背书”和“记名背书”。空白背书是由背书人（提单转让人）在提单背面签章，但不注明被背书人的名称；记名背书除了背书人签章外，还要注明被背书人的名称，如再行转让可再加背书。目前使用最多的是凭指定并经空白背书的提单，习惯上称其为“空白抬头”或“空白背书”提单。

（5）根据内容繁简的不同，海运提单分为全式提单和简式提单。

① 全式提单（Long Term B/L）。它是指既有正面条款又有背面条款，对承托双方的权利、义务有明确规定的提单。

② 简式提单（Short Term B/L）。它是指仅有正面内容，而略去背面条款的提单。一般提单副本及租船合同项下的提单多使用简式提单。租船合同项下提单多注有“按照本公司全式提单上的条款办理”的字样。

（6）根据运费支付方式的不同，海运提单分为运费预付提单和运费到付提单。

① 运费预付提单（Freight Prepaid B/L）。它是指货物装船后立即支付运费的提单。

② 运费到付提单（Freight to be Collected B/L）。它是指货物到达目的港后，收货人提取货物前支付运费的提单。收货人付清运费前，船方有货物留置权。

（7）根据提单使用效力的不同，海运提单分为正本提单和副本提单。

① 正本提单（Original B/L）。它是指提单上有正本（Original）字样的提单，是提货的依据、议付的凭证。全套正本海运提单（Full set ocean original B/L）可以是一式若干份，根据合同或信用证要求来定，其中一份提货后，其余各份均告失效。

② 副本提单（Non-negotiable or Copy B/L）。它是指仅供内部流转、业务工作参考及企业确认之用的提单。

（8）根据签发人的不同，海运提单分为船公司提单和船代提单。

① 船公司提单。它是指为自己船只承运的货物签发的提单。

② 货代提单（House B/L）。它是指货运代理公司承揽货物后再委托其他船公司运输货物而签发的提单。

（9）其他种类提单，包括倒签提单和预借提单。

① 倒签提单（Antidated B/L）。它是指货物装船后应托运人请求船方签发的早于货物实际装船日期的提单。如实际装船日期是 6 月 25 日，为了符合客户 6 月 21 日之前装货的要求，则将提单日期倒签至 6 月 21 日，以符合客户规定的装运期。

② 预借提单（Advanced B/L）。它是指货物尚未装船，预先签发的、借给托运人的一种提单。按规定，提单须于货物装船完毕时签发。倒签提单和预借提单上的日期都不是真正的装船日期，这种行为侵犯了收货人的合法权益，故应尽量减少或杜绝使用。上述两种提单均须托运人提供担保函（Letter of Indemnity）才能获得。

案例思考

2015 年 3 月 20 日，某外国公司（卖方）与我国某进出口公司（买方）签订一项货物购销合同，合同规定交货期为 6 月 10 日，付款方式原为信用证，之后卖方擅自变更为托收形式付款。买方于 6 月 8 日收到装船电报通知，注明货物已于 6 月 7 日栽往中国大连港，并注明合约号和信用证号。6 月 14 日买方接到提货通知和随船提单一份，提单上的装船日期为 6 月 11 日。为此，买方以卖方违约为由拒绝提货并拒绝付款，同时提出合同作废。卖方不服，双方协调无效，卖方依据仲裁条款提起仲裁。那么，我方以卖方违约为由提出的要求受法律保护吗？如果我方以上述理由提出的要求不受法律保护，那么应以什么事实为由才能使其合法权益获得保障？

5. 海上货运单

（1）定义。海上货运单简称海运单（Sea Waybill），是指证明海上货物运输合同和承运人接收货物或者已将货物装船的不可转让的单证，也称“不可转让海运单”。承运人凭海运单上收货人提交的提货凭条或收货凭条交付货物，只要该凭条能证明其是运单上的收货人即可。海运单能方便买方提货，可以减少假提单诈骗现象。

海运单的正面内容与提单基本一致，但是印有“不可转让”的字样。有的海运单在背面订有货方定义条款、承运人责任、义务与免责条款、装货、卸货与交货条款、运费及其他费用条款、留置权条款、共同海损条款、双方有责碰撞条款、首要条款、法律适用条款等内容。

海运单不能背书转让，收货人无须凭海运单，只需出示适当的身份证明，就可以提取货物。因此海运单迟延到达、灭失、失窃等均不影响收货人提货，这样可以有效地防止海运欺诈、错误交货的发生。海运单在无转卖货物意图的贸易运输中发挥了重要作用。1990 年，国际海事委员会第 34 届大会通过了《国际海事委员会海运单统一规则》，供当事人选择适用。

（2）海运单与海运提单的区别和联系：

① 提单是货物收据、运输合同的证明，也是物权凭证；海运单只具有货物收据和运输合同这两种性质，它不是物权凭证。

② 提单可以是指示抬头形式，可以背书流通转让；海运单是一种非流动性单据，海运单上标明了确定的收货人，不能转让流通。

③ 海运单和提单都可以作成“已装船”形式，也可以是“收妥备运”形式。海运单的正面各栏目的格式和缮制方法与提单基本相同，只是海运单收货人栏不能做成指示性抬头，而应缮制确定的具体收货人。

④ 提单的合法持有人和承运人凭提单提货和交货；海运单上的收货人并不出示海运单，仅凭提货通知或其身份证明提货，承运人凭收货人出示适当身份证明交付货物。

（二）铁路联运运单

1. 铁路联运运单的定义

国际铁路联运运单（International Through Rail Waybill）是国际铁路联运的主要运输单据，是参加联运的发送铁路与发货人之间订立的运输契约，其中规定了参加联运的各国铁路和收、发货人的权利和义务，对收、发货人和铁路都具有法律约束力。该运单从始发站随同货物附送至终点站并交给收货人，它不仅是铁路承运货物出具的凭证，也是铁路同货主交接货物、核收运杂费用和处理索赔与理赔的依据。国际铁路联运运单副本，在铁路加盖承运日期戳记后发还给发货人，它是卖方向银行结算货款的主要单据之一。

铁路运单一式五联，第一联为运单正本，随货到达终点站时连同第五联和货物一并交给收货人；第二联为运行单，也随货走，是铁路办理货物交接、清算运费、统计运量和收入的原始凭证，由铁路留存；第三联为运单副本，由始发站盖章后交发货人凭以办理货款结算和索赔；第四联为货物交付单，随货走，由终点站铁路留存；第五联为到达通知单，由终点站随货物交收货人。

2. 铁路联运运单的作用

（1）它是参加国际铁路货物联运的铁路与发货人、收货人之间缔结的运输合同。

（2）它是国际铁路货物联运铁路连带责任的确认，它体现了参加联运的各国铁路和发货人、收货人之间在货物运送上的权利、义务、责任和豁免，对铁路和发货人、收货人都具有法律效力。

（3）它是用以银行议付货款、信用证核销的法律文件。

（4）它是发货人支付铁路运费的证明文件。

（5）它是办理货物进出口手续的法律文件，出口时铁路联运运单是报关单证之一，在货物到达目的地机场进行进口报关时，也通常是海关查验放行的基本单证。

（三）航空运单

1. 航空运单的定义

航空运单（Airway Bill）是承运人与托运人之间签订的运输契约，也是承运人或其代理人签发的货物收据。航空运单还可作为核收运费的依据和海关查验放行的基本单据。在航空运单的收货人栏内，必须详细填写收货人的全称和地址，而不能做成指示性抬头。航空运单不是物权凭证，只可凭此向银行办理结汇。货物到达目的地后，收货人凭承运人的到货通知提取货物。采用信用证支付方式时，卖方可要求将航空运单的收货人填写为开证行，这样货物到达后提货权掌握在银行手中，可以避免收货人凭到货通知提货后不付款或买方拒付。航空运单与海运提单有很大不同，却与国际铁路运单相似。它是由承运人或其代理人签发的重要的货物运输单据，是承托双方的运输合同，其内容对双方均具有约束力。航空运单不可转让，持有航空运单并不能说明对货物具有所有权。

2. 航空运单的作用

（1）航空运单是发货人与航空承运人之间的运输合同。与海运提单不同，航空运单不仅证明航空运输合同的存在，而且航空运单本身就是发货人与航空运输承运人之间缔结的货物运输合同，在双方共同签署后产生效力，并在货物到达目的地交付给运单上所记载的收货人后失效。

（2）航空运单是承运人签发的已接收货物的证明，航空运单也是货物收据，在发货人将货物发运后，承运人或其代理人就会将其中一份交给发货人（即发货人联），作为已经接收货物的证明。除非另外注明，它是承运人收到货物并在良好条件下装运的证明。

（3）航空运单是承运人据以核收运费的账单。航空运单分别记载着属于收货人负担的费用，属于应支付给承运人的费用和应支付给代理人的费用，并详细列明费用的种类、金额，因此可作为运费账单和发票。承运人往往也将其中的承运人联作为记账凭证。

（4）航空运单是报关单证之一。出口时，航空运单是报关单证之一。在货物到达目的地机场进行进口报关时，航空运单是海关查验放行的基本单证之一。

（5）航空运单是承运人内部业务的依据。航空运单随货同行，证明了货物的身份。运单上载有有关该票货物发送、转运、交付的事项，承运人会据此对货物的运输做出相应安排。

航空运单的正本一式三份，每份都印有背面条款。一份交发货人，是承运人或其代理人接收货物的依据；一份由承运人留存，作为记账凭证；一份随货同行，在货物到达目的地，交付给收货人时作为核收货物的依据。

3. 航空运单的分类

（1）航空主运单（Master Air Waybill，MAWB）。凡由航空运输公司签发的航空运单就称为主运单。它是航空运输公司据以办理货物运输和交付的依据，是航空公司和托运人订立的运输合同，每一批航空运输的货物都有自己相对应的航空主运单。

（2）航空分运单（House Air Waybill，HAWB）。集中托运人在办理集中托运业务时签发的航空运单被称作航空分运单。

在集中托运的情况下，除了航空运输公司签发主运单外，集中托运人还要签发航空分运单。航空分运单作为集中托运人与托运人之间的货物运输合同，合同双方分别为货主和集中托运人；而航空主运单作为航空运输公司与集中托运人之间的货物运输合同，当事人则为集中托运人和航空运输公司。货主与航空运输公司没有直接的契约关系。不仅如此，由于在起运地货物由集中托运人将货物交付航空运输公司，在目的地由集中托运人或其代理从航空运输公司处提取货物，再转交给收货人，因而货主与航空运输公司也没有直接的货物交接关系。

（四）多式联运单据

多式联运单据（Multimodal Transport Document，MTD）是在国际多式联运业务中，由多式联运经营人签发的，证明多式联运合同以及证明多式联运经营人接管货物并负责按照合同条款交付货物的单据。该单据包括全程运输，是发货人凭以结汇的单据，也是收货人凭以提取货物的凭据。

国际多式联运单据分为可转让的和不可转让两种形式，也就是国际多式联运提单和国际多式联运运单，这两种形式的单据性质是不同的。

1. 多式联运提单

（1）定义。多式联运提单（Multimodal Transport B/L）是由波罗的海航运公会（BIMCO）的单证委员会于1995年5月正式命名的单证名称。这种提单主要用于集装箱运输，是指一批货物需要经过两种以上不同运输方式，其中一种是海上运输方式，由一个承运人负责全程运输，负责将货物从接收地运至目的地交付收货人，并收取全程运费所签发的提单。提单内的项目不仅包括起运港和目的港，而且列明一程二程等运输路线以及收货地和交货地。

在《联合国国际货物多式联运公约》制定并通过以后，考虑到该公约得到有关国家的批准并生效的速度较慢，为确保该公约生效前国际多式联运能有效地进行，有关国际组织决定制定一个临时性的规则，这就是由联合国贸发会（UNCTAD）会同国际商会（ICC）等有关国际商业组织制定的《UNCTAD/ICC 多式联运单据统一规则》，并同意替代《ICC 联运单证统一规则》。波罗的海航运公会在制订多式联运提单时，正是全面、公正地融合了已通过的多式联运公约及 UNCTAD/ICC 规则的内容，充分照顾到多式联运下各当事人的利益，本着国际集装箱多式联运的特点，制定出为各方能普遍接受的且又能实际应用的单证。

（2）多式联运提单的性质。

① 多式联运是以两种或两种以上不同运输方式组成的，多式联运提单是参与运输的两种或两种以上运输工具协同完成所签发的提单。

② 组成多式联运的运输方式中其中一种必须是国际海上运输。

③ 如果贸易双方同意，并在信用证中明确规定，多式联运提单可由承担海上区段运输的船公司、其他运输区段的承运人、多式联运经营人或无船承运人签发。

（3）多式联运提单受“海上货物运输合同”和“多式联运合同的特别规定”以及《联合国国际货物多式联运公约》的制约。

2. 国际多式联运运单

通常称为多式联运运单。目前，常见的标准格式为国际货运代理协会联合会（FIATA）的运单和波罗的海航运工会（BIMCO）的运单。多式联运运单不具有物权凭证的功能，其作用与海运单和航空运单相似，不具有流通性，所以收货人一栏必须是记名的。

自测练习

一、关键名词

国际货物运输	已装船提单	班轮运输	OPC 运输
装货单	程租船	集装箱货运站	集装箱堆场
海运提单	备运提单	滞期费	速遣费
拼箱	整箱	不记名背书	清洁提单
倒签提单	期租船	舱面提单	指示提单
预借提单	航空分运单	国际铁路联运	国际多式联运
大陆桥运输	分批装运		

二、简答题

1. 班轮运输的基本特点是什么？
2. 简述班轮提单的性质及其与航空运单的区别。
3. 简述提单的性质和作用。
4. 简述国际多式联运的特点及构成要件。

三、计算题

1. 我国某公司出口一批货物到伦敦港，货物共有 100 箱，每箱毛重 50 千克，体积 0.04 立方米，运费计算标准为 M10 级，基本运费为 100 元人民币，加港口拥挤费 29%。总运费为多少元人民币？

2. 我公司向美国出口商品 2 000 箱，用纸箱包装，每箱毛重 50 千克，体积为 0.045 立方米，运费计算标准 W/M10 级，基本运费为 380 元人民币，加燃油附加费 25%，港口拥挤附加费 16%。则应付多少元人民币运费？

3. 我国出口到某国商品 100 箱，每箱毛重 40 千克，体积为 40 厘米×30 厘米×20 厘米，其运费计算标准为 W10 级，基本费率为 80 美元，另收燃油附加费 15%。该批货物的总运费是多少？

4. 我某公司出口箱装货物一批，报价为 CFR 利物浦每箱 35 美元，英国商人要求改报 FOB 价。该批货物的体积为 45 厘米×40 厘米×25 厘米，每箱毛重为 35 千克，商品计费标准为 W/M，基本运费为 120 美元，并加收燃油附加费 20%，货币贬值附加费 10%。我方应如何报价？

5. 从上海出口某货物到英国格拉斯哥港，以“W/M or Ad. Val.”计费，基本费率为每尺码吨 25 英镑或从价费率 2%。该批货物体积为 4 立方米，毛重为 3.8 公吨，FOB 货值为 8 000 英镑。求运费是多少？

四、案例分析

1. 公司向美国出口某商品 12 000 箱，合同规定 1 月至 6 月按月等量装运，每月 2 000 箱，凭不可撤销即期信用证付款，客户按时开来信用证，证上总金额与总数量均与合同相符，但货运条款规定为“最迟装运期 6 月 30 日，分数批装运”。我方 1 月装出 2 000 箱，2 月装出 4 000 箱，3 月装出 6 000 箱。客户发现后，向我提出疑义。你认为我方这样做是否可以？为什么？

2. 某公司向国外出口大豆 1 000 公吨，国外来证规定：不允许分批装运，装运期不晚于 10 月 30 日。10 月 15 日、10 月 17 日，卖方分别在大连、青岛各装 500 公吨大豆于同一航次的同一船只上，提单上注明了不同的装货港、不同的装船日期及相同的目的港。问卖方是否违反了信用证的规定？

3. 中国 A 贸易公司与外国 B 公司以 CFR 洛杉矶、信用证付款的条件达成出口贸易合同。合同和信用证均规定不准转运。A 贸易出口公司在信用证有效期内委托 C 货代公司将货物装上 D 班轮公司直驶目的港的班轮，并以直达提单办理了议付，国外开证行也凭议付行的直达提单予以付款。在运输途中，船公司为接载其他货物，擅自将 A 公司托运的货物卸下，换装其他船舶运往目的港。由于中途延误，货物抵达目的港的时间比正常直达船的抵达时间晚了 20 天，造成货物变质损坏。为此，B 公司向 A 公司提出索赔，理由是 A 公司提交的是直达提单，而实际则是转船运输，是一种欺诈行为，应当给予赔偿。问题：（1）A 公司是否应承担赔偿责任？理由何在？（2）B 公司可否向船公司索赔？

条款六

保险条款

知识要点

1. 海上货物运输保险中风险、损失和费用的含义；
2. 共同海损构成的条件；
3. CIC 条款中海运货物保险的基本险别，保险公司的责任起讫条款；
4. 保险金额的确定、保险费的计算及保险索赔。

技能要求

1. 熟练地预测货物风险和损失的关系以确定投保的险别；
2. 熟练地拟定保险条款；
3. 熟练计算保险金额和保险费；
4. 掌握一般的索赔手续。

一、海上货物运输保险

在国际贸易中，货物由卖方交付到买方手中，一般都需要经过长途运输，有时还可能会有多次装卸和存储。货物在运输途中，可能会遇到各种自然灾害或意外事故，从而使货物遭受损失。货物运输保险就是为了使这些损失能得到补偿而采取的措施。

国际货物运输保险是指保险人与被保险人订立保险合同，在被保险人交付约定的保险费后，保险人根据保险合同的规定，对货物在运输过程中发生承保责任范围内的损失给予经济上的补偿。

在国际货物运输保险中，保险人是按照不同险别包括的风险所造成的损失和费用承担赔偿责任。在保险业务中，风险、损失、费用和险别之间有着紧密的联系。

（一）风险、损失和费用

1. 风险

风险的分类如图 4-4 所示。

- 风险
  - 海上风险
    - 自然灾害
    - 意外事故
  - 外来风险
    - 一般外来风险
    - 特殊外来风险

图 4-4 风险的分类

（1）海上风险（Perils of Sea）。海上风险也叫海难，是指海上发生的自然灾害和意外事故。

① 自然灾害（Natural Calamities）。自然灾害是指由于自然界变异引起破坏力量所造成的现象。如恶劣气候、雷电、海啸、地震、洪水等。

② 意外事故（Fortuitous Accidents）。意外事故特指运输工具在运输过程中遭受的意外事故。如搁浅、触礁、沉没、互撞、与流冰或其他物体碰撞以及失火、爆炸等意外原因造成的事故。

（2）外来风险（Extraneous Risks）。外来风险是指由于外来原因引起的风险，包括一般外来风险和特殊外来风险。一般外来风险包括偷窃、雨淋、短量、沾污、渗漏、破碎、串味、受潮、受热、钩损和锈损等特殊外来风险包括战争、罢工、拒收、交货不到等。

2. 损失

损失的分类如图 4-5 所示。

- 损失
  - 全部损失
    - 实际全损
    - 推定全损
  - 部分损失（按性质）
    - 共同海损
    - 单独海损

图 4-5 损失的分类

（1）全部损失（Total Loss）。全部损失简称全损，是指被保险货物遭受全部损失。全部损失又可以分为实际全损和推定全损。

① 实际全损（Actual Total Loss）。实际全损是指被保险货物完全灭失或完全变质，或货物实际上已不可能归还被保险人。

② 推定全损（Constructive Total Loss）。推定全损是指货物发生保险事故后，实际全损已经不可避免，或者为了避免发生实际全损所需支付的费用与继续将货物运抵目的地的费用之和超过保险价值。

（2）部分损失（Partial Loss）。部分损失是指被保险货物的损失没有达到全部损失的程度，按其损失的性质又可以分为共同海损和单独海损。

① 共同海损（General Average，GA）。共同海损是指载货的船舶在海运途中遇到灾害、事故，威胁到船、货的共同安全，为了解除这种威胁，维护船、货的安全或者使航程得以继续完成，由船方有意识地、合理地采取措施所做出的某些特殊牺牲或支出某些额外费用叫共同海损。

构成共同海损必须具备下列条件：

第一，船方在采取紧急措施时，必须确有危及船、货的共同危险存在，而不是主观臆测的。

第二，船方采取的措施，必须是为了解除船、货的共同危险，有意地、合理地采取的。

第三，所做出的牺牲是特殊性质的，支出的费用是额外的，且做出的牺牲和支出的费用是有效果的。

共同海损的牺牲和费用，应由船方、货方和运费方根据救的价值多少按比例进行分摊。

② 单独海损（Particular Average，PA）。单独海损是指除共同海损以外的，仅由受损者单独负担的部分损失。

案例思考

有一艘载货的轮船，甲板上载有800辆汽车，在运输途中遇到恶劣气候，海浪将其中的300辆汽车卷入海中，轮船在巨浪中出现严重倾斜，轮船随时有翻船的危险。船长在紧急关头下令将其余的500辆汽车全部抛入海中，从而保持了船身的平衡。试分析上述两种损失属于什么性质？

3. 费用

保险公司对两种为减少货物的实际损失而支付的费用进行赔偿，包括施救费用和救助费用。

（1）施救费用（Sue and Labour Charges）。施救费用是指被保险的货物在遭遇保险责任范围内的灾害事故时，被保险人或其代理人为防止损失扩大而采取措施抢救所支出的费用。

（2）救助费用（Salvage Charges）。救助费用是指被保险的货物在遭遇保险责任范围内的灾害事故时，由保险人和被保险人以外的第三者对受损的货物采取抢救措施而支付的费用。

（二）我国海洋货物运输保险险别与条款

中国保险条款（China Insurance Clause，CIC）是中国人民保险公司根据我国保险业务的实际需要，并参照国际保险市场的惯例制定的。根据运输方式的不同，中国保险条款又可分为海洋货物运输保险条款、陆运货物保险条款、航空货物运输保险条款、邮包货物运输保险条款等。这里我们重点介绍海洋货物运输保险条款。

1. 基本险

我国海洋货物运输保险条款包括 3 种基本险别，即平安险（Free from Particular Average, FPA）、水渍险（With Particular Average, WPA 或 WA）和一切险（All Risks）。

（1）保险公司对平安险承担的责任范围如下：

① 在运输过程中，由于自然灾害造成被保险货物的实际全损或推定全损。

② 由于运输工具遭遇搁浅、触礁、沉没、互撞、与流冰或其他物体碰撞以及失火、爆炸等意外事故造成被保险货物的全损或部分损失。

③ 只要运输工具曾经发生搁浅、触礁、沉没、焚毁等意外事故，不论这意外事故发生之前或者以后曾在海上遭遇恶劣气候、雷电、海啸等自然灾害造成的被保险货物的部分损失。

④ 在装卸转船过程中，被保险货物一件或数件整件落海所造成的全部损失或部分损失。

⑤ 被保险人对遭受承保责任内的危险货物采取抢救、防止或减少货损的措施所支付的合理费用，但以不超过该批被毁货物的保险金额为限。

⑥ 运输工具遭遇海难后，在避难港由于卸货引起的损失及在中途港或避难港由于卸货、存仓和运送货物所产生的特殊费用。

⑦ 共同海损的牺牲、分摊和救助费用。

⑧ 运输契约中订有“船舶互撞条款”，则根据该条款的规定应由货方偿还船方的损失。

（2）保险公司对水渍险承担的责任范围如下：

水渍险的责任范围除包括上述“平安险”的各项责任外，还负责被保险货物由于恶劣气候、雷电、海啸、地震、洪水等自然灾害造成的部分损失。

（3）保险公司对一切险承担的责任范围如下：

一切险的责任范围除包括“平安险”和“水渍险”的所有责任外，还包括货物在运输过程中因一般外来原因所造成的被保险货物的全损或部分损失。

上述 3 种基本险别中，被保险人可以从中选择一种投保。

案例思考

1. 有一批运输途中的货物已向保险公司投保了水渍险，载货的船舶在途中遇到下雨，使该货物遭到部分水渍损失。试问保险公司对上述损失负责赔偿吗？为什么？

2. 有一批运输途中的货物已按发票金额的 110% 向保险公司投保了平安险，载货的船舶于某年的3月5日遇到暴风雨的袭击，使一部分货物遭到水渍损失；该船在继续航行中，又于3月11日与另一船舶发生了碰撞事故，使该批货物遭受了部分损失。保险公司对上述两种损失均负责赔偿吗?

2. 附加险

海洋货物运输保险的附加险种类很多，归纳起来，可分为一般附加险和特殊附加险两类。

（1）一般附加险。一般附加险包括：

① 偷窃、提货不着险（Theft Pilferage and Non-Delivery，TPND）。它是指在保险有效期内，被保险货物被偷走或窃走，以及货物运抵目的地后，货物的整件未交的损失。

② 淡水雨淋险（Fresh Water and/or Rain Damage，FWRD）。它是指承保货物在运输中由于淡水、雨水以及冰雪融化所造成的损失。海上货运保险中的淡水包括船上淡水舱、水管漏水和舱汗等。

③ 短量险（Risk of Shortage）。它是指承保货物在运输过程中因外包装破裂、破口、扯缝造成货物数量短缺或重量短少的损失。

④ 混杂、沾污险（Risk of Intermixture and Contamination）。它是指承保被保险货物在运输途中，因混进杂质或被污染所引起的损失。

⑤ 渗漏险（Risk of Leakage）。它是指承保流质、半流质、油类等货物，由于容器损坏而引起的渗漏损失，或因液体外流而引起的用液体浸泡的货物的变质、腐烂所致的损失。

⑥ 碰损、破碎险（Risk of Clash and Breakage）。它是指承保货物在运输过程中因震动、碰撞、受压造成的碰损和破碎损失。

⑦ 串味险（Risk of Odour）。它是指承保货物在运输过程中因受其他带异味货物的影响而造成串味的损失。

⑧ 钩损险（Hook Damage）。它是指承保袋装、捆装货物在装卸或搬运过程中由于操作不当，使用吊钩将货物的包装钩坏而造成的损失。

⑨ 受潮、受热险（Damage Caused by Sweating and Heating）。它是指承保货物在运输过程中由于气温突然变化或船上通风设备失灵，使船舱内的水蒸气凝结而引起的货物受潮或由于温度增高使货物发生变质的损失。

⑩ 包装破裂险（Breakage of Packing）。它是指承保货物在运输过程中因包装破裂造成货物的短少、玷污等损失以及因被保险货物运输过程中续运安全需要而产生的修补包装、调换包装所支付的费用损失。

⑪ 锈损险（Risk of Rust）。它是指承保金属或金属类货物在运输过程中因生锈造成的损失，保险公司一般只对包装货物承保这一损失。

上述11种一般附加险不能独立承保，必须附属于基本险别项下，也就是说，只有在投保了基本险别以后，投保人才允许加保上述附加险。投保一切险后，上述附加险已包括在内。

（2）特殊附加险。特殊附加险包括下列几种：

① 战争险（War Risk）。它是指承保战争或类似战争行为等引起的被保险货物的直接损失。保险公司对此种险别的承保责任范围包括：由于战争、类似战争行为和敌对行为、武装冲突或海盗行为以及由此而引起的捕获、拘留、禁制、扣押所造成的损失，或者由于各种常规武器（包括水雷、鱼雷、炸弹）所造成的损失，由于上述原因所引起的共同海损的牺牲、分摊和救助费用，但对原子弹、氢弹等核武器所造成的损失，保险公司不予赔偿。

② 罢工险（Strikes Risk）。它是指承保因罢工者、被迫停工工人、参加工潮、暴动、和民众战争的人员采取行动所造成的被保险货物的直接损失。对于任何人的恶意行为造成的损失，保险公司也予赔偿。在加保战争险的前提下，再加保罢工险，则不另外收取保险费。

③ 舱面险（On Deck Risk）。它是指承保存放在舱面的货物按保险单所载条款负责的损失外，还负责被抛弃或被风浪冲击落水的损失。

④ 进口关税险（Import Duty Risk）。它是指承保被保险货物遭受保险责任范围以内的损失，而被保险人仍须按完好的货物价值完税所造成的损失、部分货物的进口关税损失。

⑤ 拒收险（Rejection Risk）。它是指承保被保险货物在目的港被进口国的政府或有关当局拒绝进口或没收所造成的货物的损失。

⑥ 黄曲霉素险（Aflatoxin Risk）。它是指承保被保险货物因所含黄曲霉素超过进口国的限制标准被拒绝进口、没收或强制改变用途所遭受的损失。

⑦ 交货不到险（Failure to Deliver Risk）。它是指承保被保险货物不论任何原因从装上船舶开始，在 6 个月内不能运抵原定目的地交货所造成的损失。

⑧ 货物出口到香港（包括九龙）或澳门存舱火险责任扩展条款（Fire Risk Extension Clause for Storage of Cargo at Destination HongKong, including Kowloon, or Macao）。它是指承保被保险货物到达目的地卸离运输工具后，如直接存放于保险单载明的过户银行所指定的仓库所造成的存仓火险损失。直至银行收回押款解除货物的权益为止或运输责任终止时期满 30 为止。

3. 保险责任起讫及期限

根据中国人民保险公司海洋货物运输保险条款规定，保险公司对“平安险”“水渍险”和“一切险”3 种基本险别的责任起讫，均采用国际保险业惯用的“仓至仓条款”（Warehouse to Warehouse Clause, W/W Clause），即规定保险公司所承担的保险责任，是从被保险货物运离保险单所载明的装运港（地）发货人仓库开始，直到货物到达保险单所载明的目的港（地）收货人仓库时为止。当货物一进入收货人仓库，保险责任即行终止。但是，当货物从目的港卸离海轮时起算满 60 天，不论被保险货物有没有进入收货人的仓库，保险责任均告终止。

战争险的责任起讫与“平安险”“水渍险”及“一切险”的责任起讫不同，不采用“仓至仓条款”。战争险的责任起讫期限仅限于水上危险，海运战争险规定保险公司所承担的责任自被保险货物在保险单所载明的装运港装上海轮或驳船时开始，直到保险单所载明的目的港卸离海轮或驳船时为止。如果货物不卸离海轮或驳船，则保险责任最长延至货物抵达目的港之当日午夜起算满 15 天为止。如在中途港转船，则不论货物在当地卸载与否，保险责任以海轮抵达该港或卸货地点的当日午夜起算满 15 天为止，待货物再装上续运的海轮时，保险公司仍继续负责。

（三）伦敦保险协会海运货物保险条款

目前世界上大多数国家在海上保险业务中直接采用英国伦敦保险协会所制定的“协会货物条款”。

“协会货物条款”（Institute Cargo Clause，ICC）最早制定于 1912 年，后来经过修订，新条款于 1982 年 1 月 1 日公布，1983 年 4 月 1 日起施行。新条款共有 6 种险别，分别是：

（1）协会货物条款（A）[Institute Cargo Clauses（A），ICC（A）]；

（2）协会货物条款（B）[Institute Cargo Clauses（B），ICC（B）]；

（3）协会货物条款（C）[Institute Cargo Clauses（C），ICC（C）]；

（4）协会战争险条款（货物）[Institute War Clauses—Cargo]；

（5）协会罢工险条款（货物）[Institute Strikes Clauses—Cargo]；

（6）恶意损害险条款（Malicious Damage Clauses）。

在 6 种险别中，ICC（A）、ICC（B）、ICC（C）都可以独立投保。

ICC（A）的承保责任范围较广，采取“一切风险减除外责任”的方式，它大体上相当于旧条款的一切险（All Risk），其除外责任有以下 4 条：（1）一般除外责任，如因包装原因造成的损失，由船方原因造成的损失，使用原子或热核武器造成的损失；（2）不适航、不适货除外责任，如被保险人在装船时已知船舶不适航、不适货；（3）战争除外责任；（4）罢工除外责任。

ICC（B）与原水渍险（WPA）比较，增加了船舶搁浅和倾覆、陆上运输工具倾覆或出轨、地震或火山爆发、浪击落海等条款，对不属于共同海损行为中的抛货责任和因湖水、河水进入船舶、驳船、运输工具的风险也可负责。

ICC（C）比原平安险（FPA）的责任范围小，它仅对“重大意外事故”（Major casualties）风险负责，对非重大事故风险和 ICC（B）中的自然灾害风险均不负责。与 ICC（B）比较，免除了由于地震、火山爆发，雷电，浪击落海，海水、潮水或河水进入船舶、驳船、运输工具等造成的损失，以及货物在装卸时落海或跌落造成的整件全损等。

协会战争险和罢工险条款与旧条款相比差别不是很大，但在需要投保时也可作为独立的险别进行投保。

恶意损害险是新增加的附加险别，承保除被保险人以外的其他人（如船长、船员）的故意破坏行为所造成的被保险货物的灭失或损坏，但出于政治动机的人的行为则除外。恶意损害的风险在 ICC（A）中列为承保责任，但在 ICC（B）和 ICC（C）中均列为除外责任。因此，在投保 ICC（B）或 ICC（C）时，如欲取得这种风险的保障，应另行加保恶意损害险。

二、其他运输方式下的货运保险

其他运输方式下的货物运输保险是在海运货物保险的基础上发展起来的，由于陆运、空运、邮包运输同海运可能招致的货物损失的风险种类不同，所以，陆运、空运、邮包货物运输保险与海上货运保险的险别及其承保责任范围也有所不同。现分别简要介绍如下：

（一）陆上货物运输保险

根据现行的《陆运货物保险条款》的规定，陆运货物保险的基本险别有陆运险（Overland Transportation Risks）和陆运一切险（Overland Transportation All Risks）两种，此外，还有陆上运输冷藏货物险，也具有基本险的性质。

陆运险的责任范围与海运货物保险中的水渍险相似；陆运一切险的责任范围与海运一切险相似。

保险公司对上述陆运险和陆运一切险的责任起讫也采用“仓至仓条款”，即保险公司的责任自被保险货物运离保险单所载明的起运地发货人仓库或储存处所开始运输时生效，包括正常运输过程中的陆上运输和与其相连的水上驳运在内，直至该项货物运达保险单所载明的目的地收货人的仓库或处所或被保险人用做分配、分派的其他储存处所为止。如未运抵上述仓库或储存处所，则以被保险货物运抵最后卸载的车站满 60 天为止。

陆运货物在投保上述基本险之一的基础上，还可以加保附加险。如投保陆运险，则可酌情加保一般附加险和战争险等特殊附加险；如投保陆运一切险，就只需加保特殊附加险。陆运货物在加保战争险的前提下，再加保罢工险，则不另外收费。

陆运货物战争险的责任起讫，是以货物置于运输工具上为限，即自被保险货物装上保险单所载明的起运地的火车时开始到保险单所载明的目的地卸离火车时为止。如果被保险货物不卸离火车，则以火车到达目的地的当日午夜起算满 48 小时为止；如在运输中途转车，不论货物在当地卸载与否保险责任以火车到达该中途站的当日午夜起算满 10 天为止。如货物在此期限内重新装上火车续运，仍恢复有效。但须指出，如运输契约在保险单所载目的地以外的地点终止时，该地即视作本保险单所载目的地，在货物卸离火车时为止，如不卸离火车，则保险责任以火车到达该地当日午夜起算满 48 小时为止。

（二）空运货物保险条款

根据现行的《空运货物保险条款》的规定，空运货物保险的基本险别有航空运输险（Air Transportation Risks）和航空运输一切险（Air Transportation All Risks）两种。此外，还有航空运输货物战争险等附加险。

航空运输险的承保责任范围与海运货物保险条款中的水渍险大致相同；航空运输一切险的承保责任范围同海运一切险大致相同。

保险公司对上述航空运输险和航空运输一切险的责任起讫也采用“仓至仓条款”，即保险公司的责任从被保险货物运离保险单所载明的起运地发货人仓库或储存处所开始运输时生效，包括正常运输过程，直至该项货物运抵保险单所载明的目的地收货人仓库或储存处所或被保险人用做分配、分派的其他储存处所为止。如未运抵上述仓库或储存处所，则以被保险货物在最后卸货地卸离飞机后满 30 天为止。

航空运输货物在投保上述基本险之一的基础上，还可以加保附加险；在加保战争险的前提下，再加保罢工险，则不另外收费。

航空货物运输战争险的保险责任起讫是自被保险货物装上保险单所载明的启运地的飞机时开始，直到卸离保险单所载明的目的地飞机时止。如果被保险货物不卸离飞机，则以载货的飞机到达目的地的当日午夜起算满 15 天为止；如被保险货物在中途转运，保险责任以飞机到达转运地当日午夜起算满 15 天为止，待装上续运的飞机，保险责任恢复有效。

（三）邮包货物运输保险

根据现行的《邮政包裹条款》的规定，邮包货物运输保险的基本险别有邮包险（Parcel Post Risks）和邮包一切险（Parcel Post All Risks）两种，其责任起讫是自被保险邮包离开保险单所载明的起运地点寄件人的处所运往邮局时开始生效，直至被保险邮包运达保险单所载明的目的地邮局发出通知书给收件人当日午夜起算满 15 天为止，但在此期限内，邮包一经递交至收件人处所时，保险责任即告终止。

在投保邮包运输基本险之一的基础上，还可以加保邮包战争险等附加险。在加保战争险的前提下，如再加保罢工险，则不另外收费。保险公司对邮包战争险承保责任的起讫是自被保险邮包经邮局收讫后自储存处所开始运送时生效，直至该项邮包运达保险单所载明的目的地邮局送交收件人为止。

三、保险实务

（一）保险利益

按照国际保险业的惯例，保险公司只对有保险利益的人承担赔偿责任。所谓保险利益（Insurance Interest），又可称为可保权益，是指投保人对保险标的具有法律上承认的利益。就货物运输保险而言，反映在运输货物上的利益，主要是货物本身的价值，也包括与此相关的运费、保险费、关税、预期利润等。

在国际货物运输保险业务中，保险公司并不是对所有的保险合同都承担“仓至仓”责任的。例如，按 FOB 或 CFR 术语成交，由于货物的风险是在装上船后才由卖方转移给买方，也就是说货物装上船后买方才对该货物具有可保利益，所以保险公司在此承担的责任不是“仓至仓”，而是“船至仓”。

（二）保险险别的选择

在国际货物运输保险业务中，买卖双方可根据货物本身的特点和运输途中的风险情况对保险险别加以选择。

按《2000年国际贸易术语解释通则》的规定，卖方有办理保险义务的只有两个贸易术语——CIF和CIP。按CIF或CIP术语成交，货物在运输途中的风险由买方承担，但由于货价的构成中包含了货运保险费，所以办理货运保险手续、支付保险费是卖方的义务。买卖双方约定的险别通常为平安险、水渍险、一切险3种基本险别中的1种，还可在此基础上加保1种或若干种附加险。在买卖双方未约定投保险别的情况下，按惯例，卖方可投保保险公司承保责任范围最小的险别。在CIF或CIP术语的货价构成中一般不包括战争险等特殊附加险的费用，因此，如果买方要求加保战争险等附加险时，其费用应由买方负担。

除上述险种外，中国人民保险公司还承办两种独立的险别——卖方利益险和出口信用保险。

卖方利益险（Contingency Insurance Clause Cover Seller's Interest Only）是指在FOB（FCA）或CFR（CPT）条件下，采用了非信用证结算方式，万一货物在运输途中受损，买方又拒不付款赎单的情况，若卖方事先投保了这一险别，可由保险公司赔偿卖方的损失。办理此项保险，保险公司是按海上一切险和战争险承保，费率按一切险的1/4再加上战争险的费率计收。

出口信用保险（Export Credit Insurance）是依托国家财力支持出口贸易的有力手段，由国家专营的中国出口信用保险公司开办的一种信用保险，属于政策性保险，是国家鼓励出口的一项措施。其承保的是进口商的信用风险和进口国的政治风险，出口信用保险通常用于采用商业信用支付方式的情况，主要以短期业务为主。

出口信用保险的主要作用：承保企业的收汇风险，补偿企业的收汇损失，推动我国产品和服务的出口；利于企业防范和控制国际贸易风险，提高风险管理水平，增强出口创汇的信心和勇气；利于出口企业采取灵活的贸易结算方式，获得更多的贸易机会，增添取胜的砝码；为出口企业提供融资的便利，银行通常接受出口信用保险保单作为贷款抵押；通过商账追讨减少和挽回出口企业在对外贸易中的直接损失，保证出口企业的收汇权益。

（三）保险金额的确定和保险费的计算

保险金额（Insured Amount）也可以称为投保金额，是指被保险人向保险公司投保的金额，也是保险公司承担的最高赔偿金额，还是计算保险费的基础。保险金额一般应由买卖双方经过协商确定。按CIF或CIP术语成交，买卖双方应该在合同中约定保险金额，如未约定，按惯例，保险金额通常按CIF或CIP总值加成10%计算。加成的10%作为买方的经营管理费用和预期利润。保险金额的计算公式如下：

保险金额=CIF（或CIP）总值×110%

保险费是保险公司经营业务的基本收入，是保险合同生效的前提条件。保险费的计算公式如下：

保险费=保险金额×保险费率

保险费率是按照不同货物、不同目的地、不同运输工具和保险险别由保险公司根据货物损失率和赔付率，并在此基础上，参照国际保险费水平，结合我国情况制定的。

[例 4-11] 某外贸企业按 CIF 条件出口一批货物，CIF 总值为 5 000 美元，按发票金额加成 10% 投保一切险、战争险，应付保险费多少？（一切险费率为 0.3%，战争险费率为 0.04%）

解： 保险金额 = CIF 总值×110%

= 5 000×110%

= 5 500（美元）

保险费 = 保险金额×保险费率

= 5 500×(0.3% + 0.04%)

= 18.7（美元）

答： 应付保险费 18.7 美元。

（四）保险单证

保险单证既是保险公司对被保险人的承保证明，也是保险公司和被保险人之间的保险契约，它具体规定了保险公司和被保险人的权利和义务。在被保险货物遭受损失时，保险单证是被保险人索赔的依据，也是保险公司理赔的主要依据。在国际贸易中，保险单证是可以转让的。常用的保险单证有：

1. 保险单（Insurance Policy）

保险单又称“大保单”，是投保人与保险公司之间订立的正式的保险合同。它除了在正面载明证明双方当事人建立保险关系的文字、被保险货物的情况、承保险别、理赔地点以及保险公司关于所保货物如遇出险可凭本保险单及有关证件给付赔款的声明等内容外，如表 4-9 所示，在背面还对保险人和被保险人的权利和义务做了规定。

2. 保险凭证（Insurance Certificate）

保险凭证俗称“小保单”，是一种简化的保险合同，它同正式的保险单具有同样的效力。保险凭证只有正面的内容，无背面条款，但表明按照正式保险单上所载保险条款办理。

3. 联合凭证（Combined Certificate）

联合凭证又可称为“联合发票”，是一种将发票和保险单相结合的比保险凭证更为简化的保险单证。这种单证只有我国采用，并且仅适用于对港澳地区的出口业务。

4. 预约保险单（Open Policy）

预约保险单又称为“开口保险单”，是经常有相同类型货物需要陆续分批装运时所采用的一种保险单。严格地讲，它是一种没有总保险金额限制的预约保险总合同，是保险人对被保险人将要装运的属于约定范围内的一切货物负自动承保责任的总合同。在我国，预约保险单常用于进口业务中。

表 4-9 保险单样本

中 国 人 民 保 险 公 司
THE PEOPLE'S INSURANCE COMPANY OF CHINA

总公司设于北京 一九四九年创立
Head Office: BEIJING Established in 1949

发票号码 保 险 单 保险单号码
Invoice No. INSURANCE POLICY Policy No. ST16/

中国人民保险公司（以下简称本公司）
This Policy of insurance witnesses that The People's Insurance Company of China (hereinafter called "The Company")
根据
at the request of ____________________
（以下简称被保险人）的要求，由被保险人向本公司缴付约定
(hereinafter called the "Insured") and in consideration of the agreed premium paying to the Company by the
的保险费，按照本保险单承保险别和背面所载条款与下列
Insured, undertakes to insure the undermentioned goods in transportion subject to the condition of this policy
特款承保下述货物运输保险，特立本保险单。
as per the Clauses printed overleaf and other special clauses attached hereon.

标　记 Marks & Nos.	包装及数量 Quantity	保险货物项目 Description of Goods	保险金额 Amount Insured

总保险金额：
Total Amount Insured: ____________________

保　费 Premium: as arranged　费率 Rate ________　装载运输工具 Per Conveyance S. S. ________

开行日期 Slg. on or abt. ________　自 From ________　至 To ________

承保险别
Conditions

所保货物，如遇出险，本公司凭本保险单及其他有关证件给付赔款。
Claims, if any, payable on surrender of this Policy together with other relevant documents.
所保货物，如发生本保险单项下负责赔偿的损失或事故，
In the event of accident where by loss or damage may result in a claim under this Policy immediate notice applying for
应立即通知本公司下述代理人查勘。
survey must be given to the Company's Agent as mentioned hereunder:

赔款偿付地点：
CLAIM PAYABLE AT/IN ________

日期 DATE ________　深圳 SHENZHEN

地址：深圳罗芳路 122 号南方大厦 25 楼
25F NANFANG BUILDING 122# LUOFANG ROAD
SHENZHEN, CHINA

中国人民保险公司深圳分公司
THE PEOPLE'S INSURANCE CO. OF CHINA
SHENZHEN BRANCH

案例思考

在 CIF 或 CIP 贸易术语条件下，由出口商代进口商办货运保险手续，保险单上的被保险人应是进口商还是出口商？如货物在运输途中出险，应由谁找保险公司交涉索赔事宜？

（五）合同中的保险条款

在国际货物买卖合同中，货运保险条款是一个重要的内容，如何订立应取决于买卖双方在合同中所采用的贸易术语。

以 FOB、CFR 或 FCA、CPT 术语成交，合同中的保险条款可订为“保险由买方办理”（Insurance is to be Covered by the Buyers）。

以 CIF 或 CIP 术语成交，条款内容要明确由卖方办理保险、保险险别、保险金额、使用的保险条款以及保险条款的生效日期。

例如，由卖方按发票金额的 110% 投保一切险和战争险，按 1981 年 1 月 1 日中国人民保险公司海洋货物运输保险条款负责（Insurance is to be Covered by the Sellers for 110% of the Invoice Value Against All Risks and War Risk as per Ocean Marine Cargo Clauses of the People's Insurance Company of China Dated Jan. 1, 1981）。

（六）保险索赔

如果被保险的货物在保险责任有效期内发生属于保险责任范围内的损失，被保险人可向保险公司提出索赔。索赔时，被保险人应注意以下几点：

1. 分清责任

被保险人在发现被保险的货物遭受损失后，首先应分清责任，并向有关责任方提出索赔。比如，被保险人或其代理人在提货时发现货物包装有明显的受损痕迹，或整件短少或散舱货物已经残损，除向保险公司报损外，还应立即向承运人、海关、港务当局等索取货损货差证明，及时向有关责任方提出索赔，并保留追偿的权利，必要时还要申请延长索赔时效。

2. 及时通知保险公司

当被保险人获悉被保险货物已遭受损失，并确定属于保险公司的承保责任范围，应立即通知保险公司，以便保险公司在接到损失通知后采取相应的措施。

3. 采取合理的施救措施

被保险货物受损后，被保险人应对受损的货物采取相应的施救、整理措施，以防止损失扩大，由此而产生的施救费由保险公司负责赔偿，但以不超过该批被救货物的保险金额为限。

4. 备妥索赔的依据

被保险人在办理保险索赔时，一定要备妥索赔的依据，否则会使索赔的过程复杂化。索赔时通常需提交的单证有：

（1）保险单或保险凭证正本；
（2）运输单据；
（3）发票；
（4）装箱单、重量单；
（5）向第三责任方请求赔偿的函电或其他凭证；
（6）检验报告；
（7）海事报告摘录；
（8）货损货差证明；
（9）索赔清单。

保险公司的赔偿方式有两种：不论损失程度（Irrespective of Percentage，IOP）和计免赔率。

对有些在运输途中容易发生破碎或短少的瓷器、玻璃制品、矿砂等，保险公司在赔偿时一般有计免赔率的规定，免赔率分为绝对免赔率和相对免赔率。绝对免赔率（Deductibles）是指保险公司只负责赔偿超过免赔率的部分损失；相对免赔率（Franchise）是指当损失超过规定的免赔率时，则全部损失都赔，如未超过则不赔。有时投保人要求取消这种免赔率，即不论损失程度多少都赔，保险公司也可接受，不过要加收保险费。一般加收的标准是免赔率每降低 1%，费率则增加 0.5%。

自测练习

一、关键名词

海上风险	推定全损	共同海损	单独海损
仓至仓条款	保险利益	卖方利益险	出口信用险

二、简答题

1. 采用 CIF 术语成交时，对保险有何规定？
2. 构成共同海损的条件有哪些？
3. 对于自然灾害造成的部分损失，平安险怎样负责？
4. 我国海洋运输货物保险的附加险有哪些？投保一切险时，是否包括上述的附加险？
5. 以 CIF 或 CIP 条件出口，合同中的保险条款应包括哪些内容？
6. 我以 CIF 或 CIP 条件对外出口，一般应如何确定保险金额？
7. 按 FOB 或 CFR 条件出口时，保险公司通常对从出口方仓库至装船前一段发生的货损不予赔偿，原因何在？
8. 假设货主甲的 8 万美元货物在一次共同海损中全部被抛入海，他所遭受的是全部损失还是部分损失？为什么？

三、案例题

某年 6 月我方某进出口公司按 CIF 术语与外商签订一合同（注：合同由进口商制作）出口电缆 300 桶，总金额为 27.3 万美元，其中 90% 货款采用即期信用证支付，

10%货款待货到目的地收货人仓库后，经买方查验无误后再付。合同的保险条款规定：Insurance is to be covered by the Sellers. Such Insurance shall be upon Terms and Conditions consistent with sound commercial practice for 110% of the full CIF value of the final Destination and for a Period not later than 90 Days after arrival of the Buyer's Warehouse.

我方进出口公司于9月收到国外银行开来的信用证，金额为24.6万美元，信用证规定保险由卖方办理。我方进出口公司于交货前向中国人民保险公司投保了一切险和战争险。

10月底，我方进出口公司将全部货物装船运往目的港，并取得船公司签发的清洁已装船提单。12月，船到目的港，全部货物卸下海轮，货物数量与提单相符，然后用汽车运到收货人仓库，仓库出具清洁仓库收据。

次年1月，收货人发现货物在仓库内有部分丢失，损失价值18.3万美元。于是凭保险单向中国人民保险公司索赔。中国人民保险公司认为，保险单载明被保险人投保的是一切险和战争险，其责任起讫为“仓至仓”和“水面责任”，此案中保险标的物已安全如数运抵收货人仓库，保险责任已告终止，所以拒赔。

2月底，进口方来电通知我方进出口公司：在合同的保险条款中规定保险期限不能少于货物到达买方仓库后90天，而贵公司只投保一切险和战争险，货物在到达我方仓库后22天发生部分丢失，属你方漏保，造成18.3万美元损失。现在通知你方，损失金额从27.3万美元的货款中扣除，其余9万美元汇付给你公司。

试分析从此案中我们可以吸取哪些经验教训？

四、操作训练

我某进口公司从国外进口一批货物，按FOB SINGAPORE成交，我方接到对方的装船通知后，到保险公司办理了投保手续，保险单部分内容如下：

PREMIUM <u>As arranged</u> RATE <u>As arranged</u>

SLG. ON OR ABT. <u>As per B/L</u> FROM <u>Singapore</u> TO <u>Shanghai</u>

CONDITIONS：Covering War Risk and All Risks as per CIC 01/01/1981.

货到上海港后即存入码头仓库，谁料第二天夜间仓库失火，该批货物全部灭失。该公司接到通知后，立即备齐有关索赔单据，以货物未到达收货人仓库为由向保险公司提出索赔，保险公司则以货物已经进入仓库为由拒绝理赔。

请问：

（1）该批货物的损失应该由谁负责赔偿？为什么？

（2）进口方从中应吸取什么样的教训？

条款七

支付条款

知识要点

1. 票据的内容、种类及其使用，特别是汇票的内容及其使用；
2. 汇付的种类、内容及其使用，特别是电汇的内容及其使用；
3. 托收方式在国际贸易中的使用及其风险防范；
4. 信用证的概念、收付程序、性质、种类、应用及风险防范。

技能要求

1. 熟悉电汇、托收和信用证支付的一般程序，并能进行操作；
2. 根据业务实际制作和使用汇票；
3. 根据贸易情况选择合适的支付条款；
4. 熟练运用和填制合同支付条款的内容；
5. 根据所学专业知识防范各种支付风险；
6. 运用所学专业知识分析有关支付的相关案例。

国际货款结算涉及信用和使用何种货币、票据以及在什么时间、以何种方式收付等问题。货款顺利收回是一笔交易圆满结束的重要标志，采用什么样的结算方式能够及时、安全收回货款，是业务员应当知道的基本常识。在进出口贸易实务中，买卖双方都极力争取有利于自身的结算方式，以便买方融通资金和卖方安全收汇，因此成为合同的重要交易条款。如果买方对汇付的商业性质认识不透，或不能识别信用证中的陷阱条款，那么会造成买方随意撤销付款通知、证下货款无端收不回来的严重后果。

因此，为了准确地选用合适的结算方式，了解必要的结算知识，避免不必要的贸易争端和收汇风险，本条款将就下列问题展开讨论并辅以相应的训练：

（1）进出口贸易结算中常用的支付工具；

（2）货款的结算方式及其操作程序；

（3）贸易融资；
（4）不同结算方式的结合使用；
（5）买卖合同中支付条款的主要内容。

一、票据

进出口贸易货款的结算，大多为非现金结算，通过使用代替现金作为流通手段和支付手段的信用工具来结算买卖双方的债权债务。票据就是一种基本的支付工具，广泛用于进出口贸易的结算中。票据是以支付金钱为目的的有价证券，是由出票人签名于票据上，约定由自己或另一人无条件地支付确定金额的可流通转让的证券。票据具有 4 个特性：流通性、无因性、文义性和要式性。这 4 个特性减少了票据的使用纠纷，保证了票据的顺利流通，使票据更好地发挥在经济活动中的汇兑、支付和信用工具的功能。

为了便于票据流通，保障有关当事人的权益，各个国家大都制定了专项的法律——票据法。从具体规定看，各国票据法虽然大体相同，但也存在不少分歧与差异。从 20 世纪初期起，有些国际组织虽曾试图统一各国的票据法并制定了一些公约，但迄今为止，就世界范围来说，各国票据法还未统一起来。目前，世界上影响较大的票据法有两类。一类是以英国《1882 年票据法》（Bills of Exchange Act，1882）为代表的英美法系，另一类是以《日内瓦统一法》为代表的大陆法系。《日内瓦统一法》是在国际联盟主持下，由欧洲大陆国家为主的二十多个国家于 1930 年和 1931 年签订的两个公约，它们的全称是《1930 年汇票和本票统一法公约》（Convention Providing a Uniform Law for Bills of Exchange and Promisory Notes，1930）和《1931 年支票统一法公约》（Convention Providing a Uniform Law for Cheques，1931）。因上述两个文件是在日内瓦签署的，所以通常把它们简称为《日内瓦统一法》。我国于 1995 年 5 月 10 日第八届全国人大常委会第 13 次会议上通过了《中华人民共和国票据法》（简称《票据法》），并已于 1996 年 1 月 1 日起施行。

票据可分为汇票、本票和支票 3 种，在国际货款结算中，主要使用汇票，有时也使用本票和支票。

（一）汇票

汇票（Bill of Exchange，Draft 或 Bill）是出票人签发并委托付款人在见票时或者在指定日期无条件支付确定金额给收款人或持票人的票据。

1. 汇票的必备内容

汇票必须要式齐全，所谓要式齐全，即应当具备必要的形式和内容。根据《票据法》的规定，汇票必须记载下列事项：（1）表明“汇票”的字样；（2）无条件支付的委托；（3）确定的金额；（4）付款人（Payer）名称；（5）收款人（Payee）名称；（6）出票日期；（7）出票人（Drawer）签章。汇票上未记载上述规定事项之一的，汇票无效，汇票样本如图 4-6 所示。

在实际业务中，汇票通常尚需列明付款日期、付款地点和出票地点等内容。汇票上记载付款日期、付款地、出票地等事项的，应当清楚、明确。汇票上未记载付款日期

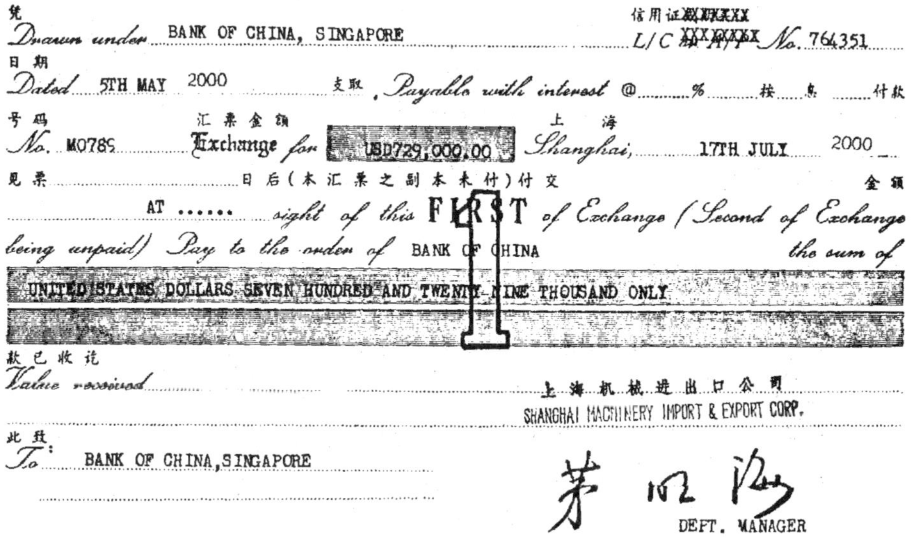
凭 信用证XXXXXXX
Drawn under BANK OF CHINA, SINGAPORE L/C XXXXXXX No. 764351
日期
Dated 5TH MAY 2000 支取 Payable with interest @ ...... % 按 ...... 息 ...... 付款
号码 汇票金额 上海
No. M0789 Exchange for USD729,000.00 Shanghai, 17TH JULY 2000
见票 ...... 日后（本汇票之副本未付）付交 金额
AT ...... sight of this FIRST of Exchange (Second of Exchange being unpaid) Pay to the order of BANK OF CHINA the sum of
UNITED STATES DOLLARS SEVEN HUNDRED AND TWENTY NINE THOUSAND ONLY
款已收讫
Value received
上海机械进出口公司
SHANGHAI MACHINERY IMPORT & EXPORT CORP.
此致
To: BANK OF CHINA, SINGAPORE
DEPT. MANAGER

图 4-6　商业汇票样本

的，为见票即付。汇票上未记载付款地的，付款人的营业场所、住所或者经常居住地为付款地。汇票上未记载出票地的，出票人的营业场所、住所或者经常居住地为出票地。

除了上述必备项目外，汇票还可以有一些票据法允许的其他内容的记载，如利息和利率、付一不付二、禁止转让、汇票编号、出票条款等。

2. 汇票的种类

汇票可从不同的角度进行分类：

（1）按照出票人的不同，汇票可分为银行汇票（Banker's Draft）和商业汇票（Commercial Draft）。

银行汇票的出票人和付款人都是银行。在国际结算中，银行汇票签发后，一般交汇款人，由汇款人寄交国外收款人向指定的付款银行取款。出票行签发汇票后，必须将付款通知书寄给国外付款行，以便付款行在收款人持票取款时进行核对。银行汇票一般为光票，不随附货运单据。中国银行上海分行的银行汇票样张如图 4-7 所示。

商业汇票的出票人是工商企业或个人，付款人可以是工商企业或个人，也可以是银行。在国际贸易结算中，商业汇票使用居多，商业汇票通常是由出口人开立，向国外进口人或银行收取货款时使用。商业汇票的出票人不必向付款人寄送付款通知书。商业汇票大都附有货运单据，图 4-3 便是商业汇票。

（2）按照付款时间的不同，汇票可分为即期汇票（Sight Draft，Demand Draft）和远期汇票（Time Draft，Usance Draft）。

即期汇票是指在提示或见票时立即付款的汇票。远期汇票是指在一定期限或特定日期付款的汇票。

在实际业务中，远期汇票付款日期的规定主要有：

① 见票后若干天付款（at... days after sight）（业务中最常见）；

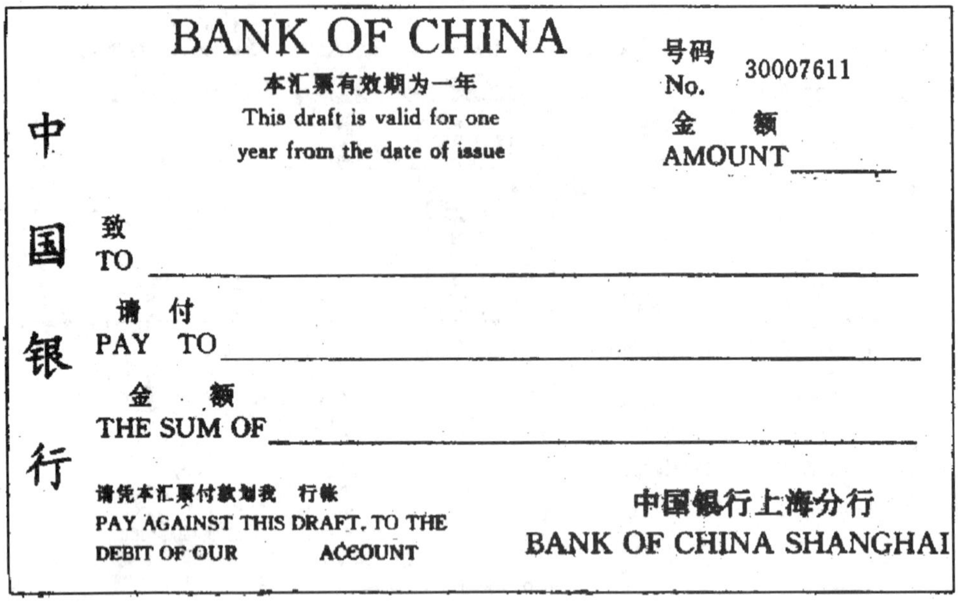

中国银行

BANK OF CHINA

本汇票有效期为一年

This draft is valid for one year from the date of issue

号码 No. 30007611

金额 AMOUNT ______

致 TO ______

请付 PAY TO ______

金额 THE SUM OF ______

请凭本汇票付款划我 行帐

PAY AGAINST THIS DRAFT, TO THE DEBIT OF OUR ACCOUNT

中国银行上海分行

BANK OF CHINA SHANGHAI

图 4-7 银行汇票样本

② 出票后若干天付款（at... days after date）；

③ 提单签发后若干天付款（at... days after date of B/L）；

④ 指定日期付款（fixed date）。

（3）按照承兑人的不同，汇票可分为商业承兑汇票（Commercial Acceptance Draft）和银行承兑汇票（Banker's Acceptance Draft）。

商业承兑汇票是指由工商企业或个人承兑的远期汇票。商业承兑汇票是建立在商业信用的基础之上，其出票人也是工商企业或个人，如出口企业。

银行承兑汇票是指由银行承兑的远期商业汇票。银行承兑汇票通常由出口人签发，银行对汇票承兑后即成为该汇票的主债务人，而出票人则成为从债务人，或称次债务人。所以银行承兑汇票是建立在银行信用的基础之上，便于在金融市场上进行流通。

（4）按照是否附有货运单据，汇票可分为光票（Clean Draft）和跟单汇票（Documentary Draft）。

光票又称净票或白票，是指不附带货运单据的汇票。视使用场合不同，光票的出票人既可以是工商企业或个人，也可以是银行。付款人同样也可以是工商企业、个人或银行。光票的流通全靠出票人、付款人或出让人（背书人）的信用。在国际结算中，除少量用于货款结算外，一般仅限于贸易从属费用、货款尾数、佣金等的托收或支付时使用。

跟单汇票又称押汇汇票，是指附有运输单据的汇票。跟单汇票的付款以附交货运单据，如提单、发票、保险单等单据为条件。汇票的付款人要取得货运单据提取货物，必须付清货款或提供一定的担保。跟单汇票体现了钱款与单据对流的原则，对进出口双方提供了一定的安全保证。因此，在国际货款结算中，大多采用跟单汇票作为结算工具。

一份汇票通常同时具备几种属性。例如，一份商业汇票可以同时又是即期的跟单汇票或远期的银行承兑跟单汇票或远期的商业承兑跟单汇票。

案例思考

有一份国外来证，证内有条款如下（畜产出口公司为受益人）… beneficiaries' draft on ABC Bank in duplicate at sight drawn to the order of Algemene Bank，Nederland. 试讨论：开出的汇票是即期还是远期？出票人（Drawer）、受票人（Drawer）和受款人（Payee）是谁？

3. 汇票的使用

汇票的使用随其是即期汇票还是远期汇票而有所不同。即期汇票只需经过出票、提示和付款的程序，而远期汇票还须经过承兑手续。如需流通转让，通常要经过背书。汇票遭到拒付时，还要涉及做成拒绝证明、依法行使追索权等法律问题。

（1）出票。出票（To Draw）是指出票人签发票据并将其交付给收款人的票据行为。出票由 3 个动作组成：一是由出票人在事先印就的格式上在空白的部位将票据内容填写好；二是在汇票上签字；三是由出票人将汇票交付给收款人。由于出票是设立债权债务的行为，所以，只有经过出票，汇票才开始生效。

在签发汇票时，必须逐一写明汇票的各项内容，对收款人可视不同交易的需要，在以下 3 种方法中选择 1 种作为汇票的抬头：

① 限制性抬头：例如“仅付 A 公司”（Pay A Co. only）或“付给 B 公司，不准转让”（Pay B Co. not transferable），这种抬头的汇票不能流通转让，只有指名的公司才有权收取票款。

② 指示性抬头：例如“付 C 公司或其指定人”（Pay C Co.，or order 或 Pay to the order of C Co.），做成这种抬头的汇票可以经过持票人背书并交付给第三者进行转让。

③ 持票人或来人抬头：例如“付给来人”（Pay bearer）或“付给持票人”（Pay holder），做成这种抬头的汇票无须由持票人背书，仅凭交付即可转让。

按照我国《票据法》必须记载收款人名称的规定，凡签发持票人或来人抬头的汇票无效。在涉外单据中，一般也不使用持票人或来人抬头。《日内瓦统一法》也不允许汇票做成来人抬头，但英国票据法则允许做成来人抬头，即允许签发不记名汇票。

出票人签发汇票后，即承担保证该汇票必然会被承兑或付款的责任，出票人在汇票得不到承兑或者付款时，应当向持票人清偿被拒绝付款的汇票金额和自到期日或提示付款日起至清偿日止的利息，以及取得拒绝证明和发出通知等的费用。

（2）提示。持票人将汇票提交付款人，要求付款或承兑的行为，叫做提示（Presentation）。付款人看到汇票叫做见票（Sight）。提示分为两种：

① 提示付款（Presentation for Payment）。提示付款是指汇票的持票人向付款人（或远期汇票的承兑人）出示汇票要求付款人（或承兑人）付款的行为。

② 提示承兑（Presentation for Acceptance）。提示承兑是指远期汇票持票人向付款人出示汇票，并要求付款人承诺付款的行为。

（3）承兑。承兑（Acceptance）是指汇票付款人承诺在汇票到期日支付汇票金额的票据行为。根据我国《票据法》的规定，汇票付款人应当自收到承兑提示的汇票之日起3日内承兑或者拒绝承兑。付款人承兑汇票，不能附有条件；承兑附有条件的，视为拒绝承兑。但按《票据法》的一般规定，承兑附有条件的，承兑人仍应按所附条件承担责任。

汇票承兑手续是由付款人在汇票正面写上“承兑”（Accepted）字样，注明承兑的日期，并由付款人签名，交还持票人。远期汇票一经承兑，付款人成为承兑人，是汇票的主债务人，而出票人则退居为从债务人。持票人可将汇票在市场上背书转让，使其流通。

（4）付款。付款（Payment）是指汇票付款人向持票人支付汇票金额以消灭票据关系的行为。即期汇票在付款人见票时即付；远期汇票于到期日在持票人提示付款时由付款人付款。持票人获得付款时，应当在汇票上签收，并将汇票交给付款人作为收据存查。汇票一经付款，汇票上的一切债权债务即告消灭或结束。

（5）背书。背书（Endorsement）是一种以转让票据权利为目的的票据行为，是票据转让的一种重要方式。背书是持票人在汇票背面签上自己的名字或再加上受让人的名字，并把汇票交给受让人的行为。背书后，原持票人成为背书人，担保受让人所持汇票得到承兑和付款的责任，否则受让人有权向背书人追索清偿债务。与此同时，受让人成为被背书人，取得了汇票的所有权，可再背书再转让，直到付款人付款把汇票收回为止。对于汇票的受让人来说，所有在他以前的背书人（Endorser）以及原出票人都是他的“前手”，而对于出让人来说，在他出让以后的所有受让人都是他的“后手”。前手对后手负有担保汇票必然会被承兑或付款的责任。

背书的方式主要有3种：

① 限制性背书（Restrictive Endorsement）即不可转让背书，是指背书人对支付给被背书人的指示带有限制性的词语。例如“仅付××公司”（Pay to ... Co. only）、“付给××银行，不可转让”（Pay to ... bank, not transferable）。凡做成限制性背书的汇票，只能由指定的被背书人凭票取款，而不能再行转让或流通。根据我国《票据法》的规定：背书人在汇票上记载了“不得转让”字样后，其后手再背书转让的，原背书人对后手的被背书人不承担保证责任。

② 空白背书（Blank Endorsement）又称略式背书或不记名背书，是指背书人只在票据背面签名，不指定被背书人，即不写明受让人。这种汇票可交付任何持票人，可和来人抬头汇票一样，只凭交付就可以转让。

③ 特别背书（Special Endorsement）又称记名背书，是指背书人在票据背面签名外，还写明被背书人名称或其指定人。如“付给××银行或其指定人”（Pay ... bank or order）。这种特别背书，被背书人可以进一步凭背书交付而将汇票进行转让。

由此可见，经空白背书或特别背书的汇票可经过再次背书在市场上继续转让。根据我国《票据法》的规定，背书必须记载被背书人名称，这就表明我国不允许对票据作不记名背书。限制性背书和特别背书应记载的事项包括被背书人名称、背书日期和被背书人签章。其中背书人签章和被背书人名称是绝对应记载事项，欠缺记载的，按我国《票据法》的规定，背书行为无效；按外国票据法，一般只需背书人签章，背书即有效。

（6）拒付与追索。当汇票在提示时，遭到付款人拒绝付款或拒绝承兑，称为拒付（Dishonour），又称退票。汇票经过转让，如果遭到拒付，最后的持票人有权向所有的“前手”追索。一直追索到出票人，持票人为了行使追索权，应及时做出拒付证书（Protest）。拒付证书，是由付款地的法定公证人（Notary Public）或其他依法有权作这种证书的机构，例如法院、银行等所做出的付款人拒付的文件，是最后持票人凭以向其“前手”进行追索的法律依据。如拒付的汇票已经承兑，出票人也可凭拒付证书向法院起诉，要求承兑汇票的付款人付款。此外，汇票的出票人或背书人为了避免承担追索的责任，可在背书时加注“不受追索”（Without Recourse）的字样，凡列有这种批注的汇票，在市场上一般是很难转让流通的。

问题思考

资料：下面有3种汇票的抬头

1. ... pay to Smith Co., Ltd. only
2. ... pay to the order of Smith Co., Ltd.
3. ... pay to bearer

讨论：哪种汇票可以转让？转让时有什么手续？

（二）本票

本票（Promissory Note）是出票人签发的，承诺自己在见票时无条件支付确定的金额给收款人或者持票人的票据。我国《票据法》中所称的本票是指银行本票。

1. 本票的必备内容

根据我国《票据法》的规定，本票必须记载：①“本票”字样；②无条件支付承诺；③确定的金额；④收款人名称；⑤出票日期；⑥出票人签字。未记载规定事项之一的，本票无效。该法又规定：本票上未记载付款地的，出票人的营业场所为付款地；未记载出票地的，出票人的营业场所为出票地。

本票的必备内容从国内银行本票的样例中可体现出来，如图4-8所示。

2. 本票的种类

按照《日内瓦统一法》与英国票据法，本票可按出票人（Maker）的不同，分为一般本票和银行本票两种。一般本票（General Promissory Note）的出票人是工商企业或个人，因此又称商业本票；银行本票（Banker's Promissory Note; Cashier's Order）的出票人是银行，如图4-9所示。一般本票又可按付款时间分为即期和远期两种。即期本票就是见票即付的本票，而远期本票则是承诺于未来某一规定的或可以确定的日期支付票据的本票。银行本票都是即期的。按我国《票据法》的规定，我国只允许开立自出票日起，付款期限不超过 2 个月的银行本票。

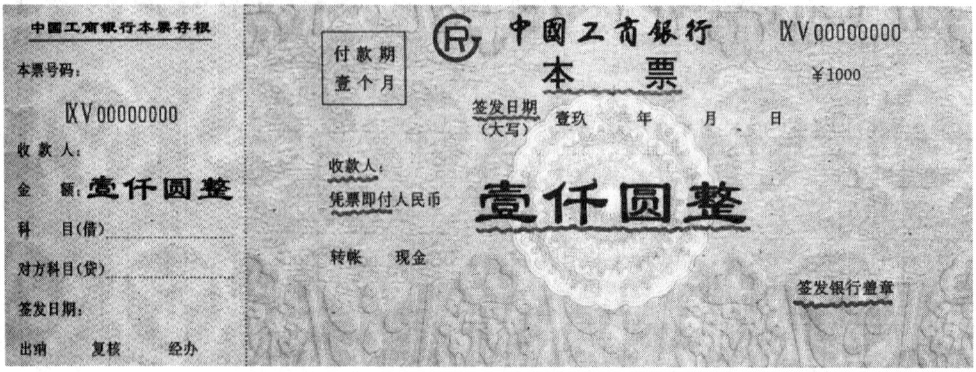

图 4-8 国内银行本票样例

ASIA INTERNATIONAL BANK, LTD.

18 Queen' s Read, Hongkong

CASHIER' S QRDER

Hongkong, Aug, 8, 2001

Pay to the order of Dockfield & Co. ……………………………………

the sum of Hongkong Dollars Eighty Thousand and Eight Hundred Only. ……………………………………

For Asia International Bank, Ltd.

HK $ 80, 800.00

Manager

图 4-9 国际银行本票样例

3. 本票与汇票的区别

本票与汇票在基本内容上有许多相同之处，《票据法》关于汇票的背书、到期日、付款、追索等票据行为的规定同样适用于本票。尽管如此，本票和汇票仍是两种不同性质的票据，有以下不同：

（1）本票是出票人的无条件支付承诺，是承诺式票据；汇票是出票人要求受票人无条件付款的支付命令，是命令式或委托式票据。

（2）本票有两个基本当事人，即出票人和受款人；汇票的基本当事人有三个，即出票人、受票人和受款人。

（3）本票的出票人就是付款人，远期本票不需要承兑；远期汇票必须承兑。

（4）本票的出票人是主债务人；汇票在承兑前，出票人是主债务人，承兑后，承兑人是主债务人。

（5）汇票可以开成一式多份（银行汇票除外）；而本票只能一式一份，不能多开。

（三）支票

支票（Cheque，Check）是出票人签发，委托办理支票存款业务的银行或者其他金融机构在见票时无条件支付确定的金额给收款人或者持票人的票据。”

1. 支票的内容

根据我国《票据法》的规定，支票必须记载下列事项：（1）表示“支票”的字样；（2）无条件支付的委托；（3）确定的金额；（4）付款人名称；（5）出票日期；（6）出票人的签章。未记载上述规定事项之一的，支票无效，如图 4-10 所示。

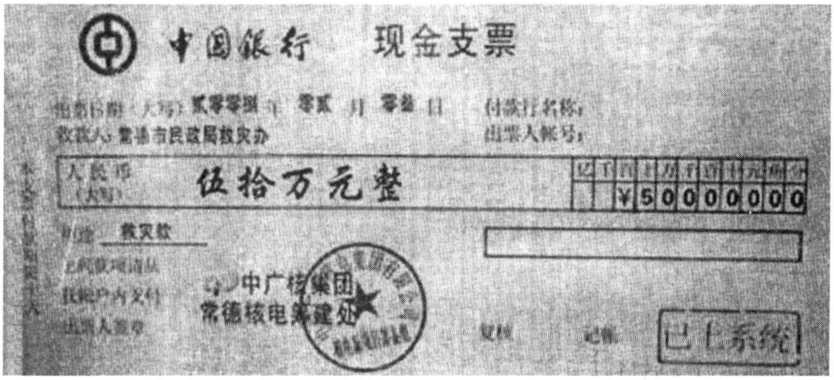

图 4-10 现金支票样例

按照我国《票据法》的规定，支票上的金额可以由出票人授权补记；支票上未记载收款人名称的，经出票人授权可以补记；支票上未记载付款地的，付款人的营业场所为付款地；支票上未记载出票地的，出票人的营业场所、住所或者经常居住地为出票地。该法又规定：出票人可以在支票上记载自己为收款人。

使用支票一般要注意三点：一是支票金额不得超过其存款金额，如果超出，即为空头支票，这是法律所不允许的；二是支票到手并不意味着货款到手，有时也有突发事件，比如客户触犯法律，被当局冻结了银行账户，支票被付款银行拒付退回，再如，买方希望止付支票项下的货款，向出票银行称支票丢失，银行也会停止付款；三是支票付款即使到账也不能算资金收妥，因为支票付款后一般都有 7~10 天的退单期，在此期间，出票人要求退回支票所付货款均有效。

2. 支票的种类

支票都是即期的。我国《票据法》规定，支票限于见票即付，不得另行记载付款日期。另行记载付款日期的，该记载无效。有些支票虽有时被称为期票，但仍然不是远期的，只是填迟日期，那个日期实际上应被视为出票日期，对那个日期来说，支票仍是见票即付的即期支票。“期票”一词可以理解为远期本票或远期汇票，也可以说是填迟出票日期的支票。

根据我国《票据法》，支票可分为普通支票、现金支票和转账支票 3 种。支票可以支取现金，也可以转账，用于转账时，应当在支票正面注明，这是指普通支票。支票中专门用于支取现金的，可以另行制作现金支票，现金支票只能用于支取现金。支票中专门用于转账的，可以另行制作转账支票，转账支票只能用于转账，不得支取现金，如图 4-11 所示。

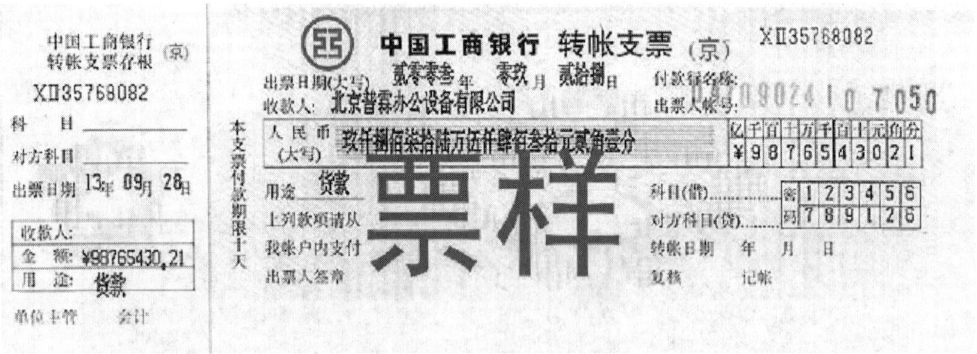

图 4-11 转账支票样例

在国际上，支票一般既可用以支取现金，也可通过银行转账，由持票人或收款人自主选择收款方式。但支票一经划线就只能通过银行转账，而不能直接支取现金。因此就有所谓“划线支票”（Crossed Cheques）和“未划线支票”（Uncrossed Cheques）之分。未划线支票也可称为一般支票；划线支票通常都在其左上角划上两道平行线。视需要，支票既可由出票人划线，也可由收款人或代收银行划线。一般支票的样例如图 4-12 所示。

Cheque for ￡10 000. 00 London, 30th, May, 2015

Pay to the order of United Trading Co.

The sum of TEN THOUSAND POUNDS

To:Midland Bank

London

For ABC Corporation

London

(Signed)

图 4-12 国际支票样例

收款人收到未划线支票后，可通过自己的往来银行向付款银行收款，存入自己的账户，也可以径自到付款银行提取现款。而收到划线支票，或收到未划线支票自己加上划线后，收款人只能通过往来银行代为收款入账。我国目前也有在普通支票上加划线而使之成为仅限于通过银行转账之用的。

按国际惯例，支票可由付款银行加“保付”（Certified to Pay）字样并签字而成为保付支票。付款银行保付后就必须付款，支票一经银行保付，出票人及其前手背书人即被解除责任。支票经保付后身价提高，有利于流通。

3. 支票与汇票、本票的区别

支票与汇票、本票虽均具有票据的一般特性，其票据行为除票据法特定的以外，均适用汇票的规定，但也存在明显差别，主要表现在以下几个方面：

（1）当事人。汇票和支票均有3个基本当事人，即出票人、付款人和收款人；而本票的基本当事人只有两个，即出票人和收款人。本票的付款人即出票人自己。

（2）证券的性质。汇票与支票均是委托他人付款的证券，故属委托支付证券；而本票是由出票人自己付款的票据，故属自付证券或承诺证券。

（3）到期日。支票均为见票即付；而汇票和本票除见票即付外，还可做出不同到期日的记载，如定日付款、出票后定期付款和见票后定期付款，在国际货款结算中使用的跟单汇票，还有做运输单据出单日期后定期付款记载。

（4）承兑。远期汇票需要付款人履行承兑手续。本票由于出票时出票人就负有担保付款的责任，因此无需提示承兑，但见票后定期付款的必须经出票人见票才能确定到期日，因此又有提示见票即“签见”的必要。支票均为即期，故也无须承兑。

（5）出票人与付款人的关系。汇票的出票人对付款人没有法律上的约束，付款人是否愿意承兑或付款，是付款人自己的独立行为，但一经承兑，承兑人就应承担到期付款的绝对责任；本票的付款人即出票人自己，一经出票，出票人即应承担付款责任；支票的付款人只有在出票人在付款人处有足以支付支票金额存款的条件下才负有付款义务。

问题思考

交给乙一张经付款银行承兑的期票，作为向乙订货的预付款，乙在票据上背书后转让给丙以偿还原欠丙的借款，丙于到期日向承兑银行提示取款，恰遇当地法院公告该行于当天起进行破产清理，因而被退票。丙随即向甲追索，甲以乙所交货物质次为由予以拒绝，并称已于10天前通知银行止付，止付通知及止付理由也同时通知了乙。在此情况下丙再向乙追索。乙以票据系甲开立为由推诿不理。丙遂向法院起诉，被告为甲、乙与银行三方。

讨论：你认为法院将如何依法判决？理由何在？

二、汇付

货款的支付方式根据资金的流向与支付工具的传递方向是否相同，可以分为顺汇和逆汇两种方法。国际货款的结算方式主要有汇付、托收和信用证 3 种，其中汇付属顺汇法，托收与信用证属逆汇法。这 3 种方式虽然都是通过银行办理，但银行的作用并不相同。在汇付和托收方式下，银行只是提供服务，并未承担任何的付款责任，买卖双方是在根据贸易合同相互提供信用的前提下，各自履行进口商付款和出口商提供货运单据的责任，所以汇付和托收以商业信用为基础。而信用证以银行信用为基础，开证行在一定的条件下承担第一性的付款责任。

（一）汇付的含义

汇付（Remittance）又称汇款，是指债务人或付款人通过银行将款项汇交债权人或收款人的结算方式。汇付是最简单的国际货款结算方式。

（二）汇付方式的当事人

在汇付业务中，通常涉及四方当事人。即汇款人、收款人、汇出行和汇入行。

（1）汇款人（Remitter）是汇出款项的人。在进出口贸易中，汇款人通常是进口商。

（2）收款人（Payee or Beneficiary）是接受汇款的人。在进出口贸易中，收款人通常是出口商。

（3）汇出行（Remitting Bank）是接受汇款人的委托，汇出款项的银行。在进出口贸易中，汇出行通常是进口地的银行。

（4）汇入行（Paying Bank）又称解付行，即接受汇出行的委托解付汇款的银行。在进出口贸易中，通常是出口地银行。

在上述当事人中，汇款人和收款人也可以是同一人，即汇款人将款项汇出后，可以自己到异地取款。

（三）汇付方式的种类

汇付方式按照汇出方式的不同分为电汇、信汇和票汇 3 种。

1. 电汇

电汇（Telegraphic Transfer，T/T）是指汇出行应汇款人的申请，采用电报、电传、环球银行金融电讯协会（Society for Worldside Interbank Financial Telecommunication，SWIFT）等电讯手段发出付款委托通知书给收款人所在地的汇入行，委托其将款项解付给指定的收款人。

汇出行在发电后，为防止传递电文有误，通常还应立即以航空信件向汇入行寄发“电汇证实书”（T/T Confirmation），供汇入行查对。

汇入行在收到电汇委托通知书并经核对密押无误后，即通知收款人凭适当身份证明文件取款，收款人收取款项后出具收据作为收妥汇款的凭证。汇入行解付汇款后，除向汇出行收回垫款或邮寄付讫借记通知（Debitadvice）进行转账外，应将收据寄交汇出行，以便在必要时交给汇款人，作为汇款已经交付清楚的凭证。

电汇的优点是交款迅速，但其缺点是费用较高。

2. 信汇

信汇（Mail Transfer，M/T）与电汇类似，只是汇出行不是使用电讯手段，而是以信汇委托书（M/T Advice）或支付通知书（Payment Order）作为结算工具，通过邮政航空信件方式寄发给汇入行。汇入行在收到汇出行邮寄来的委托书或通知书后首先要核对汇出行的签字或印鉴，经证实无误后才能付款给收款人，以借记通知寄给汇出行转账。

信汇的优点是费用较为低廉，但收款人收到的时间较晚。电汇和信汇的业务程序如图 4-13 所示。

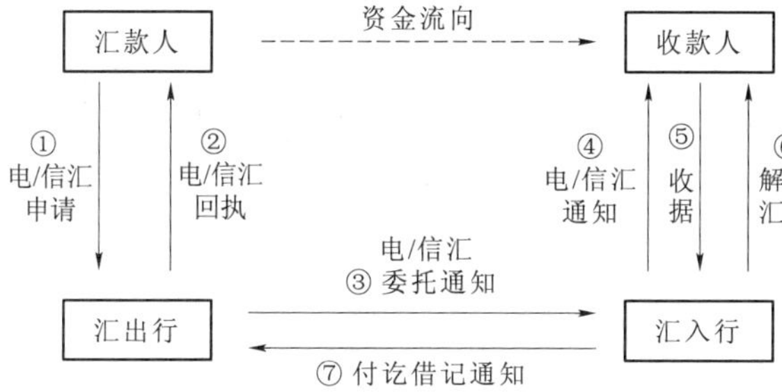

图 4-13 电汇和信汇业务程序图

3. 票汇

票汇（Remittance by Banker's Demand Draft, D/D）是以银行即期汇票作为结算工具的一种汇付方式。一般是指汇出行应汇款人的申请，开立以汇出行的海外分行或代理行为付款人的银行即期汇票，交由汇款人自行寄交给收款人，凭票向付款行取款的一种汇付方式。票汇业务流程如图 4-14 所示。

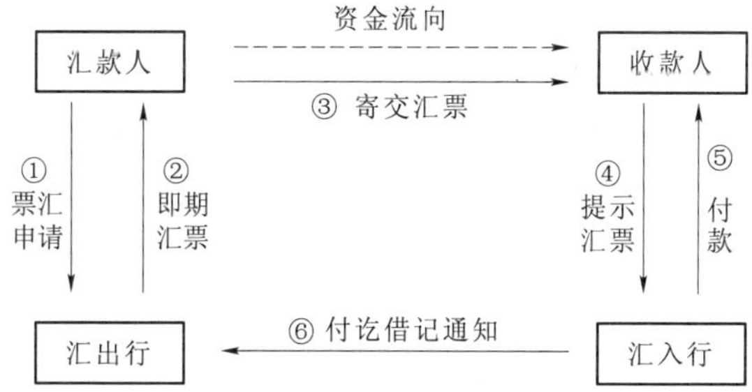

图 4-14 票汇业务程序图

问题思考

出口合同规定的支付条款为装运月前 15 天电汇付款，买方延至装运月中始从邮局寄来银行汇票，为保证按期交货，出口企业于收到该汇票次日即将货物托运，同时委托银行代收票款。1 个月后，接银行通知，因该汇票系伪造，已被退票。此时，货已抵达目的港，并已被买方凭出口企业自行寄去的单据提走。事后追偿，对方早已人去楼空。

讨论：对此损失，我方得到的主要教训是什么？

（四）汇付的运用及应该注意的问题

1. 汇付的运用

在国际贸易结算中，无论是电汇、信汇还是票汇，银行都不经手货运单据，而由出口商自行寄交进口商，这种支付方式被称为单纯支付。由于使用汇付方式完全取决于买卖双方中的一方对另一方的信任，并在此基础上进行交易和支付，因此汇付方式建立在商业信用基础之上，风险较大。汇付方式在我国的外贸实践中，除对本企业的联号或分支机构和比较可靠的客户用于预付货款（Payment in Advance）、寄售方式（Consignment）以及货到付款（Cash on Delivery，COD）、随订单付现（Cash with Order，CWO）外，主要用于定金、货款尾数以及佣金、费用等的支付。大宗交易使用分期付款或延期付款办法时，其货款支付也常采用汇付方式。

2. 电汇支付应该注意的问题

（1）正确选择电汇支付方式。

因为电汇是商业信用，风险大，出口方要正确选择电汇支付方式。电汇分以下两种：

前 T/T 即 T/T BEFORE SHIPMENT，又分为 T/T BEFORE PRODUCTION 和 T/T AFTER PRODUCTION。

后 T/T 即 T/T AFTER SHIPMENT，又分为 T/T AGAINST FAX B/L 和 T/T AGAINST ORIGINAL B/L。

（2）注意办理信用保险手续。

如果选择 T/T AGAINST ORIGINAL B/L，最好去中国进出口信用保险公司投保“出口信用险”或去银行办理“国际保付代理业务”。另外，由于汇款在尚未被收款人支取前是可以被撤销的，按一般的银行惯例，汇款人有权在收款人支款前随时通知银行将汇款退回，所以，货款未收妥前，提单不要轻易寄出。

（3）注意提单抬头人的填制方法。

后电汇业务是出口人先发货，进口方后付款，货物装运后收款尚无绝对把握，为了掌握货物的所有权，提单的收货人应做成发货人指示或空白指示抬头，由发货人（出口方）背书，而不要做成进口人指示或记名式，以防万一遭到拒付，货权已经转移，处于被动地位。

严格按照合同的要求缮制出口单据，单据的名称、份数和内容必须与合同一致。出口方收款后，委托快递公司，将单据直接寄给进口方。

无论采用电汇、信汇还是票汇，其所使用的结算工具（委托通知或汇票）的传送方向与资金的流运方向相同，因此均属顺汇。但这 3 种汇付方式也有不同之处，如在付款速度上，以电汇最快，信汇次之。票汇与信汇相同，但如付款银行不在收款人所在国，则最慢。所以，电汇最受卖方欢迎，也是目前采用的主要汇付方式，但银行收取的费用也最高。信汇方式由于资金在途时间长，操作手续多，已日趋落后，目前已较少使用。

三、托收

（一）托收的含义

托收（Collection）是指债权人（一般为出口商）开具汇票或者连同货运单据，委托托收行通过其在进口地的代收行向债务人（一般为进口商）收取货款的一种支付方式。

（二）托收的当事人

托收方式涉及的主要当事人有4个，即委托人、托收行、代收行和付款人。

（1）委托人（Principal）是委托银行办理托收的一方，通常是开立汇票委托银行向国外进口商收取货款的出口商。

（2）托收行（Remitting Bank）是接受委托人的代理人，是接受委托人的委托转托国外银行向国外付款人代为收款的银行，通常是出口地银行。

（3）代收行（Collecting Bank）是接受托收行的委托向付款人收取货款的银行，通常是进口地银行，并且多数是托收行在进口地的分行或代理行。

（4）付款人（Drawee）是根据托收指示被提示单据并被要求付款或承兑汇票的人，即债务人、汇票的受票人，通常是进口商。

委托人与托收行的关系以及托收行与代收行的关系都是委托代理关系。委托人与托收行的委托代理关系以委托人提交的托收申请书确定，托收行与代收行之间通常订有代理合同并按托收委托书确定双方的委托代理关系。付款人和代收行之间不存在任何契约关系。如果付款人拒付，代收行除将拒付情况通知托收行并由托收行通知委托人外，并不承担付款责任。

（三）托收的种类

在托收业务中，银行处理的单据有两类：一类是资金单据，包括汇票、本票、支票等，用于取得付款的凭证；另一类是商业单据，包括发票、运输单据、保险单据等。

托收方式按照是否随附单据分为光票托收和跟单托收两种。

（1）光票托收（Clean Collection）是指不附带商业单据的资金单据的托收。光票托收主要用于货款尾数、小额货款及其他费用的收取。

（2）跟单托收（Documentary Collection）是指附有包括货运单据在内的商业单据的托收。跟单托收可以是带有资金单据（汇票）的跟单托收，也可以是不带有资金单据的跟单托收。跟单托收的汇票可以是即期汇票，也可以是远期汇票。

在国际贸易支付中采用的托收方式通常都是跟单托收，其中的货运单据代表了货物的所有权，交单即等于交货，因此，对于交单的规定要符合合同的要求。

根据代收行向进口商交付货运单据的条件不同，跟单托收的交单方式可分为付款交单和承兑交单两种。

① 付款交单（Documents against Payment，D/P）是指在代收行提示跟单汇票后，只有在进口商付清货款时，才能将货运单据交给进口商的一种交单方式。按付款时间的不同，付款交单又可分为即期付款交单和远期付款交单。

A. 即期付款交单（D/P at Sight）是指出口商发货后开具即期汇票，连同货运单据通过银行向进口商提示，进口商见票即付，在付清货款后领取货运单据。

B. 远期付款交单（D/P after Sight）是指出口商发货后开具远期汇票，连同货运单据通过银行向进口商提示，进口商先在汇票上承兑，然后于汇票到期日付清货款后再领取货运单据。

在远期付款交单的情况下，当到货日期早于付款日期时，如要提前取得货运单据以便及时转售或使用，进口商可采取以下做法：一是在付款到期日之前付款赎单；二是进口商开立信托收据交给代收银行，以借出货运单据先行提货。所谓信托收据（Trust Receipt，T/R），就是进口商借单时提供的一种书面信用担保文件，用来表示愿意以代收行的受托人的身份代为提货、报关、存仓和销售，并承认货物的所有权仍属银行，保证取得的货款应于汇票到期日交付代收行。

远期付款交单方式下的凭信托收据借单提货实质上是委托人或代收行对进口商提供的一种资金融通方式，这种方式只有在对进口商的资信、偿款能力等十分了解并确信能如期收回款项时才能使用。如果是代收行自己向进口人提供信用便利，风险由代收行承担，与出口人和托收行无关。如果是出口商提出或同意可以凭信托收据借单提货，并在托收委托书上写明“付款交单，凭信托收据借单提货”（D/P at ... days after sight to issue trust receipt in exchange for ducuments，简称 D/P · T/R）字样，代收行以此指示办理托收业务而产生的风险应由出口商承担，这种做法的性质与承兑交单差不多。所不同的是，由于代收行握有进口人出具给代收行的信托收据，在事先得到代收行同意的条件下，出口人可以委托代收行作为当事人的一方，直接向进口人追偿，或向法院起诉。而在承兑交单情况下，如进口人不付款，则只能由出口人自己向进口人追偿。

② 承兑交单（Documents against Acceptance，D/A）是指进口商在远期汇票上承兑后，即可向银行领取货运单据，然后于汇票到期日再行付款。由于承兑交单是进口人只要在汇票上承兑之后即可取得货运单据，凭以提取货物，也就是说，出口人已交出了物权凭证，其收款的保障依赖进口人的信用，一旦进口人到期不付款，出口人便会遭到货物与货款全部落空的损失，因此，出口人对这种方式一般采用很慎重的态度。

问题思考

根据下列表格（见表 4-10）中的内容，按照不同的跟单托收条件分别填写承兑日、付款日和交单日。

表 4-10 跟单托收条件表

托收方式	提示日或首次提示日	承兑日	付款日	交单日
D/P at sight	4 月 8 日			
D/P at 30days after sight	4 月 8 日			
D/A at 45days after sight	4 月 8 日			

（四）跟单托收的一般业务程序

由于使用的结算工具（托收指示书和汇票）的传送方向与资金的流动方向相反，所以，托收方式属于逆汇（Reverse Remittance）。跟单托收业务流程如图 4-15 所示。

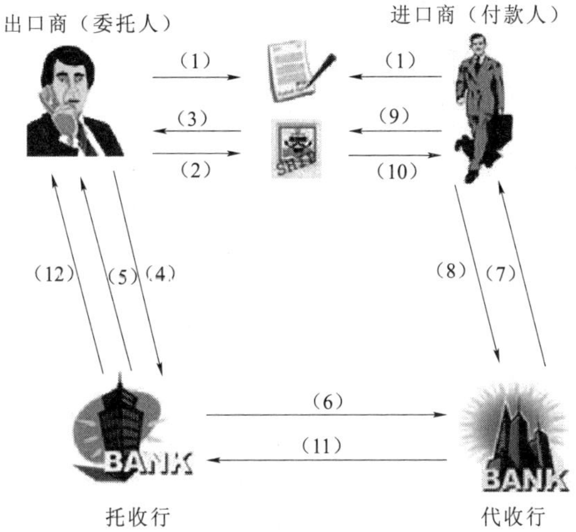

图 4-15 跟单托收业务流程

各环节的具体内容分述如下：

（1）出口商和进口商签订合同，合同约定采用托收方式结汇。

（2）出口商按照合同规定，租船订舱，装船发运货物。

（3）货物装运后，船公司签发提单。

（4）出口商取得运输单据后，即连同汇票及发票等商业单据，填写托收申请书一并送交托收行，委托代收货款。

（5）托收行收下单据后，返回回执给出口商。

（6）托收行根据出口人的指示，向代收行发出托收委托书连同汇票、单据寄交代收行，要求按照申请书的指示代收货款。

（7）代收行收到汇票和单据后，及时向进口人作付款或承兑提示。如为即期汇票，进口人应立即付清货款，取得货运单据；如为远期汇票，进口人应立即承兑汇票。如属付款交单方式，代收行保留汇票及单据，待汇票到期再通知付款赎单；如属承兑交单方式，则进口人在承兑汇票后即可从代收行取得全套单据。

（8）进口商付款后，取得货运单据。

（9）进口商向船公司出示货运单据（提单等）。

（10）船公司交货给进口商。

（11）代收行发收讫贷记通知书给托收行，即转账给托收行，并通知托收行款已收妥。

（12）托收行收到货款应即转交出口人。

（五）托收的使用

在托收方式中，出口商在发运货物后，在一定程度上失去了货物和资金两方面的主动权，因此托收方式对出口商风险较大。在货物发运后，如进口商倒闭或无力付款，或有意拒不付款赎单，出口商就有可能收不回货款。在货物抵达目的地时还会产生存仓、转售或不得已运回出口地的费用和损失。在承兑交单或远期付款凭信托收据借单提货方式下，出口商的风险更大，因为进口商只要办理了承兑或提交了信托收据，即可取得单据并提取货物，一旦到期不付款，出口商就会钱货两空。

由于托收方式费用低廉，进口商可免去开立信用证的手续，不必付银行押金，减少了资金支出。如果采用远期托收，还可以不必占用自有资金，有利于资金周转。总的来说，托收方式对进口商比较有利。实际上，在出口业务中采用托收，是出口商对进口商提供融资，以此作为竞争的一种手段，有利于调动进口商采购货物的积极性，从而有利于促进成交和扩大出口。同时，为了防范风险，确保安全收汇，应采取以下措施：

（1）做好售前调查工作。出口商必须详细调查进口商的资信情况、进口国的贸易和外汇管制法令等，并注意避免市场风险。

（2）正确确定交单方式和价格条件。出口商如确定采用托收方式，应尽量争取采用即期付款交单（D/P at Sight）方式，而避免使用承兑交单（D/A）方式，以确保进口商付款赎单。

有些地区，如拉美地区，习惯上将 D/P 远期按 D/A 方式处理，使原来的只有进口商付款后才交单的付款交单方式，实际上变成了只凭承兑就交出货运单据的方式，使出口商面临着钱货两空的风险。如不得已采用了 D/P 远期，应采取措施避免出现上述问题。

（3）如果使用 D/P 方式，争取以 CIF（或 CIP）条件成交，由出口方办理保险；如以 FOB（或 FCA）、CFR（或 CPT）条件成交，应加保“卖方利益险”（Contingency Insurance Clause Covers Seller's Interest Only），以求当货物在运输途中受损而买方又不支付货款时，由保险公司承担赔偿责任。

（4）把托收方式与银行保函、信用证等方式结合起来，以降低风险。为了使收取货款有保障，可以要求进口商申请开立出口商认可的银行保函，一旦进口商在规定的时间内拒绝赎单或承兑取单提货后拒不付款，出口商有权向开立保函的银行索赔。

（5）采用托收方式成交，提单不应以进口方为收货人，最好采用“空白抬头，空白背书”（Made Out to Order and Blank Endorsed）的提单，为了维护卖方出口利益，在取得代收行同意的条件下，也可以以代收行作为提单抬头人。

（6）在托收业务中，各方当事人的关系以及权利义务的划分，应遵照《托收统一规则》国际商会第 522 号出版物（Uniform Rules for Collections，ICC Publication No. 522）。

案例思考

我一外贸企业向日本一进口商出售商品发盘，其中付款条件为即期付款交单（D/P

at Sight)，对方答复可以接受，但付款须按以下条件："付款交单见票后90天（D/P at 90 days after sight）并通过其指定的A银行代收"。按一般情况，货物从我国运至该国最长不超过5天。日商为何要提此项条件？

四、信用证

（一）信用证的含义

信用证（Letter of Credit, L/C）是开证行应申请人的要求并按其指示，向第三者开具的载有一定金额、在一定期限内凭符合规定的单据付款的书面保证文件。信用证的实质是银行代表其客户（买方）向卖方有条件地承担付款责任的凭证。

（二）信用证的当事人

信用证一般有3个基本当事人：开证申请人、开证行、受益人；在使用过程中，又产生了通知行、议付行、付款行、保兑行和偿付行等其他当事人。

（1）开证申请人（Applicant）又称开证人（Opener），是向银行申请开立信用证的人，通常是进口商。它要在规定的时间内开证，交开证押金并及时付款赎单。

（2）开证行（Opening Bank, Issuing Bank）是应开证申请人的要求，开立信用证并承担付款责任的银行，通常是进口地银行。有权收取开证手续费，正确及时开证，负第一性付款责任，一般无追索权。

（3）受益人（Beneficiary）接受信用证并享有信用证下合法权利的人，通常是出口商或实际供货人，拥有按时交货、提交符合信用证要求的单据、索取货款的权利和义务。

（4）通知行（Advising Bank, Notifying Bank）是受开证行的委托将信用证转交或通知出口商的银行，通常是出口地的银行，通常是开证行的代理行。卖方通常指定自己的开户行作为通知行。通知行应合理审慎地鉴别信用证的表面真实性，如果无法鉴别又想通知受益人，则应告知受益人未能鉴别该证的表面真实性。

（5）议付行（Negotiating Bank）是指自己垫付资金买入或贴现受益人开立和提交的符合信用证规定的跟单汇票的银行。议付行可以是信用证上指定的银行，也可以是非指定的银行。如遭拒付，议付行有权向受益人追索垫款。

（6）付款行（Paying Bank, Drawee Bank）是开证行授权进行信用证项下付款或承兑并支付受益人出具的汇票的银行。付款行可以是开证行自己，也可以是接受开证行委托的另一家银行。

（7）保兑行（Confirming Bank）是应开证行的请求在信用证上加具保兑的银行，具有与开证行相同的责任。它对受益人独立负责，在付款或议付后，不论开证行发生什么变化，都不能向受益人追索，业务中通常由通知行兼任，也可以由其他银行加具保兑。

（8）偿付行（Reimbursing Bank）是指接受开证银行在信用证中委托，代开证银行偿还垫款的第三国银行。也就是开证银行指定的对议付行进行偿还的代理人（Reimbursing Agent）。偿付行产生的原因是，进出口商在信用证中规定的支付货币，既不是进口国的货币，也不是出口国的货币，而是第三国的货币，而开证行拥有的第三国货币资金调度或集中在第三国银行，要求该银行代为偿付信用证规定的款项，偿付银行通常是开证银行的存款银行或约定的垫款银行。

（三）信用证的收付程序

信用证收付程序随信用证类型不同而有所差异，但就其基本流程而言，大体要经过申请、开证、通知、议付、索偿、偿付、赎单等环节。由于在以信用证方式结算的情况下，结算工具（汇票、单据、索偿证明等）与资金流向相反，因此，也属逆汇。现以最为常见的即期不可撤销跟单议付信用证为例（见图4-16），简要说明其收付程序以及各环节的具体内容。

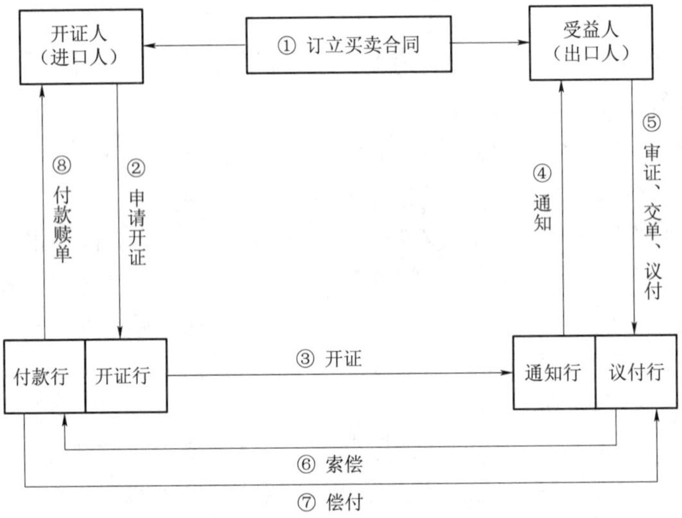

图4-16 即期不可撤销跟单议付信用证收付程序示意图

1. 订立买卖合同（Conclusion of Contract）

进出口人双方先就国际货物买卖的交易条件进行磋商，达成交易后订立国际货物买卖合同，明确规定进口人以信用证方式支付货款，其中一般还应规定开证银行的资信地位、信用证的类型、金额、到期日、信用证开立并送达卖方的日期等。

2. 申请开证（Application for Credit）

进口商在与出口商签订贸易合同后，应根据合同条款向银行申请开立信用证。申请开证时，进口商应填写开证申请书，内容包括两部分：第一部分是要求开立信用证的基本内容，是开证行开证的主要依据；第二部分是开证人对开证行的声明或保证，以明确自己应承担的责任，其基本内容是承认在其付清货款前，开证行对单据及其所代表的货物拥有所有权，若到期不付款，开证行有权没收一切抵押物，作为应付款项的一部分。

开证申请人申请开证时，开证行可根据开证人的资信状况，要求提供一定的担保品或一定比例的押金（Margin），并收取手续费。

3. 开立信用证（Issuance of Credit）

开证行开立信用证时，必须严格按照开证申请书的要求开立，否则开证行的权益不能得到可靠保障。

开立信用证的方法有信开（Open by Airmail）、全电开（Open by Telecommunication）和简电开（Open by Brief Cable）3种。信开是指开证行将信函形式的信用证通过航邮寄送给出口商或通知行。全电开是指开证行通过SWIFT系统或电报电传等电讯方式将信用证内容传至通知行。简电开是指通过电报或电传预先通告通知行信用证的主要内容，并附有“详情后告”等词语。信开信用证和全电开信用证都是有效的信用证，简电开信用证必须补寄该证的全文方为有效信用证。

4. 通知（Advice of Credit）

通知行收到开证行开来信用证时，经核对密押和印鉴相符，确认其表面真实性后，应及时将信用证通知受益人。按UCP600规定，信用证可经由另一银行（通知行）通知受益人，而该通知行无需承担责任，但如该行愿意通知，则应合理审慎地鉴别通知信用证的表面真实性。

5. 审证、交单、议付（Verification, Presentation, Negotiation of Credit）

受益人收到信用证后，应仔细审核信用证。如发现其内容有与合同条款不符或不能接受之处，应及时要求开证人通过开证行对信用证进行修改或拒绝接受信用证。如接受信用证，应立即备货，并在信用证规定的装运期限内，按照信用证规定的条件装运发货。然后，缮制并取得信用证所规定的全部单据，开立汇票，连同信用证正本和修改通知书，在规定的期限内送交信用证规定的议付行或付款行、保兑信用证的保兑行或任何愿意议付该信用证下单据的银行。

议付行对出口商提交的单据进行仔细的审核后，确认单证相符、单单相符后，即可进行议付。议付（Negotiation）是指议付行以自有资金按照汇票金额扣除各项费用和利息后，垫付款项给受益人，并获得受益人提交的汇票及单据的所有权的行为。议付表面上是银行的购票行为，实际上是银行为受益人融通资金的一种方式。银行议付单据后，有权向开证行或其指定的付款行索偿，如遭拒付，可向受益人追索议付款项。

6. 索偿（Reimbursement Claim）

索偿就是议付行办理议付后，根据信用证规定，凭单向开证行或其指定的银行（付款行或偿付行）请求偿付的行为。

凡信用证规定有电汇索偿条款的，议付行就需以电报、电传或SWIFT网络传递的方式向开证行、付款行或偿付行进行索偿。

7. 偿付（Reimbursement）

信用证业务中的偿付是指开证行、被指定的付款行或偿付行向议付行进行付款的行为。

开证行或指定的付款行收到议付行寄来的汇票和单据后，经核验认为与信用证规定相符，应即将票款偿付议付行。如发现单据与信用证规定不符，可以拒付，但应在不迟于收到单据的次日起7个营业日内通知议付行表示拒绝接受单据。

8. 赎单提货（Take Delivery of Goods against Documents Retired）

开证行接受单据后，应立即通知进口商付款赎单。进口商核验单据无误后，将全部票款（或部分票款以押金抵补）及有关费用付给开证行，即可取得所有单据并提货。

此时，开证行和进口商之间由于开立信用证而形成的契约关系就此终止。进口商付款赎单后，如发现任何有关货物的问题，不能向银行提出赔偿要求，应按具体情况向出口商、保险公司或运输部门索赔。

（四）信用证的内容

（1）信用证的关系人（Parties to a L/C）。

① 开证人（the Applicant for the Credit）。

② 受益人（Beneficiary）。

③ 开证行（Opening Bank）。信用证中常见的词或词组有：Opening Bank，Issuing Bank，Establishing Bank。

④ 通知行（Advising Bank）。信用证中常见的词或词组有：Advising Bank，Notifying Bank，Advised through。

⑤ 议付行（Negotiation Bank）。信用证中常见的词或词组有：Negotiation Bank，Honoring Bank。

⑥ 付款行（Paying Bank，Drawee Bank）。

（2）信用证议付有效期和到期地点（Validity and Place of Expiry）。

（3）金额、币制（Amount and Currency）。

（4）汇票条款（Clause on Draft or Bill of Exchange）。

（5）货物说明（Description of Goods）。货物说明内容一般包括货名、品质、数量、单价、价格术语等。

（6）单据条款（Clause on Documents）。信用证项下要求提交的单据通常有商业发票（Commercial Invoice）、提单（Bill of Lading）、保险单（Insurance Policy）、汇票（Bill of Exchange）、原产地证书（Certificate of Origin）、检验证书（Inspection Certificate）、受益人证明书（Beneficiary's Certificate）、装箱单（Packing List）等。

（7）装运条款（Clauses on Shipment）。装运条款通常包括装运期限、是否允许分批和转运以及起讫地点的规定。

（8）特别条款（Special Clauses/Condition）。特殊条款主要是根据进口国政治、经济和贸易情况的变化，或每一笔具体交易的需要而做出的特别规定。其包括：

① 佣金、折扣（Commission and Discount）；

② 费用（Charges）；

③ 议付与索偿（Negotiation and Reimbursement）。

（9）开证行的保证（Warranties of Issuing Bank）。

（10）跟单信用证统一惯例文句。This credit is subject to the Uniform Customs and Practice for Documentary Credits-UCP（2007 Revision）International Chamber of Commerce publication No. 600. 本证根据国际商会 2007 年修订本第 600 号出版物《跟单信用证统一惯例》（UCP600）办理。

（五）信用证的性质和作用

和汇付、托收不一样，信用证下银行不仅提供服务，还提供信用。根据 UCP600 规定，信用证有以下 3 个特点。

1. 开证行负有首要付款责任（Primary Liabilities for Payment）

信用证是由开证银行以自己的信用做出的付款保证。在信用证支付方式下，只要出口商履行了信用证条款所规定的义务，开证行就应履行其第一性付款责任，即使进口人在开证后失去偿付能力。

2. 信用证是一项自足文件（Self-sufficient Instrument）

信用证通常都是以交易合同为基础开立的。但是信用证一经开出，就成为独立于买卖合同之外的另一种契约。信用证的各当事人的权利和责任完全以信用证所列条款为准，不受买卖合同的约束。

3. 信用证是一种纯单据交易（Pure Documentary Transaction）

根据 UCP600 的规定，在信用证业务中，各有关方面处理的是单据，而不是与单据有关的货物、服务或其他行为。至于单据的真伪、法律效力以及单据所代表的货物状况等，银行概不负责。需要特别注意的是，银行虽只根据表面上符合信用证条款的单据承担付款责任，但这种符合的要求却十分严格。也就是说，银行在信用证业务中是按“严格符合的原则”（The Doctrine of Strict Compliance）办事的。“严格符合的原则”不仅要求“单证一致”，而且还要求各种单据之间的一致，即“单单一致”。

信用证在国际贸易结算中可以起到以下两个主要作用：一是保证作用；二是资金融通作用。这些作用通过各有关当事人体现。首先，对出口商来说，只要按信用证规定发运货物，向指定银行提交单据，收取货款就有了保障；发货后将汇票和单据交银行议付，通过押汇可及时收回货款，有利于加速资金周转；在货物装运前，还可以凭信用证向银行申请打包放款（Packing Credit），这是对出口商业务开展极为有利的一种融资方式。其次，对进口商来说，申请开证时只需交纳少量押金或免交押金，大部分或全部货款在单据到达后支付，减少了资金占用；如为远期信用证，还可凭信托收据向开证行借单提货出售或使用，到期后再向开证行付款；可以通过信用证条款控制出口商的交货时间、交货方式以及所交货物的质量和数量；可以保证进口商付款后即获得代表货物的单据。

对银行来说，开证行贷出的是信用，不必占用资金，即可取得开证手续费的收入，还可将收取的开证押金加以利用，虽然面临一定的垫款风险，但开证时已收取一定的押金，付款后即获得出口商提交单据所代表货物的所有权，因而，风险已经得到有效的控制。至于出口地的议付行，议付出口商提交的单据后，可向开证行索偿，只要出口商交来的单据符合信用证规定，就可以对出口商进行垫款、叙做出口押汇，还可以从中获得利息和手续费等收入。

案例思考

案情：2016 年年初，某民营企业通过进出口公司与国外某公司签订了出口建筑材料的合同，合同总金额为 100 万美元，外方要求我方必须先支付 10 万美元的履约保证金，方能开立信用证。我方为利润所诱，出口心切，给外方指定的账户汇付了 10 万美元。不久，对方开出信用证，条款规定：“以 FOB 计价；由开证申请人指定船公司，指定检验；由开证申请人在装运口岸验货，出具质量检验证书，并经开证行在证明书上签字。”

一个月后，我方公司的货物运抵装运口岸，通知外方公司派人检验并派船装货，但外方一再借故拖延时间，致使信用证逾期。无奈之下，我方只好终止合同，但10万美元的履约保证金却打了水漂，直接经济损失达15万美元以上。

启示：信用证结算方式，因其具有银行信用的特征，故而比商业信用结算方式相对要安全得多，但进出口双方依然会面临各种潜在风险。因为信用证本身并不是无懈可击的，而是存在一些漏洞。

分析1：信用证有缺陷

第一，开证行只对信用证负责，只对单据本身负责，银行审核单据仅要求也只能要求单据在表面上与信用证一致。银行只凭符合信用证条款的单据付款，而对单据的真实性及其法律效力，对货物的数量、质量、包装、交期、价值或存在与否，对货物的发运人、承运人、收货人或保险商的资信状况等概不负责。

第二，由于信用证“严格相符原则”的要求，出口商提交的单据必须完全符合信用证条款规定，否则尽管所装运的货物完全符合合同及信用证的要求，也会遭开证行拒付。开证申请人为了能有效地控制出口商履行出货义务，往往要求在信用证中加列一些对其有利的条款（如软条款或限制性条款），使受益人的行为受到极大的限制，即单据的取得或其有效性受到限制。“单证严格相符”原则甚至成为一种拒付借口而被一些开证行频繁滥用，使信用证这种为便利贸易结算而出现的支付工具畸形发展。

第三，采用信用证结算，买卖双方均须承担较高的银行费用。如进口方要承担开证费（1.5‰）、改证费（100元/次）、邮电费、利息等，还得向开证行预交一定比例的开证保证，以物业作抵押，资金占压时间长。出口方要承担通知费及转电费（200元/次）、议付费（1.25‰）、转让费（1‰，最低300元，最高1 000元）、保兑费（2‰或300元）、邮电费、不符点扣费（25~60美元）、利息、国外银行费用和其他相关费用等，加重了出口方的运营负担。

第四，信用证结算程序烦琐，需较长的银行工作日，大大降低了交易效率，而且无论是申请开证还是审证、审单，技术性均较强，稍有不慎，容易产生疏漏、差错，以致造成损失。

另外，UCP600没有对信用证欺诈的法律救济做出规定，又不能解决一切与信用证业务有关的问题，也无法统一各国在信用证欺诈和法律救济问题上的实际做法。

分析2：信用证也有风险

首先，出口商会面临风险：进口商不按合同规定开证，不按时开证，变更条款，或增加对其有利的条款；进口商故意设陷阱使卖方无法顺利履行合同，或议付时遭到拒付；开证行资信不佳，逃避第一性的付款责任；信用证含有“软条款”，使受益人在信用证交易中处于被动的境地，而主动权则完全掌握在申请人手中，难以保证安全收汇。常见的信用证软条款表现形式如下：① 货物由申请人检验，且检验证书上的签名须与开证行的档案记录相符，俗称“客检证”；② 1/3正本提单径寄申请人；③ 信用证到期地点在开证行所在地；④ 信用证存在暂不生效或变相可撤销条款；⑤ 信用证条款自相矛盾，难以操作；⑥ 附加信用证生效条件，如待进口方取得进口许可证信用证方能生效；有关运输事项，如船公司、船名、装船日期、装卸港等须经申请人同意后信用证才能生效等。

其次，进口商也会面临风险：出口商利用虚假单据骗取货款；出口商不按合同要求装运货物，以次充好，以劣代优。

（六）信用证的种类

在国际贸易买卖中所使用的信用证种类很多，从不同的角度分，信用证主要有以下几种。

1. 跟单信用证和光票信用证

根据付款凭证的不同，信用证可分为跟单信用证和光票信用证两种。

（1）跟单信用证（Documentary L/C）是指银行凭跟单汇票或仅凭单据付款、承兑或议付的信用证。这里的单据包括：代表货物所有权的单据，如海运提单、多式联运单据；证明货物已发运的单据，如铁路运单、航空运单、邮包收据等；商业发票、保险单据、商检证书、产地证书、包装单据等。在国际贸易结算中，大都使用跟单信用证。

（2）光票信用证（Clean L/C）是指开证行仅凭受益人开具的汇票或简单收据而无需附带货运单据而付款的信用证。光票信用证主要用于贸易总公司与各地分公司间的货款清偿和贸易从属费用的结算。

2. 可撤销信用证和不可撤销信用证

按开证行对受益人保证的性质不同，信用证可分为可撤销信用证和不可撤销信用证。

（1）可撤销信用证（Revocable L/C）是指开证行在付款、承兑或被议付以前，可以不经受益人同意，也不必事先通知受益人而随时修改或撤销的信用证。但对于开证行指定或被授权的银行在接到修改或撤销通知前，已经根据表面上符合信用证的单据所进行的付款、承兑或议付，开证行仍予以承认并负责偿付。由于可撤销信用证的开证行可以随时取消或修改，对受益人缺乏足够的保障，因而在国际贸易中极少采用。

（2）不可撤销信用证（Irrevocable L/C）是指信用证一经通知受益人，在有效期内未经受益人及有关当事人的同意，对信用证内容不得随意修改或撤销的信用证。只要受益人提交的单据符合信用证规定，开证行或其指定银行必须履行付款责任。信用证在开立时应清楚地表明是可撤销的还是不可撤销的，按 UCP600 的规定，凡是银行开出的信用证都是不可撤销的。

3. 保兑信用证和不保兑信用证

按是否有另一家银行对信用证加具保兑，信用证可分为保兑信用证和不保兑信用证。

（1）保兑信用证（Confirmed L/C）是指一家银行开出的信用证，由另一家银行保证对符合信用证规定的单据承担付款责任。

只有不可撤销信用证才可加具保兑。信用证一经保兑，保兑行与开证行一样都承担第一性的付款责任。对受益人来说，同时取得了两家银行的付款保证，安全收汇更有保障。保兑行通常是通知行，有时也可以是出口地的其他银行或第三国银行。

（2）不保兑信用证（Unconfirmed L/C）是指未经除开证行以外的其他银行保兑的信用证，即一般的不可撤销信用证。

4. 即期付款信用证、延期付款信用证、承兑信用证和议付信用证

按兑付方式的不同，信用证可分为即期付款信用证、延期付款信用证、承兑信用证和议付信用证。议付信用证包括即期议付信用证和远期议付信用证。若按付款时间的不同，信用证可分为即期信用证和远期信用证。即期付款信用证和即期议付信用证都是即期信用证，延期付款信用证、承兑信用证和远期议付信用证都是远期信用证。

（1）即期付款信用证（Sight Payment L/C）是指开证行、保兑行或付款行在收到符合信用证规定的跟单汇票或单据时，立即履行付款义务的信用证。这种信用证的特点是出口商收汇迅速安全，有利于资金周转。即期付款信用证可以要求受益人提供汇票，也可以不要求提供汇票。即期付款信用证可以是开证行自己付款，也可由其他银行付款，付款是终局的，不能再追索。

（2）承兑信用证（Acceptance L/C）是指付款行在收到符合信用证规定的远期汇票和单据时，先在汇票上履行承兑手续，待汇票到期日再行付款的信用证。这种信用证规定以银行为汇票上的付款人，又称为银行承兑信用证。银行承兑信用证项下，出口商可以等承兑汇票到期后再收回资金，也可以将承兑汇票在市场上贴现以融通资金。

在实际业务中，还有一种“远期”信用证，它规定远期汇票可按即期议付。这通常是由于进口商为了融资方便，或利用银行承兑汇票以取得比银行放款利率更低的优惠贴现率，在出口商订立即期付款合同后，要求开立银行承兑信用证，证中规定受益人应开立远期汇票，而这种“远期汇票可即期付款，所有贴现和承兑费用由买方负担”（The usance draft is payable on a sight basis, discount charges and acceptance commission are for buyer's account）。由于这种信用证的贴现费用由买方负担，因此，又称为“买方远期信用证”（Buyer's Usance L/C），在我国习惯上称它为“假远期信用证”（Usance Credit Payable at Sight）。使用这种信用证，对受益人来说，能够即期十足收款，但要负一般承兑信用证汇票到期遭到拒付时被追索的风险。对开证申请人来说，在远期汇票到期时才向银行付款。所以，使用这种“远期”信用证，实际上是开证行或贴现银行对进口商融通资金。

（3）延期付款信用证（Deferred Payment L/C）又称迟期付款信用证，或称无承兑远期信用证，是指仅凭受益人提交的单据，经审核单证相符确定银行承担延期付款责任起，延长一段时间及至付款到期日付款的信用证。确定付款到期日的方法有 3 种：一是交单后若干天；二是运输单据显示的装运日期后若干天；三是固定的将来日期。这种信用证不使用汇票，不作承兑，出口商不能利用贴现市场资金，只能自行垫款或向银行借款。因此，延期付款信用证的货价比承兑信用证的货价高，它与承兑信用证的区别在于卖方不能提前得到货款（不能贴现）。在实践中，延期付款信用证大多用于金额较大而且付款期限较长（往往长达 1 年或数年）的资本货物交易，常与政府出口信贷相结合。

（4）议付信用证（Negotiation L/C）是指开证行在信用证中，邀请其他银行买入汇

票及/或单据的信用证。即允许受益人向某一指定银行或任何银行交单议付的信用证。通常在单据符合信用证条款的条件下，议付行扣去利息后将票款付给受益人。按付款时间的不同，议付信用证可分为即期信用证和远期信用证。按是否限定议付银行，又可分为自由议付信用证和限制议付信用证，前者是指任何银行均可办理议付，后者是指仅由被指定的银行办理议付。议付和付款的区别就在于：议付是可以追索的，而付款是终局的。几种信用证的区别如表 4-11 所示。

表 4-11　即期付款、延期付款、承兑、假远期信用证比较表

项目＼种类	即期付款信用证	延期付款信用证	承兑信用证	假远期信用证
是否需要汇票	需要或不要	不要	需要	需要
汇票期限	即期		远期	远期
受票人	指定付款行		指定付款行	开证行或议付行
付款方式	即期付款	延期付款	远期付款	即付款
起算日	无	装运日、交单日或其他日	承兑日	承兑日
有无追索权	无	无	无	有

5. 可转让信用证和不可转让信用证

按受益人是否有权转让给其他人使用，信用证可分为可转让信用证和不可转让信用证。

（1）可转让信用证（Transferable L/C）是指开证行在信用证上明确注明“可转让”字样，授权通知行在受益人（第一受益人）的要求下，可将信用证的全部或部分转让给第三者（第二受益人）的信用证。可转让信用证只能转让一次，如信用证不禁止分批装运，在累计不超过信用证金额的前提下，可以分成几个部分分别转让给一个以上的第二受益人，各项转让金额的总和将视为信用证的一次转让。信用证只能按原证规定的条款办理转让，但信用证的金额、单价、装运日期和到期日等项可以减少、提前或缩短，保险加保比例可以增加到原信用证要求保足的金额，也可以以第一受益人代替原证申请人的名称。

进口商开立可转让信用证，意味着他同意第一受益人将交货、交单的义务让予第一受益人指定的其他人来履行，但并不等于买卖合同也被转让。如果发生第二受益人不能交货，或交货不符合合同规定，单据不符合信用证规定时，第一收益人仍要承担买卖合同规定的卖方责任。可转让信用证的受益人往往是中间商，要求国外进口商开立可转让信用证，以转让给实际供货人（第二受益人），由实际供货人直接装运。

在要求转让行（一般为通知行）办理转让手续时，第一受益人有权要求受让人（第二受益人）将单据交给转让银行，以便把自己开立的按原信用证的单价及金额所制作的汇票、发票替换受让人的汇票、发票，从而获取差额。

（2）不可转让信用证（Non-transferable L/C）是指受益人不能将信用证的权利转让

给他人的信用证。凡未在信用证上注明“可转让”字样者，将被视为不可转让信用证。

6. 对背信用证

对背信用证（Back to Back L/C）是指中间商收到进口商开来的信用证后，要求该证的通知行或其往来银行，以原证为根据，另行开立的以实际供货人为受益人的新信用证。对背信用证通常是由中间商为转售他人货物，从中图利或两国不能直接进行贸易需通过第三国商人以此办法沟通贸易而开立的。

对背信用证的内容除开证人、受益人、金额、单价、装运期限、有效期限等可有变动外，其他与原证相同，如需修改，应得到原证开证人的同意，修改比较困难。

对背信用证与可转让信用证的比较如表 4-12 所示。

表 4-12 可转让信用证与对背信用证的比较

可转让信用证	对背信用证
可转让信用证的开立是申请人的意旨，开证行同意，并在信用证上加列“可转让”	对背信用证的开立，并非原始信用证申请人和开证行的意旨，而是受益人的意旨，申请人和开证行与对背信用证无关
可转让信用证的全部或部分权利转让出去，该证失去那部分金额之存在	凭着原始信用证开立对背信用证，两证同时存在
转证信用证的第二受益人可以得到开证行的付款保证	对背信用证的第二受益人得不到原始信用证的付款保证
转让行按照第一受益人的指示开立变更条款的新的可转让信用证，通知第二受益人，该转让行地位不变，仍然是转让行	开立对背信用证的银行一般为原始信用证的通知行，是对背信用证的开证行

7. 循环信用证

循环信用证（Revolving L/C）是指在被全部或部分使用后，其金额又恢复到原金额并再次使用，直至达到规定的次数或规定的总金额为止的信用证。循环信用证通常在定期均衡供货、分批结汇的长期合同下采用。使用这种信用证，进口商可节省开证手续和费用，减少押金，一次开证，长期反复使用，有利于买卖双方交易的进行。

循环信用证有按时间循环和按金额循环两种。

（1）按时间循环的信用证规定受益人在规定的期限内每隔一定的时间可使用一次信用证上规定的金额。按时间循环的信用证根据其关于某一次未使用的金额能否累计至下一次使用的规定不同，又可分为可累计循环信用证（Cumulative Revolving Credit）和不可累计循环信用证（Non-cumulative Revolving Credit）两种。前者允许受益人在其一批货物因故未交时，在下一批补交，并可连同下一批可交货物一起议付。后者是指信用证未明确允许可累积使用，即不能累积使用。如因故未能及时装出的部分以及原来规定的以后各批，未经开证行修改信用证，均不能再装运出口。

（2）按金额循环的信用证是指受益人在规定的总额内使用完信用证规定的金额后，可以恢复到原金额再继续使用的信用证。恢复到原金额的具体做法有3种：

① 自动循环（Automatic Revolving）是指受益人每次使用后，不需开证行另行通知，自动恢复到原金额继续使用。

② 非自动循环（Non-automatic Revolving）是指受益人每次使用后，必须经过开证行通知，才能恢复到原金额继续使用。

③ 半自动循环（Semi-automatic Revolving）是指受益人每次使用后，如开证行在规定的期限内未发出终止通知，即可自动恢复到原金额继续使用。

8. 对开信用证

一国商人向另一国商人出口商品的同时，又向对方购进另一批货物，这样双方可以互以对方为受益人分别开立两张信用证，即称为对开信用证（Reciprocal L/C）。其特点是：第一张信用证的受益人和开证申请人就是第二张回头证的开证申请人和受益人，第一张信用证的开证行和通知行一般也是回头证的通知行和开证行。两证金额可以相等，也可以不等，两证可以同时生效也可以先后生效。对开信用证一般用于易货贸易、来料加工和补偿贸易等。

9. 预支信用证

预支信用证（Anticipatory L/C）是允许出口商在装货交单前可以支取全部或部分货款的信用证。一般情况下，预支信用证的开证行授权出口地的通知行或保兑行在交单以前，向出口商预先垫付全部或部分金额的款项。出口商交单议付时，出口地银行在从议付金额中扣除预先垫付款的本息，再将余额付给出口商。倘若出口商届时不能装货、交单议付，垫款银行可向开证行追索，开证行保证偿还出口地银行的垫款本息，然后向开证人索要此款。为引人注目，预支信用证的上述条款通常都是用红字打成的，故又称为“红条款信用证”。

案例思考

一家银行为从某港装运的货物给发货人开立了一份不可撤销信用证，列明按UCP600办理。该信用证以后被修改，要求增加由开证人指定的检验机构签发的商检证书，遭到受益人拒绝后，开证行宣称，如提示的单据中不包括该商检证将拒不偿付，继而又声明，如开证人收到的货物与信用证条款相符，可以照付。货抵目的地后，经检验收到的货物仅为发票所列数量的80%，因此遭到拒付。为此，受益人起诉开证行违反信用证承诺。开证行对信用证的修改是否有效？货物短少，开证行是否有权拒付？

10. SWIFT 信用证

“SWIFT”是环球银行金融电讯协会（Society for Worldwide Inter-bank Financial Telecommunication）的简称。该组织是一个国际银行同业间非盈利性的国际合作组织，于1973年5月在比利时布鲁塞尔成立，拥有自动化的国际金融电讯网，是全球银行同业进行资金调拨和汇款结算的网络系统。采用 SWIFT 信用证，必须遵守 SWIFT 使用手册的规定，受 UCP600 的约束，可在信用证中省去银行的承诺条款，但不能免去银行应承担的义务。

中国银行于 1983 年 2 月正式加入 SWIFT，成为该协会的会员银行，1984 年开始使用 SWIFT 办理国际业务，1985 年中国银行总行建立 SWIFT 中国地区处理站。现在我国的各个银行在信用证结算中绝大多数都使用 SWIFT。

SWIFT 信用证的特点有：采用会员制度，格式标准化，安全性高，解释统一，费用较低，系统服务范围广，处理业务快捷，自动化。

11. 备用信用证

备用信用证（Standby L/C）起源于美国，因美国法律不允许银行开立保函，故银行采用备用信用证来代替保函，后来其逐渐发展成为国际性合同提供履约担保的信用工具，其用途十分广泛，如国际承包工程的投标、国际租赁、预付货款、赊销业务以及国际融资等业务。

备用信用证是开证行对受益人承担某项责任的凭证。在此凭证中，开证行承诺偿还开证申请人的借款、预收款或其他负债，或在开证申请人未履约时向受益人支付一定金额的款项。

（1）备用信用证的相关惯例。备用信用证是一种特殊形式的信用证，是开证银行对受益人承担一项义务的凭证。开证行保证在开证申请人未能履行其应履行的义务时，受益人只要凭备用信用证的规定向开证行开具汇票，并随附开证申请人未履行义务的声明或证明文件，即可得到开证行的偿付。自 1983 年起，备用信用证的使用一直遵循 UCP400，之后在 2007 年修订本（UCP600）中又再次明确指出：跟单信用证统一惯例适用于在信用证正文中表明适用本统一惯例的所有跟单信用证（包括在其适用范围内的备用信用证）。根据不同基础交易的需要，备用信用证的当事人也可选择适用《见索即偿保证书统一规则》（URDG458）。国际商会于 1998 年 4 月又颁布了《国际备用信用证惯例》(International Standby Practice 1998，ISP98)，1999 年 1 月生效，为备用信用证的使用提供了单独规则。

（2）备用信用证与跟单信用证的区别：

① 一般跟单信用证仅在受益人提交有关单据证明其已履行基础交易义务时，开证行才支付信用证项下的款项；备用信用证则是在受益人提供单据证明债务人未履行基础交易的义务时，开证行才支付信用证项下的款项。

② 一般跟单信用证开证行愿意按信用证的规定向受益人开出汇票及单据付款，因为这表明买卖双方的基础交易关系正常进行；备用信用证的开证行则不希望按信用证的规定向受益人开出的汇票及单据付款，因为这表明买卖双方的交易出现了问题。

③ 一般跟单信用证总是货物的进口方为开证申请人，以出口方为受益人；而备用信用证的开证申请人与受益人既可以是进口方也可以是出口方。

问题思考

买卖合同规定买方开立以卖方为受益人的全额不可撤销信用证，但以卖方先期提供一份金额为价金10%的备用信用证。卖方按合同要求按时开出备用信用证，但买方未能如约开立令卖方满意的信用证，卖方因而拒交货物。买方根据备用信用证向开证银行要求付款。卖方以不交货是由于未收到满意的信用证为由要求银行拒绝付款，并上诉法院要求颁布不准开证行付款的禁令。你认为开证行与法院法官应如何处理？并申述理由。

五、各种结算方式的结合使用

在国际贸易中，选择结算方式的一般心理是：当对方违约的风险几乎为零时，首选赊销或预付货款，其次是托收，再次是信用证，最后是备用信用证或银行保函。当存在违约风险时，双方首选信用证，预付货款、赊销、托收为次优选择。在竞争日趋激烈的国际贸易博弈中，出口企业应灵活运用、恰当使用各种结算方式，结合使用各种付款方式以降低收汇风险。企业可采取由保理商代办的结算方式，这种方式就是“企业管出货，保理商管收款”，使出口方可以放心大胆地使用极具竞争力的D/A、O/A等商业信用付款方式出口货物，有效控制结算风险。

出口信用保险（Export Credit Insurance）则是国家为促进出口而发展实施的一项非盈利性的、政策性的保险业务，为出口企业承保商业信用付款方式下所能产生的几乎一切收汇风险，涵盖范围大，实际承担的费用也较低，有助于企业采取灵活多样的贸易方式，增强企业的竞争力，扩大产品出口，而且还可以帮助企业融通资金，解决资金困难，促进企业走上良性发展的道路。国际保理和出口信用保险为出口企业的安全收汇提供了一道保护屏障。

（一）选择结算方式应考虑的因素

在对外贸易实际业务中，应根据不同国家和地区、不同客户、不同交易的实际情况选择结算方式。首要考虑安全问题，其次是占用资金时间的长短，办理手续的繁简，银行费用的多少等，确保安全收汇，扩大贸易往来。选择结算方式应考虑以下几个问题：

1. 客户信用

要在出口业务中做到安全收汇，在进口业务中做到安全用汇，即安全收到符合合同的货物，都必须事先做好对国外客户即交易对手的信用调查，以便根据客户的具体情况，选用适当的结算方式。和信用不是很好或者尚未对其有充分了解的客户交易时，应选择风险小的方式，例如在出口业务中，一般可采用跟单信用证方式，必要时也可争取以预付货款方式支付。若与信用很好的客户交易时，由于风险较小，可选择手续比较简单、费用较少的方式，比如在出口业务中可以采用付款交单（D/P）的托收方式等。至于承兑交单（D/A）的托收方式或赊账交易，应仅限于本企业的联号或分支机构，或者确有把握的个别对象，一般客户原则上不能采用。

2. 产品销路

支付方式应结合企业的经营意图。出口商在货物畅销时，不仅可以提高售价，而且卖方还可选择对己最有利的结算方式，包括在资金占用方面最有利的方式；而在货物滞销或竞争激烈时，不仅售价可能要降低，而且在结算方式上也需做必要让步。

3. 贸易术语

买卖合同中采用不同的贸易术语，所表明的交货方式和适用的运输方式也有所不同，但并不是每一种交货方式和运输方式都能适用于任何一种结算方式。仍以出口业务为例，在使用 CIF、CFR 等属于象征性交货的交易术语时，出口商交货与进口商收货不在同时发生，转移货物所有权是以单据为媒介，就可选择跟单信用证方式，在进口商信用较好时，也可采用付款交单（D/P）方式收取货款。但在 EXW 这种属于实际交货方式的交易中，由于是出口商直接向进口商交货，无法通过单据控制物权，因此一般不能使用托收。如果通过银行向进口商收款，实质上是货到付款，出口商承担的风险极大。在以 FOB、FCA 条件达成的买卖合同中，虽然在实际业务中也可凭运输单据付款交货，但这种合同的运输方式由进口商安排，当出口商将货物装上进口商指定的运输工具或交给进口商指定的承运人后，出口商或接受委托的银行实际上已经很难控制货物，在这种情况下，出口商也不宜采用托收方式。

4. 货运单据

当货物通过海上运输或多式联合运输，所使用的海运提单或可转让的多式联运提单都是货物所有权凭证，在交付进口商之前，出口商可以控制货物，可适用于信用证和托收方式结算货款。当货物通过航空、铁路或邮政运输时，所使用的单据，包括海上运输所使用的不可转让的海运提单，都不是货物所有权凭证，收货人不需要这些单据也可以提取货物，在这些情况下，除非这些单据上的收货人是银行，否则都不适宜做托收。即使采用信用证，也必须以开证行作为运输单据的收货人，以便银行控制货物。

5. 出口地区

欧美、日本、澳新地区的客户，资信比较好，国家金融运作体系正常，可考虑 D/P、D/A、后 T/T、O/A 等付款方式，或在此基础上做国际保理；南美、非洲等高风险地区，可考虑选择 D/P 即期或远期，投保出口信用保险。应该针对客户情况变化及时调整信用额度及付款方式，降低结算风险，保证安全收汇。

（二）各种付款方式结合使用

在国际贸易中，通常一笔交易的货款结算使用一种结算方式，也可根据业务需要结合使用多种付款方式。不同付款方式结合使用主要有以下几种。

1. 信用证与汇付相结合

信用证和汇付的结合是指部分货款在货物装运后即采用信用证支付，另一部分货款在货物运抵目的地并经过商品检验确定其品质或数量后，余额采用汇付方式支付。这种方式多用于交货数量不宜控制的初级产品贸易上。对于特定商品或特定交易需进口商预付定金的，也可将预付定金部分以汇付方式支付，其余货款以信用证结算。

例：买方应通过为卖方所接受的银行于装运月份前 15 天开立并送达不可撤销即期信用证，规定 90% 发票金额采用即期信用证支付，其余 10% 采用电汇支付。

The buyer shall open through a bank acceptable to the seller an irrevocable letter of credit to reach the seller 15 days before the month of shipment, stipulating that 90% of the invoice value available against sight L/C while the remaining 10% on T/T.

2. 信用证与托收相结合

信用证与托收的结合是指一笔交易的部分货款以信用证支付，余额用托收结算。实际做法是，出口商签发两张汇票，凭光票支取信用证款项，凭跟单汇票采用 D/P 方式支取余款。即信用证采用光票信用证的方式，跟单托收必须是付款交单方式。这种做法对进口商来说，可减少开证金额，少付押金，减轻了资金周转的压力；对出口商来说，有部分信用证付款的保证，因此，出口商安全收汇较有保障。但在合同中应列明信用证的到达期限，并在信用证中明确规定须于全数付清发票金额后方可交单的条款。

例：50% 发票金额凭即期光票支付，其余 50% 即期付款交单。100% 发票金额的全套货运单据随附于托收项下，于申请人付清发票全部金额后交单。若进口人不付清全部金额，货运单据由开证银行（或付款银行）掌握，凭出口人指示处理。

50% of the invoice is available against clean draft at sight while the remaining 50% of documents be held against payment at sight under this credit. The full set of the shipping documents of 100% invoice value shall accompany the collection item and shall only be released after full payment of the invoice value. If the importer fails to pay full invoice value, the shipping documents shall be held by the issuing bank (or paying bank) at the exporter's disposal.

3. 跟单托收与汇付相结合

在进口商预付部分货款或一定比率的押金为保证的前提下，采用跟单托收的方式结算货款。出口商收到预付款或押金后发运货物，并从货款中扣除预付押金，其余金额通过银行托收。如托收金额被拒付，出口商可将货物运回，并以预收押金抵偿运费、利息及其他损失。

例：装运货物以电汇向卖方提交预付款 30% 为前提，其余部分采用托收凭即期付款交单。

Shipment to be made subject to an advance payment or down payment amounting 30% to be remitted in favour of seller by T/T and the remaining part on collection basis, documents will be released payment at sight.

4. 备用信用证与跟单托收相结合

采用备用信用证与跟单托收相结合的方式，主要是为了在跟单托收项下的货款一旦遭到进口人拒付时，可凭备用信用证利用开证行的保证追回货款，即在备用信用证项下，由卖方开立汇票与签发进口人拒付的声明书要求开证行进行偿付。值得注意的是，为便于在被拒付后能有充裕时间办理向银行追偿手续，备用信用证的到期日必须晚于托收付款期限后一段适当的时间。

例：即期付款交单付款，并以卖方为受益人的总金额为 100% 的备用信用证担保。备用信用证应载有责任条款：如××号合同项下跟单托收的汇票付款人未能在预定日期付款，受益人有权在本信用证项下凭汇票连同一份列明××号合同项下的款项被拒付的声明书支款。

Payment available by D/P at sight with a standby L/C in favour of seller for the amount of 100% as undertaking. The standby L/C should bear the clause: In case the drawee of the documentary collection under S/C No. . . . fails to honour the payment upon due date, the Beneficiary has the right to draw under this L/C by their draft with a statement stating the payment on S/C No. . . . was not honoured.

5. 汇付、保函、信用证三者相结合

对于生产周期长、货物金额大的成套设备、飞机及轮船等交易，往往要按工程进度和交货进度分若干期付清货款（即分期付款和延期付款），在这种情况下，一般采用汇付、保函和信用证相结合的方式。

（1）分期付款（Progression Payment）。分期付款是指买方预付定金，其余货款根据商品制造或交货进度分若干期支付，在货物交付完毕时付清货款。即买方付清最后一期货款时才取得货物所有权。在产品投产前，买方可采用汇付方式，先交部分货款作为定金，付出定金之前，买方往往要求卖方提供银行保函以保证其按时交货，否则退回定金。其余货款分期支付，买方开立不可撤销的信用证，即期付款。

（2）延期付款（Deferred Payment）。延期付款是指买方预付定金后，大部分货款在交货后相当长一段时间内分期支付。延期付款实质是卖方给予买方的信贷，因为卖方履行交货义务后，买方即取得货物的所有权。具体做法是，合同签订后，买方要预付一小部分货款作为定金，大部分货款在交货后若干年内分期采用远期信用证支付。

案例思考

我国出口商出售一批货物给外国进口商，合同规定的支付方式是 50% 货款凭不可撤销信用证见票后 30 天付款，其余 50% 凭即期付款交单（D/P）付款。我出口商委托当地银行（托收行）转托进口国 A 银行凭单据向进口商收取货款，同时，凭进口商通过 A 银行开立的以我出口商为受益人的见票后 30 天付款的信用证开出了 50% 价款的汇票。其后，A 银行根据进口商按即期 D/P 支付的 50% 货款将全部货运单据交给了进口商，并将代收的 50% 货款拨付给了托收行；与此同时，对我出口商开立的汇票作了承兑。嗣后不久，A 银行宣布破产，已承兑的汇票在到期向其提示时也遭到退票。我出口商遂以货物已被进口商全部收取为由，向进口商追偿尚余的原信用证项下 50% 的货款。进口商借口开证押金收不回来而拒不偿还。为此，我出口商诉诸法院。你认为此案应如何判决？在这笔交易中，我出口商应从中吸取什么教训？

六、买卖合同中的支付条款

支付条款（Terms of Payment）直接关系到双方的切身利益，它是买卖合同的主要交易条款。不同的结算方式，双方承担的风险、涉及的信用有着明显的区别，因此需要慎重对待。支付条款主要包括付款时间、地点、金额、方法、条件等。下面列举不同的支付条款实例。

（一）汇付支付条款示例

（1）买方应不晚于 2016 年 5 月 5 日将全部货款用电汇（信汇或票汇）方式预付给卖方。

The buyers shall pay the total value to the sellers in advance by T/T （M/T or D/D） not later than May 5th, 2016.

（2）买方应不迟于 10 月 15 日将 100%的货款由票汇预付至卖方。

The buyers shall pay 100% of the sales proceeds in advance by Demand Draft to reach the sellers not later than Oct. 15.

（3）买方同意在本合同签字之日起，1 个月内将本合同总金额 30%的预付款，以电汇方式交卖方。

30% of the total contract value as advance payment shall be remitted by buyer to the seller through telegraphic transfer within one month after signing this contract.

（二）托收支付条款示例

（1）货物装运后，卖方应将以买方为付款人的汇票连同本合同的各种货运单据，通过卖方银行寄交买方银行转交买方，并托收货款。

After delivery, the sellers shall send through the seller's bank a draft drawn on the buyers together with the shipping documents to the buyer through the Buyer's bank for collection。

（2）买方应凭卖方开具的即期跟单汇票于见票时立即付款，付款后交单。

Upon first presentation the buyers shall pay against documentary draft drawn by the sellers at sight. The shipping documents are to be delivered against payment only.

（3）买方对卖方开具的见票后××天付款的跟单汇票，于提示时应即予承兑，并于汇票到期日即予付款，付款后交单。

The buyers shall duly accept the documentary draft drawn by the sellers at ×× days sight upon first presentation and make payment on its maturity. The shipping documents are to be delivered against payment only.

（4）买方应凭卖方开具跟单汇票，于提单日（出票）后××天付款，付款后交单。

The buyers shall pay against documentary draft drawn by the sellers at ×× days after date of B/L（draft）. The shipping documents are to be delivered against payment only.

（5）买方对卖方开具的见票后××天付款的跟单汇票，于提示时应即予承兑，并于汇票到期日即予付款，承兑后交单。

The buyers shall duly accept the documentary draft drawn by the sellers at ×× days sight upon first presentation and make payment on its maturity. The shipping documents are to be delivered against acceptance.

（三）信用证支付条款示例

（1）买方应通过为卖方所接受的银行于装运月份前××天开立并送达卖方不可撤销

即期信用证，有效至装运月份后第 15 天在中国议付。

The buyers shall open through a bank acceptable to the sellers an Irrevocable Sight Letter of Credit to reach the sellers ×× days before the month of shipment, valid for negotiation in China until the 15th day after the month of shipment.

（2）买方应通过为卖方所接受的银行于装运月份前××天开立并送达卖方不可撤销见票后 30 天付款的信用证，有效至装运月份后第 15 天在上海议付。

The buyers shall open through a bank acceptable to the sellers an Irrevocable Letter of Credit at 30days sight to reach the sellers ×× days before the month of shipment, valid for negotiation in Shanghai until the 15th day after the month of shipment.

（3）买方应通过为卖方可接受的银行于第一批装运月份前××天开立并送达卖方不可撤销的即期循环信用证，该证在 20××年期间，每月自动可供××（金额），并保持有效至 20××年 1 月 15 日在北京议付。

The buyers shall open through a bank acceptable to the sellers an Irrevocable Revolving Letter of Credit at sight to reach the sellers ×× days before the month of first shipment. The Credit shall be automatically available during the period of 20×× for ××（value） per month, and remain validity for negotiation in Beijing until Jan, 15, 20××.

（四）不同结算方式结合使用的支付条款示例

买方通过卖方接受的银行，于装船月份前 20 天开立并送达卖方不可撤销即期信用证，规定 50% 发票金额凭即期光票支付，其余 50% 金额用即期跟单托收方式付款交单。全套货运附于托收项下，在买方付清发票的全部金额后交单。如买方不能付清全部发票金额，则货运单据须由开证行掌握，凭卖方指示处理。

The buyers shall open through a bank acceptable to the sellers an irrevocable sight letter of credit to reach the sellers 20 days before the month of shipment, stipulating that 50% of the invoice value available against clean draft at sight while the remaining 50% on documents against payment at sight on collection basis. The full set of shipping documents shall accompany the collection draft and shall only be released after full payment of the full invoice value, the shipping documents shall be held by the issuing bank at the seller's disposal.

自测练习

一、关键名词

汇票	电汇	托收	D/P
D/A	UCP600	备用信用证	背书
汇付	假远期信用证		

二、简答题

1. 简述本票与汇票的区别。
2. 简述托收的收付程序。
3. 简述信用证的收付程序。

4. 简述信用证的特点。

5. 买卖合同中的支付条款包括哪些内容？试举例说明。

三、案例分析

1. 我某公司与外商达成一项出口合同，付款条件为付款交单，见票后90天付款。当汇票及所附单据通过托收行寄抵进口地代收行后，外商及时在汇票上履行了承兑手续。货抵目的港时，由于用货心切，外商出具信托收据向代收行借得单据，先行提货转售。汇票到期时，外商因经营不善，失去偿付能力。代收行以汇票付款人拒付为由通知托收行，并建议我公司向外商索取货款。请问：

（1）什么是信托收据？

（2）代收行借单给外商有没有经过我公司授权？

（3）我公司应如何处理？

2. 中方某进出口公司向英国出口货物，采用3种不同托收方式：（1）D/P即期；（2）D/P见票后30天付款；（3）D/A见票后30天付款。假定该公司跟单汇票开立日为1月2日，寄单邮程10天。请问：

（1）D/P即期下托收日、提示日承兑、付款日和交单日分别为哪一天？

（2）D/P见票后30天付款下托收日、提示日承兑、付款日和交单日分别为哪一天？

（3）D/A见票后30天付款下托收日、提示日承兑、付款日和交单日分别为哪一天？

3. 浙江远大公司以CIF鹿特丹条件与外商成交，出口一批货物，按发票金额110%投保一切险及战争险。售货合同的支付条款只简单填写“Payment by L/C”（信用证方式支付）。国外来证条款中有如下文句“Payment under this credit will be made by us only after arrival of goods at Rotterdam”。卖方审证时未发现此问题，没有改证。远大公司交单结汇时，银行也未提出异议。不幸的是60%的货物在运输途中被大火烧毁，船到目的港后开证行拒付全部货款。请问：

（1）“Payment under this credit will be made by us only after arrival of goods at Rotterdam”是什么意思？

（2）开证行拒付理由是否成立？

（3）远大公司应从中吸取什么教训？

4. 我某公司与往来多年的非洲某客户签订商品销售合同一份，交货条件为12月至次年6月，每月等量装运9万米，凭不可撤销信用证自提单日后60天付款。客户按时开出不可撤销信用证，总金额和总数量均与合同相符，但装运条款仅规定：“最迟装运期：6月30日；分数批付运（To be shipped in several shipments）。”我方分3次将合同数量一并装出，我方银行也凭单议付，并先后向开证行交单索款。开证行审核单据认为无误，即支付了款项。当客户接到装船通知后，发现货物装出的时间和数量均与合同的交货条件不相符，向我提出异议，并以货物涌到增加仓租费用等理由要求赔偿损失。经过双方协商，最后我接受客户意见，后两笔货款分别拖延4个月后付款。请问：

（1）非洲客户能否向我方提出索赔？

（2）我方处理方法是否妥当？为什么？

四、操作训练

操作项目一　根据合同审核信用证

【操作资料】

2015 年 4 月，杭州婉丽进出口有限公司和英国的 Versions Limited 公司通过阿里巴巴的国际站认识，经过两个多月的往来函电，双方于 2015 年 6 月 15 日就 20 000 个座垫套和 4 500 件挂毯的买卖签署了号码为 WL15E0620 的买卖合同（如下所示）。

HANGZHOU WANLY IMP. AND EXP. CO., LTD.

258 MOGANSHAN ROAD, HANGZHOU CHINA

SALES CONFIRMATION

To:

VERSIONS LIMITED　　S/C No.: WL15E0620

23 COSGROVE WAY　　Date: 20 JUN 2015

LUTON, BEDFORDSHIRE　　Place: HANGZHOU, CHINA

LU1 1XL U. K.

Dear Sirs:

We hereby confirm having sold to you the following goods on terms and conditions as specified below:

Shipping Marks	Description of Goods and Packing	Quantity	Unit Price	Total Amount
AS PER SELLER'S OPTION	CUSHION COVERS AND RUGS		CIF FELIXSTOWE	
	CUSHION COVERS	20 000PCS	GBP2. 20	GBP44 000. 00
	RUGS	4 500PCS	GBP6. 70	GBP30 150. 00
	VERSIONS' ORDER No. 599/2015	24 500PCS		GBP74 150. 00

大写总值：

Total Amount in words: SAY G. B. POUNDS SEVENTY FOUR THOUSAND ONE HUNDRED AND FIFTY ONLY.

装运港：

Loading port: SHANGHAI / NINGBO

目的港：

Destination: FELIXSTOWE

装运期限：

Time of Shipment: BEFORE 10 AUG., 2015

分批 / 转运：

Partial / Transshipment: PARTIAL SHIPMENTS ALLOWED, TRANSSHIPMENT PROHIBITTED

保险:

Insurance: COVERED BY THE SELLER FOR AT LEAST 110 PCT OF INVOICE VALUE COVERING ALL RISKS AND WAR RISK AS PER ICC (A), CLAIMS PAYABLE AT DESTINATION IN THE SAME CURRENCY OF THE DRAFTS

包装:

Packing: IN ONE 40 FEET FULL CONTAINER LOAD

付款条件:

Terms of Payment: BY IRREVOCABLE LETTER OF CREDIT IN FAVOUR OF THE SELLER TO BE AVAIL ABLE BY DRAFTS AT SIGHT, TO BE OPENED AND REACH CHINA BEFORE 25 JUN. 2015 AND TO REMAIN VALID FOR NEGOTIATION IN CHINA UNTIL 15 DAYS AFTER THE ACTUAL TIME OF SHIPMENT.

其他:

Others:

All disputes arising from the execution of or in connection with this contract shall be settled amicable by negotiation. In case of settlement can't be reached through negotiation the case shall then be submitted to China International Economic and Trade Arbitration Commission in Beijing for arbitration in act with its sure of procedures. The arbitral award is final and binding upon both parties for setting the Dispute. The fee for arbitration shall be borne by the losing party unless otherwise awarded.

The Seller:	The Buyer:
张婉丽	Cathy Versions
杭州婉丽进出口有限公司	VERSIONS LIMITED

【操作任务】

2015 年 6 月 24 日，英国的 Versions Limited 公司根据合同规定开出了以杭州婉丽进出口有限公司为受益人的第 DC LDI301554 号信用证（如下所示）。

请根据上述销售合同审核下面的信用证，找出并修改不符点。

SEQUENCE OF TOTAL *27: 1/1
FORM OF DOC. CREDIT *40A: IRREVOCABLE AND TRANSFERABLE
DOC. CREDIT NUMBER *20: DC LDI301554
DATE OF ISSUE 31C: 150624
EXPIRY *31D: DATE 090809 PLACE AT OUR COUNTER
APPLICANT *50: VERSIONS LIMITED
23 COSGROVE WAY
LUTON, BEDFORDSHIRE
LU1 1XL U. K.
APPLICANT BANK 51: HSBC BANK PLC (FORMERLY MIDLAND BANK PLC) LONDON
BENEFICIARY *59: HANGZHOU WANLY EXP. AND IMP. CO., LTD.
258 MOGANGSHAN ROAD,

HANGZHOU,
CHINA

AMOUNT *32B: CURRENCY USD AMOUNT 74 150.00
POS. / NEG. TOL. (%) 39A: 05/05
AVAILABLE WITH/BY *41D: ANY BANK
BY NEGOTIATION
DRAFT AT ... 42C: AT 15 DAYS AFTER SIGHT
DRAWEE *42D: MIDLGB22B×××
* HSBC BANK PLC
* (FORMERLY MIDLAND BANK PLC)
* LONDON
PARTIAL SHIPMENTS 43P: ALLOWED
TRANSSHIPMENT 43T: NOT ALLOWED
PORT OF LOADING 44E: CHINA
PORT OF DISCHARGE 44B: FELIXSTOWE
LATEST DATE OF SHIP. 44C: 150809
DESCRIPT. OF GOODS 45A:
CUSHION COVERS AND RUGS
AS PER S/C NO. WL15E0820 AND APPLICANT'S ORDER NO. 995/2009
CIF FELIXSTOWE
DOCUMENTS REQUIRED 46A:
+ORIGINAL SIGNED INVOICE PLUS THREE COPIES
+FULL SET OF ORIGINAL CLEAN MARINE BILL OF LADING MADE OUT TO SHIPPERS ORDER AND BLANK ENDORSED, MARKED FREIGHT COLLECT AND NOTIFY APPLICANT WITH FULL NAME AND ADDRESS
+ ORIGINAL PACKING LIST PLUS THREE COPIES INDICATING DETAILED PACKING OF EACH CARTON
+ ORIGINAL CERTIFICATE OF ORIGIN PLUS ONE COPY ISSUED BY CHAMBER OF COMMERCE
+CERTIFICATE SENT BY BENEFICIARY TO APPLICANT, EVIDENCING THAT COPIES OF INVOICE, BILL OF LADING AND PACKING LIST HAVE BEEN FAXED TO APPLICANT ON FAX NO 01 - 5824 - 3470 WITHIN

3 DAYS
AFTER BILL OF LADING DATE

ADDITIONAL COND. 47A:
+ APPLICANT'S ORDER NO. 599/2015 MUST BE SHOWN ON ALL DOCUMENTS
+ UNLESS OTHERWISE EXPRESSLY STATE, ALL DOCUMENTS MUST BE IN ENGLISH.
+ EXCEPT SO FAR AS OTHERWISE EXPRESSLY STATE, THIS DOCUMENTARY CREDIT IS SUBJECT TO UNIFORM CUSTOMS AND PRACTICE FOR DOCUMENTARY CREDIT ICC PUBLICATION NO. 600
+ ALL BANK CHARGES IN CONNECTION WITH THIS DOCUMENTARY CREDIT INCLUDING ISSUING BANK'S OPENING COMMISSION AND TRANSMISSION COSTS ARE FOR THE BENEFICIARY.

PRESENTATION PERIOD 48: WITHIN 5 DAYS AFTER THE DATE OF SHIPMENT BUT WITHIN THE VALIDITY OF THE CREDIT

CONFIRMATION *49: WITHOUT

INSTRUCTION 78: ON RECEIPT OF DOCUMENTS CONFIRMING TO THE TERMS OF THIS DOCUMENTARY CREDIT, WE UNDERTAKE TO REIMBURSE YOU IN THE CURRENCY OF THE CREDIT IN ACCORDANCE YOUR INSTRUCTIONS, WHICH SHOULD INCLUDE YOUR UID NUMBER AND THE ABA CODE OF THE RECEIVING BANK

SEND. TO REC. INFO. 72: DOCUMENTS TO BE DISPATCHED BY COURIER SERVICE IN ONE LOT TO HSBC BANK PLC, TRADE SERVICES, LD1
TEAM. LEVEL 26, 8 CANADA SQUARE, LONDON E14 5HQ

操作项目二 根据信用证缮制汇票

信用证资料如下:

L/C NO. A-12B-34C DATED NOV. 11, 2015

ISSUING BANK: ISREAL DISCOUNT BANK OF NEW YORK, NEW YORK BRANCH

APPLICANT: THE ABCDE GROUP, INC.

BENEFICIARY: ZHEJIANG TEXTILES IMPORT&EXPORT CORPORATION

AMOUNT：USD4 890.00　　　　COVERING：100% COTTON CUSHIONS

OTHER TERMS AND CONDITIONS：INVOICE NOT TO SHOW ANY COMMISSION BUT TO SHOW TOTAL CFR NEW YORK USD 5 500.00

COMMISSION OF 2% TO SHOW ONLY ON BILL OF EXCHANGE

INVOICE NO.：12346

请根据上述信用证资料，替出口人缮制汇票，填制在下面空白汇票中。

凭
Drawn under --
信用证或购买证第　　　号
L/C or A/P No. --
日期　　　年　　月　　日
Dated --
按　　　息　　付　　款
Payable with interest @ ________% per annum

1

号码　　　　　汇票金额　　　　　　　　　　　中国杭州　　　年　　月　　日
No. ------------ Exchange for ________________ Hangzhou, China ------------ 2016
见票　　　　　　　　　　　　　　　　　　　　日　后（本汇票之副本未付）付
At ---------------------- sight of this FIRST of Exchange (Second of exchange being unpaid)
Pay to the order of -- 或其指定人
金额
the sum of ____

此致
To ------------------------------

条款八

检验检疫、索赔、不可抗力和仲裁条款

知识要点

1. 出入境检验检疫程序及检验时间和地点的规定；
2. 索赔和理赔应注意的问题；
3. 不可抗力事件的认定、不可抗力的法律后果；
4. 仲裁协议的作用和仲裁裁决的效力。

技能要求

1. 在正确的时间和地点办理进出口商品的报检报验工作；
2. 正确灵活地订立合同中争议的预防和处理条款；
3. 正确分析和处理国际贸易中出现的相关案例。

一、商检条款

在国际货物买卖中，由于买卖双方之间存在时空差距，货物运输涉及承运人、保险公司、装卸货部门等有关当事人的责任，买卖双方一般又不当面交接货物，加上经过长途运输或多次装卸，在货物到达后，很容易出现品质、数量、包装等与合同规定不符的情况，从而引发争议。为保障买卖双方的利益，避免争议的发生或发生争议后便于分清责任，使争议得以及时解决，就需要由一个权威、公正、专业的检验鉴定机构对卖方交付的货物的品质、数量、重量、包装等进行检验，或对装运技术、货物残损短缺等情况进行检验鉴定，并出具商检证书，作为买卖双方交接货物、支付货款和进行索赔理赔的依据。

另外，各国法律均认为，买方收到货物不等于其接受了货物，应该给买方一个合理的时间和机会对货物进行复验，然后再做出接受与否的决定，即赋予买方复验的权利。但是必须指出，买方对货物的检验权并不是其接受货物的前提条件，假如买方没有利用合理的机会对货物进行检验，就是放弃了检验权，因此也就丧失了拒收货物的权利。

对进出口商品进行检验，是对外贸易业务必不可少的一个环节，它通常是国际货物买卖合同中的一个重要内容。因此，双方应在合同中做出具体规定。

（一）出入境检验检疫概述

出入境检验检疫工作是国家出入境检验检疫部门依照国家检验检疫法律法规规定，对进出境的商品（包括动植物产品）以及运载这些商品、动植物和旅客的交通工具、运输设备，分别实施检验、检疫、鉴定、监督管理和对出入境人员实施卫生检疫及口岸卫生监督的统称。其主要工作内容包括以下项目。

1. 进出口商品检验

对进出口商品进行检验、鉴定和监督管理，保证进出口商品符合质量（标准）要求、维护对外贸易有关各方的合法权益，促进对外经济贸易的顺利发展。对列入《商检机构实施检验的进出口商品种类表》的进出口商品和其他法律法规规定须经检验的进出口商品，必须经过出入境检验检疫部门或其指定的检验机构检验，包括品质检验、安全卫生、数量鉴定、重量鉴定等。

2. 动植物检疫

动植物检疫包括：进境、出境、过境的动植物、动植物产品和其他检疫物；装载动植物、动植物产品和其他检疫物的装载容器、包装物、铺垫材料；来自疫区的运输工具；进境拆解的废旧船舶；有关法律、行政法规、国际条约规定或者贸易合同约定应当实施检疫的其他货物、物品；防止危害动植物的病菌、害虫、杂草种子及其他有害生物由国外传入或由国内传出，保护本国农、林、渔、牧业生产和国际生态环境和人类的健康。

3. 出口商品运输包装检验

对列入《商检机构实施检验的进出口商品种类表》相关法律法规规定必须经检验检疫机构检验的出口商品的运输包装，必须申请检验检疫机构或检验检疫机构指定的检验机构进行性能检验。对出口危险货物包装容器实行危包出口质量许可制度。危险货物包装容器须经检验检疫机构进行性能鉴定和使用鉴定后，方能生产和使用。

4. 其他工作内容

除了以上 3 项主要的出入境检验检疫工作内容以外，出入境检验检疫机构往往还承担进口商品安全质量许可、出口商品质量许可、食品卫生监督检验、货物装载和残损鉴定、外商投资财产鉴定、卫生检疫与处理、一般原产地证与普惠制产地证签证管理、质量体系认证认可、实验室认可、涉外检验检疫、鉴定、认证机构审核认可和监督、与国际组织开展合作等工作。检验检疫涉及出口企业，外贸公司，收用货部门，外国企业，相关的运输、保险、环保、金融等单位以及过境旅客，运输工具等。

检验检疫在涉外工作和国际贸易中占有重要的地位。世界各国或地区为了国家的利益和安全，保护出入境人员的健康和发展生产都把这项工作纳入法制的轨道强制实施。

（二）我国的检验检疫机构及其职责

1. 国家质量监督检验检疫总局

国家质量监督检验检疫总局（General Administration of Quality Supervision, Inspection and Quarantine of the People's Republic of China）是国务院主管全国质量、计量、出入境商品检验、出入境卫生检疫、出入境动植物检疫和认证认可、标准化等工作，并行使行政执法职能的直属机构。其主管的出入境检验检疫工作职责有3项。

（1）法定检验检疫。进出口商品法定检验是国家出入境检验检疫部门根据国家法律法规规定，对规定的进出口商品或有关的检验检疫事项实施强制性的检验检疫，未经检验检疫或经检验检疫不符合法律法规规定要求的，不准输入输出。

法定检验检疫的目的是为了保证进出口商品、动植物（或产品）及其运输设备的安全、卫生符合国家有关法律法规规定和国际上的有关规定；防止次劣有害商品、动植物（或产品）以及危害人类和环境的病虫害和传染病源输入或输出，保障生产建设安全和人类健康。国家出入境检验检疫部门对进出口商品实施法定检验检疫的范围包括：

① 列入《出入境检验检疫机构实施检验检疫的进出境商品目录》（简称《检验检疫商品目录》）的商品。

②《中华人民共和国食品卫生法（试行）》规定，应实施卫生检验检疫的进出口食品。

③ 危险货物的包装容器、危险货物运输设备和工具的安全技术条件的性能和使用鉴定。

④ 装运易腐烂变质食品、冷冻品的船舱、货仓、车厢和集装箱等运载工具。

⑤ 国家其他有关法律法规规定须经出入境检验检疫机构检验的进出口商品、物品、动植物等。

（2）公证鉴定。商检机构以及经国家商检机构批准的其他检验机构，可以接受对外贸易当事人的申请或外国检验机构的委托，办理规定范围内的进出口商品鉴定业务，签发各种检验证书，作为对外贸易当事人办理进出口货物的交接、结算、计费、整算、索赔、仲裁等有效凭证，比如品质、数量证明，残损鉴定和海损鉴定，车、船、飞机和集装箱的运载鉴定，普惠制产地证。

公证鉴定业务与法定检验不同，它不具有强制性。不是法定检验的商品，对外贸易当事人可以向商检机构申请检验，也可以不向商检机构申请检验。

（3）监督管理。进出口商品检验的监督管理工作，是对进出口商品执行检验把关和对收货、用货单位，生产、经营单位和储运单位以及指定或认可的检验机构的进出口商品检验工作进行监督检查的重要方式，是通过行政管理手段，推动和组织有关部门对进出口商品按规定要求进行检验，其目的是为了保证出口商品质量和防止次劣商品进口。出入境检验检疫机构进行监督检查的内容包括：

① 对其检验的进出口商品进行抽查检验。

② 对其检验组织机构、检验人员和设备、检验制度、检验标准、检验方法、检验结果等进行监督检查。

③ 对其他与进出口商品检验有关的工作进行监督检查。对进出口商品实施质量认证、质量许可制度，加贴检验检疫标志或封识以及指定、认可、批准检验机构等工作，也属于进出口商品检验的监督管理工作范围。

2. 中国商品检验公司

中国商品检验公司（China National Import & Export Commodities Inspection Corporation，CCIC），全称是中国进出口商品检验总公司，于1980年7月经国务院批准成立，是国家商品检验局指定的实施进出口商品检验和鉴定业务的检验实体，它的性质属于民间商品检验机构。中国商品检验公司在全国各省、市、自治区设有分支机构，接受对外贸易关系人的委托，办理各项进出口商品检验鉴定业务，为之提供顺利交接结算、合理解决索赔争议等方面的服务。另外，中国商品检验公司还在世界上二十多个国家设有分支机构，承担着装船前检验和对外贸易鉴定业务。

我国商检机构和一些国外检验机构建立了委托代理关系（如SGS）或合资检验机构（如OMIC）。外国检验机构经批准也可在我国设立分支机构，在指定范围内接受进出口商品检验和鉴定业务。

（三）国际检验机构

世界上大多数国家都设有专门的检验机构，这些机构从性质上分，有官方检验机构，也有同业公会或协会设立的检验组织，此外，生产厂商也可能有自己的检验部门。

1. 官方机构

官方机构是指由国家或地方政府投资，按照国家有关法律法令对出入境商品实施强制性检验检疫和监督的机构。如美国食品药物管理局（FDA）、英国标准协会（BSI）、德国技术检验代理机构网（TUV）等。

2. 半官方机构

半官方机构是指具有一定权威性、由国家政府授权并代表政府行使某项商品检验或某方面检验管理工作的民间机构，如我国的质量检验所、美国的担保人实验室（Underwriter's Laboratory）。

3. 非官方机构

非官方机构是指由私人创办，具有专业检验、鉴定技术能力的公证行或检验公司，如英国劳埃得（氏）公证行（Lloyd's Surveyor）、瑞士日内瓦通用鉴定公司（Society General De Surveillance S. A.，SGS）等。

（四）出入境检验检疫程序

凡属法定检验商品或合同规定需要商检机构进行检验并出具检验证书的商品，对外贸易关系人均应及时提请商检机构检验。我国进出口商品的检验程序主要包括以下4个环节。

1. 报验

进出口报验是指对外贸易关系人向商检机构申请检验。凡属商检范围内的进出口商品，都必须报验。

（1）报检资格的认定：

① 报检单位首次报检时须持单位营业执照和政府批文办理登记备案手续，取得报检单位代码，其报检人员经检验检疫机构培训合格后领取《报检员证》，凭证报检；

② 代理报检单位须按规定办理注册登记手续，其报检人员应具有《代理报检员

证》，凭证办理代理报检手续；

③ 代理报检的，须向检验检疫机构提供委托人按规定格式填写的委托书。

（2）出口报验手续：

① 填写出境货物报验单。报验人必须按报验单的要求详细填写，每份出境货物报验单仅限填报一个合同、一份信用证的商品。对同一合同、同一信用证，但标记号码不同者，应分别填写。报验一般在发运前 7 天提出。

② 应提供的单证和资料。出口报验时应提供下列资料：对外贸易双方签订的贸易合同及合同附件；信用证；生产经营部门自验合格后出具的厂检单正本；法定检验出口商品报验时，提供商检机构签发的运输包装容器性质检验合格单正本；实行卫生注册的商品，提供商检机构签发的卫生注册证书；实行质量许可证的出口商品，必须提供商检机构质量许可证书；凭样成交的应提供双方确认的样品。

（3）进口报验手续：进口商品的报验人应在一定期限内填写入境货物报验单，填明申请检验鉴定项目的要求，并附合同、发票、海运提单（或铁路、航空、邮包运单）、品质证书、装箱单，接、用货部门已验收的应附验收记录等资料，向当地商检部门申请检验。如货物有残损、短缺，还须附理货公司与轮船大副共同签署的货物残损报告单、大副批注或铁路商务记录等有关证明材料。

报验后，如发现报验单填写有误或客户修改信用证使货物数量、规格有变动，可提出更改申请，填写更改申请单，说明更改事项和原因。

2. 抽样

商检机构接受报验后，需及时派人到货物堆存地点进行现场检验鉴定。其内容包括货物的数量、重量、包装、外观等项目。现场检验一般采取国际贸易中普遍使用的抽样法（个别特殊商品除外）。抽样时须按规定的抽样方法和一定的比例随机抽样，以便样品能代表整批商品的质量。

3. 检验

可以通过感官的、物理的、微生物的方法进行检验检疫。商检机构根据抽样和现场检验记录，仔细核对合同及信用证对品质、规格、包装的规定，弄清检验的依据、标准，采用合理的方法实施检验。

4. 签发与放行

签发、放行是检验检疫机构检验检疫工作的最后一个环节。

凡法律、行政法规、规章或国际公约规定须经检验检疫机构检验检疫的出境货物，经检验检疫部门检验检疫合格后，凭出境货物通关单作为海关核放货物的依据；同时，国外又要求签发有关检验检疫证书的，检验检疫机构根据对外贸易关系人的申请，经检验检疫合格的，签发相应的检验检疫证书；经检验检疫不合格的，签发出境货物不合格通知单。

凡法律、行政法规、规章或国际公约规定须经检验检疫机构检验检疫的入境货物，检验检疫部门接受报检后，先签发入境货物通关单，海关据以验放货物。然后，经检验检疫机构检验检疫合格的，签发入境货物检验检疫情况通知单，不合格的对外签发检验检疫证书，供有关方面对外索赔。需异地实施检验检疫的，口岸检验检疫机构办理异地检验检疫手续。

案例思考

我方某公司与新加坡公司以 CIF 新加坡条件出口一批货物，订约时，我国公司已知道该批货物要转销美国。该货物到新加坡后，立即被转运至美国。其后新加坡的买主凭美国商检机构签发的在美国检验的证明书，向我提出索赔。对于我方公司来说，美国的检验证书是否有效？

（五）出入境检验检疫时间和地点的规定

根据各国法律，买方在接受货物前，有权对货物进行检验。但应在何时何地检验，并无统一规定。因此，为了明确责任，双方应在合同中订明检验时间和地点。

在国际货物买卖合同中，关于检验时间和地点的订法，基本有 3 种：

1. 在出口国检验

此种做法可分为在产地检验和装运前或装运时在装运港（地）检验。

（1）产地检验。即在货物产地（如工厂、农场或矿山等），由卖方或其委托的检验机构、买方的验收人员或买方委托的检验机构对货物进行检验。检验合格后，卖方不再对货物的质量负责。

（2）装运前或装运时在装运港（地）检验。即货物在装运港（地）装运前或装运时由双方所约定的检验机构进行检验，出具检验证书，作为双方交货品质或数量的依据。货物运抵目的港（地）后，即使发现问题，买方也无权拒收货物或提出异议与索赔。此种规定对卖方比较有利。

2. 在进口国检验

即货物运抵目的港（地）卸货后检验，或在买方营业处所以及最终用户的所在地检验。

（1）在目的港（地）卸货后检验。据此规定，在货物运抵目的港（地）卸货后的一定时间内，由双方约定在目的港（地）的检验机构进行检验，并出具检验证书作为双方交货品质、重量或数量等的依据。

（2）在买方营业处所以及最终用户所在地检验。此种规定方法是将检验延伸和推迟到货物运抵至买方营业处所以及最终用户所在地后的一定时间内进行，并以双方约定的该地的检验机构出具的检验证书作为决定交货品质和数量的依据。这种做法主要适用于那些需要安装调试进行检验的成套设备、机电仪产品以及在口岸开包检验后难以恢复原包装的商品。

3. 在出口国检验，在进口国复验

按此法规定，装运地的商检机构验货后出具检验证明，作为卖方收取货款的单据之一，但不作为买方收货的最后依据。货到目的地后的一定时间内，买方有权请双方约定的检验机构进行复验，出具复验证明。复验中如发现到货品质、重量或数量与合同规定不符而属于卖方责任时，买方可凭复验证明向卖方提出索赔，但应注意在索赔期内提出。

此种规定法比较公平合理，照顾到了买卖双方的利益，因而在国际贸易中被广泛采用。在我国的进口贸易中，对关系到国计民生、价值较高、技术复杂的重要进口商品和大型成套设备，可在合同中规定允许买方派人在产地或装运港（地）监造或监装。对货物进行预验，货物运抵我国后，再由我方最终检验，这样可以保障我方的利益，防止国外商人以次充好、以假充真等问题的发生。

（六）合同中的检验条款

进出口合同中检验条款一般包括下列内容：有关检验权的规定；检验或复验的时间和地点；检验机构；检验检疫证书等。具体条款订法举例如下：

买卖双方同意以装运港（地）中国出入境检验检疫局签发的品质和重量（数量）检验检疫证书作为信用证下议付所提交的单据的一部分，买方有权对货物的品质和重量（数量）进行复验，复验费由买方负担。但若发现品质和/或重量（数量）与合同规定不符，买方有权向卖方索赔，并提供经卖方同意的公证机构出具的检验报告。索赔期限为货物到达目的港（地）后 45 天。

问题思考

合同中的检验条款规定："以装运地检验报告为准"。但货到目的地后，买方发现货物与合同规定不符，经当地商品检验机构出具检验证书后，买方可否向卖方索赔？为什么？

案例思考

1. A 公司委托 B 公司进口机器一台，合同规定索赔期限为货到目的港后 60 天。货到目的港卸货后，B 公司立即将货物转 A 公司。因 A 公司厂房尚未建好，机器无法安装试车。半年后厂房完工，机器安装完毕并进行试车，A 公司发现机器不能正常运转。经过检验检疫机构检验证明，该机器为旧货，于是 A 公司委托 B 公司对外索赔。但外商拒绝赔偿，A 公司遭到巨大经济损失。我们应从中吸取什么教训？

2. W 国公司与 X 国商人订立一份食品出口合同，并按 X 国商人的要求将该批食品运至某港通知 Y 国商人。货到目的港后，经 Y 国卫生检疫部门抽样化验发现霉菌含量超过该国标准，决定禁止在 Y 国销售并建议就地销毁。Y 国商人去电请示，并经 X 国商人的许可将货就地销毁。事后，Y 国商人凭 Y 国卫生检疫机构出具的证书及有关单据向 X 国商人提出索赔。X 国商人理赔后，又凭 Y 国商人提供的索赔依据向 W 国公司索赔。对此，你认为 W 国公司应如何处理？为什么？

二、索赔条款

除发生不可抗力的原因，有关当事人才可免负责任外，如果一方当事人的违约是因故意、疏忽、过失或合同条款订得不明确等原因造成的，根据有关的法律和合同的规定，受损方有权提出索赔。

（一）争议及索赔的含义

争议（Disputes）是指交易的一方认为对方未能全部或部分履行合同规定的责任和义务而引起的纠纷。争议的产生一般由以下原因引起：

（1）买方违约，如买方不开立或不按时开立 L/C、不按规定派船、不赎单、不收货或对货物故意挑剔等。

（2）卖方违约，如卖方不按合同规定装船，所交货物的品质、数量、包装、交货时间等不完全符合合同规定，提交单据不齐或延误交单等。

（3）合同规定欠明确，如“合理公差”“适合海运包装”“立即装运”等。

（二）索赔的对象和内容

索赔（Claims）是指国际贸易业务的一方违反合同的规定，直接或间接地给另一方造成损害，受损方向违约方提出损害赔偿的要求。

根据索赔对象的不同，索赔可以分为向合同违约方索赔（多数为买方向卖方索赔）、向运输公司索赔、向保险公司索赔等。向卖方索赔包括原装数量不足，货物的品质、规格与合同规定不符，包装不良致使货物受损，未按期交货或拒不交货等。向运输公司索赔包括到货数量少于提单所载数量；提单是清洁提单，而货物有残缺情况，且属于船方过失所致；货物所受的损失，根据租船合约有关责任应由船方负责等。向保险公司索赔包括由于自然灾害、意外事故或运输中其他事故的发生致使货物受损，并且属于承保险别范围以内的；运输公司不予赔偿或金额不足抵补损失的部分，并且属于承保范围内的。

从贸易纠纷的内容上看，索赔分为两大类：一是货物损害的索赔；二是商业行为的索赔。

货物损害的索赔包括数量的短缺与损毁、品质的低劣与变化。

商业行为的索赔包括因时间因素而发生损失、付款延误损失、未清偿货款、未履行合同或毁约。这种索赔是由贸易合同当事人之间引起的，包括卖方的索赔和买方的索赔。

理赔（Settlement of Claims）是指违约方受理受损方提出的赔偿要求。可见，索赔和理赔是同一个问题的两个方面。

（三）不同违约情况承担不同责任

违约是指买卖双方中的一方违反合同义务的行为。当事人违约就应承担相应的法律责任，这是国际贸易普遍遵循的原则。

不同的违约行为应承担不同的法律责任。各国法律对此都有规定，如《英国货物买卖法》从是否违反合同条款的角度将违约分为违反要件（Breach of Condition）和违反担保（Breach of Warranty）两种。违反要件是指违反合同的主要条款，受害方因之有权解除合同并要求损害赔偿。违反担保通常是指违反合同的次要条款，受害方有权因之要求损害赔偿，但不能解除合同。《联合国国际货物销售合同公约》从违约的后果和严重程度将违约分为根本违约和非根本违约，规定：如果一方当事人根本违反合同，另一方当事人可以宣告合同无效并要求损害赔偿；如果是非根本性违约则不能解除合同，只能要求损害赔偿。

综上所述，由于各国法律和国际公约对违约情况的区分不同，对于不同的违约情况应承担的责任亦有不同的规定。因此，为维护我方的利益，我国应订好国际货物买卖合同中的索赔条款，并加以正确运用。

案例思考

美国A公司向贸易商B公司购买一批火鸡，供应圣诞节市场。合同规定卖方应在9月底以前装船。但是卖方违反合同，推迟到10月7日才装船。结果圣诞节销售时机已过，火鸡难以销售。因此，买方A拒收货物，并主张撤销合同。在这种情况下，买方有无拒收货物和撤销合同的权利?

（四）合同中的索赔条款

国际货物买卖合同中的索赔条款有两种规定方法：一种是异议和索赔条款（Discrepancy and Claim Clause）；另一种是罚金条款（Penalty Clause）。一般买卖合同中，多数只订异议与索赔条款。只有在买卖大宗商品和机械设备的合同中，除订明异议和索赔条款外，另加订罚金条款。

1. 异议和索赔条款

异议和索赔条款除规定一方如违反合同，另一方有权索赔外，还包括索赔依据、索赔期限、赔偿损失的办法和赔付金额等。

（1）索赔依据主要规定索赔必须具备的证据和出证机构。若证据不全、不清，出证机构不符合要求，都可能遭到对方拒赔。索赔依据包括法律依据和事实依据两个方面。

（2）索赔期限是指索赔方向违约方索赔的有效时限，逾期索赔，违约方可不予受理。索赔期限应根据不同商品由双方在合同中确定。对于食品、农产品等易腐商品的索赔期可规定的短一些；对于一般货物的索赔期限通常为货到目的港后30~45天；对于机械设备的索赔期限就数量和品质作不同的规定，有关数量的索赔期一般为货到目的港后60天，有关规格性能等品质方面的索赔期一般为1~2年。

规定索赔期限时还须对索赔的起算时间做出具体规定，通常有以下几种：① 货物到达目的港后××天后起算；② 货物在目的港卸离运载工具后××天起算；③ 货物到达买方营业处所或所在地后××天起算；④ 货物在目的港经检验后××天起算。

（3）解决索赔的办法一般合同只作笼统规定，如退货、换货、整修或货物贬值等。

异议与索赔条款举例如下：

买方对货物的任何异议必须于装运货物的船只到达提单指定目的港××天内提出，并须提供经卖方同意的公证机构出具的检验报告。

2. 罚金条款

当一方当事人未履行合同义务时，应向对方支付一定数额的违约金，以补偿对方的损失。此种罚金又称违约金。

该条款适用于卖方延期交货或买方延期付款、接货等情况。通常预先在合同中规定罚金的百分率，一般用于连续分批交货的大宗商品合同。

罚金条款举例如下：

若卖方不能如期交货，在卖方同意由付款行从议付货款中扣除罚金的条件下，买方可同意延期交货。但卖方须向买方支付不超过延期交货部分金额的5%的罚金。罚金按照每7天收取延期交货部分金额的0.5%，不足7天按7天计算。如卖方未按合同规定的装运期交货，延期10周后，买方有权撤销合同，并要求卖方支付上述延期交货罚金。

关于罚金条款，各国法律规定不尽相同。德国等国家的法律承认罚金条款而予以保护，即认为如一方不履行或不适当履行合同，另一方可要求其支付一定金额作为处罚。英国、美国、澳大利亚、新西兰等国家的法律则不承认罚金，他们认为对于违约行为只能要求损害赔偿而不能“惩罚”。

另外，支付罚金后并不等于合同解除，当事人一方因违约支付罚金后，除非合同另有约定，仍须继续履行合同的其他义务。

案例思考

某贸易商以FOB价向我国某厂订购一批货物，在买卖合同中订明若工厂未能于7月底之前交运，则工厂应赔付货款5%的违约金。后工厂交运延迟5天，以致贸易商被其买方索赔货款的3%。在这种情况下，贸易商是否可向工厂索赔，索赔是5%还是3%？

（五）索赔和理赔应注意的问题

索赔、理赔是一项政策性、法律性都很强的工作。在国际贸易中，既要维护我方当事人的政治、经济利益，又要重合同、守信誉、树立良好的国家和企业信誉。因此，要做到依法办事、程序清楚、处理及时得当。

（1）索赔时应注意：① 须提供充分的索赔证件，其中包括商检机构出具的检验证书；② 正确确定索赔金额，如合同预先有约定，应按约定的金额提赔，如未预先约定，应按实际损失确定索赔金额；③ 须在索赔期内提出索赔，如估计检验工作不能在规定期限内完成，则应及时向卖方提出延长索赔期，并取得对方同意，以免使买方丧失索赔权。

（2）在理赔工作中应注意下列问题：① 认真审查对方提出的索赔要求，包括其理由是否充分，出证机构是否合法，证据与索赔要求是否一致，是否在索赔期内提出等；② 判断是否属于我方的索赔范围，如属船公司或保险公司的责任范围，应转请有关方面处理，如确属我方责任，在合理确定对方损失后，应实事求是地予以赔偿，不该赔偿的应根据事实向对方说明理由，如对方强词夺理，提出不合理要求，则可给予强有力的驳斥，必要时进行揭露。

总之，索赔和理赔工作均应认真对待，注意策略，及时处理，做到有理、有利、有节。

三、不可抗力条款

（一）不可抗力的含义

不可抗力（Force Majeure）又称人力不可抗拒，是指买卖双方签约后，发生了不是由于任何一方当事人的过失或疏忽而造成的、当事人既不能预见和预防又无法避免和克服的意外事故，致使合同无法履行或不能如期履行，发生意外事故的一方可以因此免除履约或推迟履行合同的责任。

（二）不可抗力的原因及认定条件

造成不可抗力事件的原因大体可分为自然原因和社会原因两类：一是自然原因引起的，如洪水、暴风、干旱、暴雪、地震、火灾等；二是社会原因引起的，如战争、罢工、政府封锁禁运、禁止进出口及国际航道封闭等。但应注意，并非所有自然原因和社会原因引起的事件都属于不可抗力事件。

构成不可抗力事件一般应当具备以下条件：（1）事件的发生是在签订合同后；（2）事件不是由于任何一方当事人故意或过失所造成的；（3）事件的发生及其造成的后果是当事人无法预见、无法控制、无法避免和不可克服的。因此，对于不可抗力事件的认定必须慎重，要与商品价格波动、汇率变化、买方无力偿付货款等正常的贸易风险区分开来。

案例思考

1. 某年初，中国拟从阿根廷进口普通豆饼2万千克，合同交货期为8月底，拟转售欧洲。然而，4月阿商原定的收购地点发生了百年未遇的洪水，收购计划落空。阿商要求按不可抗力处理免除交货责任，中方是否同意？应该怎么办？

2. 我国进口商向巴西木材出口商订购一批木材，合同规定"如受到政府干预，合同应当延长，以至取消"。签约后适逢巴西热带雨林破坏加速，巴西政府对木材出口进行限制，致使巴西出口商在合同规定期内难以履行合同，并以不可抗力为由要求我方延迟合同执行或者解除合同，我方不同意对方要求，并提出索赔。对方提出的要求是否合理？

（三）不可抗力事件的处理

根据有关的法律和国际贸易惯例，如果发生不可抗力事件，致使合同无法履行或无法如期履行，有关当事人可免除相应责任，即解除合同或变更合同。但发生不可抗力的一方应及时通知对方，提供必要的证明文件，并且在通知中应提出处理意见。

1. 通知及必要的证明文件

《联合国国际货物销售合同公约》规定：发生不可抗力后，不履行义务的一方必须将障碍及其对履行义务能力的影响通知另一方。如果该项通知在不履行义务的一方已知道或理应知道这一障碍后一段合理时间内，仍未为另一方收到，则其对由于另一方未收到通知而造成的损害，应负赔偿责任。在实际业务中，有关当事人多以电报或电传方式通知另一方当事人并应在规定的期限内提供由规定机构出具的证明文件。我国出具证明的机构一般是中国国际贸易促进委员会（即中国国际商会）；在国外，则大都由当地的商会或登记注册的公证行出具。

一方接到对方关于不可抗力事件的通知或证明文件后，无论同意与否都应及时答复，否则，按有些国家的法律（如《美国统一商法典》），将被视作默认。

2. 解除或变更合同

发生不可抗力事件的后果是免除责任。在实际业务中，根据不可抗力事件对履行合同影响的情况和程度，其后果可分为两种：一是解除合同；二是变更合同。一般情况下，如果不可抗力事件的发生使合同的履行成为不可能，如特定标的物的灭失，或事件的影响比较严重，非短时间内所能恢复，在这些情况下可解除合同；如果不可抗力事件只是部分地或暂时性地阻碍了合同的履行，则发生事件的一方只能采用变更合同的方法，即对原订合同的条件或内容作适当的变更，如替代履行、减少履行或延迟履行合同，以减少另一方的损失。为明确起见，双方应在合同中具体订明什么情况下解除合同或变更合同。

（四）不可抗力事件处理时应注意的事项

不可抗力事件的处理，关键是对不可抗力事件的认定，尽管在合同的不可抗力条款中作了一定的说明，但在具体问题上，双方会对不可抗力事件是否成立出现分歧，通常应注意下列事项。

1. 区分商业风险和不可抗力事件

商业风险往往也是无法预见和不可避免的，但是它和不可抗力事件的根本区别在于一方当事人承担了风险损失后，有能力履行合同义务。

2. 重视“特定标的物”的作用

对于包装后刷上唛头或通过运输单据等已将货物确定为某项合同的标的物，称为“特定标的物”。此类货物由于意外事件而灭失，卖方可以确认为不可抗力事件。如果货物并未特定化，则会造成免责的依据不足。比如 30 000 米棉布在储存中由于不可抗力损失了 10 000 米，若棉布分别售于两个货主，而未对棉布作特定化处理，则卖方对两个买主都无法引用不可抗力条款免责。

案例思考

我国 A 公司于 1990 年 11 月 2 日与伊朗 B 公司签订了一份进口合同，交易条件为 FOB。后因海湾战争爆发，我方接货货轮无法驶抵伊朗，未能派船接货。到 1991 年 4 月海湾战争结束后，我方才派船去装运港接货，而外商以我方未能按时派船接货为由，要求我方赔偿其仓储费。外商这一要求是否合理？我方对此事件的处理方式是否妥当？

（五）不可抗力条款的规定方法

国际货物买卖合同中的不可抗力条款主要包括：不可抗力事故的范围、对不可抗力事件的处理原则和方法、不可抗力事件发生后通知对方的期限和方法以及出具证明文件的机构等。

我国进出口合同中的不可抗力条款主要有以下3种规定方法，并列举如下。

1. 概括式

如由于不可抗力的原因，致使卖方不能全部或部分装运，或延迟装运合同货物，卖方对于这种不能装运或延迟装运本合同货物不负有责任。但卖方须用电报或电传通知买方，并须在15天内，以航空挂号信件向买方提交由中国国际贸易促进委员会出具的证明此类事件的证明书。此种方法由于对不可抗力事件的范围规定太笼统，难以作为解决问题的依据，因此使用较少。

2. 列举式

如由于战争、地震、水灾、暴风雨、雪灾等原因，致使卖方不能全部或部分装运或延迟装运合同货物，卖方对于这种不能装运或延迟装运本合同货物不负有责任。但卖方须用电报或电传通知买方，并须在15天以内，以航空挂号信件向买方提交由中国国际贸易促进委员会出具的证明此类事件的证明书。此种方法的缺点在于对不可抗力范围规定得过死，如所发生的事故超过此范围，就没有更多的回旋余地。

3. 综合式

如由于战争、地震或其他不可抗力的原因致使卖方对本合同项下的货物不能装运或迟延装运，卖方对此不负任何责任。但卖方应立即通知买方并于15天内以航空挂号函件寄给买方由中国国际贸易促进委员会出具的证明发生此类事件的证明书。这种方法既明确具体，又有一定的灵活性，是一种较好的规定方法，我国实际业务中多采用此法。

案例思考

1. 我某公司与英国某公司成交小麦1 500公吨，每公吨CFR伦敦348英镑，总金额为52 000英镑，交货期为当年5—9月。签约后，我国发生水灾，于是我方以不可抗力为由，要求免除交货责任。但对方回电拒绝，并称该商品市场价格上涨，由于我方未交货已使其损失15万英镑，要求我方赔偿其损失。我方要求以不可抗力免除交货的理由是否充分？对方要求的赔偿金额是否合理？

2. 我某公司出口货物3 000公吨，采用信用证方式支付，2月、3月、4月平均装运。出口公司2月、3月已如期装运，并收回货款。原定4月20日装运，由于台风登陆，延迟到5月5日才装船出运。当受益人凭5月5日的提单向银行议付时，遭银行拒付。上述情况下银行有无拒付的权利？为什么？我出口公司可否以不可抗力为由要求银行付款？为什么？

四、仲裁条款

（一）仲裁的含义

国际贸易中，解决争议的方式通常有协商、调解、仲裁、诉讼等。采用友好协商或通过第三者调解的方式，气氛比较友好，有利于贸易双方的长期交往，是买卖双方愿意采用的两种方法，但如果不能达成一致意见，则需采用仲裁或诉讼的方式。

仲裁（Arbitration）是指买卖双方达成协议，自愿把双方之间的争议提交双方同意的仲裁机构进行裁决，裁决对双方均有约束力。

由于仲裁程序比较简单，仲裁时间短，费用较低廉且裁决一般为终局性的，所以合同双方一般均愿意采用这种方式解决纠纷。目前，包括我国在内的不少国家已通过立法，规定仲裁为解决争议的途径之一。

（二）仲裁协议的形式和作用

《中华人民共和国仲裁法》规定，当事人采用仲裁方式解决纠纷，双方应当自愿达成仲裁协议。没有仲裁协议，一方申请仲裁的，仲裁机构不予受理。可见，发生争议的双方中任何一方申请仲裁时，必须提交双方当事人达成的仲裁协议。仲裁协议是双方当事人表示愿意将他们之间已经发生的或可能发生的争议交付仲裁解决的一种书面协议。

1. 仲裁协议的形式

仲裁协议分两种。一种是由双方当事人在争议发生前订立的，表示将来一旦发生争议应提交仲裁解决。这种协议一般都包含在合同内，作为合同的一项条款即“仲裁条款”（Arbitration Clause）。另一种是由双方当事人在发生争议之后订立的，是双方同意把已经发生的争议交付仲裁机构裁决的书面协议，这种协议称为“提交仲裁协议”（Submission）。以上两种形式具有同等的法律效力，但值得注意的是，发生争议之前双方容易达成仲裁协议，一旦发生争议后，双方要达成仲裁协议就比较困难。因此，仲裁作为一项合同条款，就显得十分重要。

2. 仲裁协议的作用

按照我国和多数国家仲裁法的规定，仲裁协议的作用主要有3个。

（1）表明双方当事人在发生争议时自愿提交仲裁。仲裁协议约束双方当事人在协商调解不成时，只能以仲裁方式解决争议，不能向法院起诉。

（2）排除法院对于争议案件的管辖权。世界上除极少数国家，一般都规定法院不受理争议双方订有仲裁协议的争议案件。

（3）使仲裁机构取得对争议案件的管辖权。任何仲裁机构都无权受理没有仲裁协议的案件。

上述3方面的作用是互相联系、不可分割的，其中排除法院的管辖权是最重要的一个方面。

案例思考

我某出口公司向外商出口一批货物，合同中明确规定，一旦在履约过程中发生争议，如友好协商不能解决，即将争议提交中国国际经济贸易仲裁委员会在北京进行仲裁。后来，双方就商品的品质发生争议，对方在其所在地法院起诉我方，法院也发来了传票，传我方公司出庭应诉。对此，我方应如何处理？

（三）仲裁机构和仲裁程序

1. 仲裁机构

国际贸易中的仲裁机构有两类：临时机构和常设机构。临时仲裁机构是为了解决争议，由双方共同指定的仲裁员自行组成的临时仲裁庭。争议处理完毕，临时仲裁庭即解散。常设仲裁机构是根据一国的法律或有关规定设立的仲裁机构。我国的常设仲裁机构是中国国际经济贸易仲裁委员会，总会设在北京，深圳和上海分别设有分会。我国外贸企业在订立合同时，如双方同意在我国仲裁，应订立由中国国际经济贸易仲裁委员会仲裁的条款。国际上很多国家都设有常设仲裁机构，如瑞典斯德哥尔摩仲裁院、瑞士苏黎世商会仲裁院、英国伦敦国际仲裁院、美国仲裁协会、日本国际商事仲裁协会等，这些机构与我国仲裁机构已进行过多次合作。

2. 仲裁程序

仲裁程序是指进行仲裁的程序和做法，一般包括提出仲裁申请、仲裁庭的组成、仲裁审理、仲裁裁决 4 个环节。各国仲裁法和仲裁机构的仲裁规则对仲裁程序都有明确的规定。

（1）提出仲裁申请。仲裁申请是仲裁机构立案受理的前提。根据《中国国际经济贸易仲裁委员会仲裁规则》规定，当事人一方申请仲裁时，应向仲裁委员会提交包括下列内容的签名申请书：① 申诉人和被诉人的名称、地址；② 申诉人所依据的仲裁协议；③ 案情和争议要点；④ 申诉人的请示及所依据的事实和证据。

申诉人提交仲裁申请书时，还应附合同、仲裁协议、往来函电等的原件或副本、抄本，并交纳仲裁费预定金。

（2）仲裁庭的组成。争议案件提交仲裁后，由争议双方所指定的仲裁员组成仲裁庭进行审理并做出裁决。根据我国仲裁规则，仲裁庭可由 3 名仲裁员组成，其中双方当事人各指定一名，并由仲裁委员会主席指定一名为首席仲裁员。但当事人各自指定的仲裁员并不代表当事人的利益，不偏袒任何一方；仲裁庭也可由一名由双方当事人共同指定或委托仲裁委员会主席指定的独任仲裁员组成，单独审理案件。

被指定的仲裁员如果与案件有利害关系，应当自行向仲裁委员会请求回避。仲裁员回避的决定由仲裁委员会主席做出。仲裁员因回避或因其他原因不能履行职责时，则应按照原指定仲裁员的程序，重新指定。

（3）审理。仲裁庭审理案件有两种形式：开庭审理和不开庭审理。我国仲裁规则规定，除非双方当事人申请或征得双方当事人同意不开庭审理，仲裁庭应当开庭审理。但开庭审理一般不公开进行。仲裁庭对案件的审理过程一般包括：开庭、搜集证据和调查取证，必要时，还须采取保全措施。

开庭日期由仲裁庭会同仲裁委员会秘书处决定，并在开庭前 30 天通知双方当事人，当事人如有正当理由，可以申请延期。开庭地点应是在仲裁委员会所在地，但经仲裁委员会主席批准，也可以在其他地方。仲裁庭开庭时，如一方当事人或其代理人不出庭，仲裁庭可以进行缺席审理和做出缺席裁决。

仲裁和调解相结合解决争议是我国涉外仲裁的一个重要特点。我国仲裁规则规定，如果双方当事人有调解愿望，或一方当事人有调解愿望，并经仲裁庭征得另一方当事人同意，仲裁庭可以在仲裁程序进行过程中，对其审理的案件进行调解。经调解达成和解协议的案件，仲裁庭应当根据双方当事人和解协议的内容，做出裁决书。如果双方当事人自行达成和解，申诉人应当及时撤销案件。另外，我国的仲裁机构在一定条件下也可以会同外国的有关仲裁机构，就争议案件共同对双方当事人进行联合调解。

审理案件时，当事人应对其申诉或答辩所依据的事实提出证据，仲裁庭认为必要时可以自行调查、搜集证据，还可以向专家咨询或指定鉴定人进行鉴定，专家和鉴定人可以是中国或外国的机构或公民。

保全措施又称临时性保护措施，是指在仲裁开始到做出裁决前对争议的标的物或有关当事人的财产采取临时性保护措施。例如，临时扣押财产以防止转移或变卖，对有争议的易腐烂货物先行出售等。一般情况下，由有关国家的法院做出保全的决定。

（4）做出裁决。裁决是仲裁程序的最后一个环节。按规定，裁决必须以书面形式做出。裁决一般是终局的，对双方当事人均有约束力。裁决做出后，任何一方当事人不得向法院起诉，也不准向其他任何机构提出变更仲裁裁决的请求。但如果当事人能证明该裁决不符合法律程序要求，例如，无仲裁协议或仲裁员的行为不当等，该当事人可以向法院提出申请，要求法院撤销裁决，宣布无效。

（四）仲裁裁决的执行

各国法律均规定，仲裁裁决应由败诉方自动执行，仲裁机构无强制执行裁决的权利和义务。如果败诉方不执行，胜诉方可以请求法院强制执行。一般如果仲裁地和败诉方在同一个国家，能够比较顺利地执行，反之，执行起来就比较困难。

为使仲裁裁决能够顺利执行，国际上曾签订了一些国际仲裁公约，其中最有影响力的是1958年联合国在纽约签订的《承认与执行外国仲裁裁决公约》，目前已有一百多个国家参加了该公约，我国于1987年4月22日加入该公约。公约中规定，凡在缔约国领土内做出的仲裁裁决都可以运用本公约予以执行，在非缔约国领土内做出的仲裁裁决，只要执行地不认为这完全属于其本国仲裁，也可以运用本公约加以执行。我国在批准参加该公约时，曾声明作了两点保留：① 中华人民共和国只在互惠的基础上对在另一缔约国领土内做出的仲裁裁决适用该公约；② 中华人民共和国只对根据中华人民共和国法律认定为属于契约性和非契约性商事法律关系所引起的争议适用该公约。另外，我国与一些国家签订双边贸易协定时，一般都在贸易协定中规定，缔约双方应该设法保证根据适用的法律和规则，承认并执行对方国家的仲裁裁决。根据上述情况，在我国做出的仲裁裁决，需要在外国执行时，若对方是与我国签有互相执行仲裁裁决协议的，或者对方是上述公约缔约国并同意执行我国仲裁裁决的，则可顺利执行；否则，我方只有到对方国家的法院请求其强制执行。

案例思考

中国某外贸公司（买方）与日本甲公司（卖方）签订了一份购买15套A型设备和8台K型仪器的合同，总价值40万美元，价格条件CFR大连，装运期为2015年9月底，付款条件是，买方在货物装运前两个月开立货款全额的不可撤销议付信用证。2015年9月30日买方通过银行开出了以卖方为受益人的信用证（未交押金），卖方于10月9日、31日分两批发运了货物，从议付银行议付了货款，议付行从开证行处获得偿付。10月15日，第一批货物15套A设备到港，11月8日第二批货物8台K仪器到港，这两批货物买方都是在未取得正本提单情况下，以副本提单从船公司代理处提取。经省商检局检验认定，15套设备中有4套不合格，根本不能生产出标准部件，且无法修复。其余11套设备及8台仪器无质量问题。买方认为，所购15套设备系相互配套使用的，4套不合格，则其余11套失去使用价值，遂于2016年3月24日向日方发出一份备忘录，要求将15套设备全部退回，日方既没有签字，也没有答复。买方最终提起仲裁，请求仲裁庭裁决：

① 将15套A设备作退货处理，卖方返还已收的全部货款并承担全部退货费用。

② 8台K仪器比合同规定的交货期延迟五周到港，卖方应支付延迟到货的罚金4万美元。

③ 买方购买的15套A设备用于出租，由于A设备不合格，买方已向承租用户赔偿损失2万美元，这笔损失应由卖方负担。

请问：（1）仲裁庭对上述请求应如何处理？为什么？

（2）现假设，如在开证行要求买方付款赎单时，买方鉴于货物状况，在单证相符情况下拒绝向开证行付款赎单，开证行会受到什么损失？应如何处理？

（五）仲裁条款的规定方法

仲裁条款主要包括仲裁地点、仲裁机构、仲裁程序和仲裁裁决的效力等内容，其中仲裁地点的选择是一个关键问题，因为在一般情况下，在何国仲裁即采用何国的仲裁规则或相关法律。在我国的国际贸易实践中，仲裁地点大致有3种规定方法：（1）在我国仲裁；（2）在被告所在国仲裁；（3）在双方同意的第三国仲裁。关于裁决的效力，一般应在合同中明确订明：仲裁裁决是终局的，对双方当事人均有约束力。仲裁条款举例如下：

1. 规定在我国仲裁的条款

凡因执行本合同所发生的或与本合同有关的一切争议，双方应通过友好协商解决；如果协商不能解决，应提交北京中国国际经济贸易仲裁委员会，根据该会的仲裁规则进行仲裁。仲裁裁决是终局的，对双方都有约束力。仲裁费用除仲裁庭另有规定外，均由败诉方负担。

2. 规定在被告国仲裁的条款

凡因执行本合同所发生的或与本合同有关的一切争议，双方应通过友好协商解决。

如果协商不能解决，应提交仲裁。仲裁在被诉人所在国进行。在中国，由中国国际经济贸易仲裁委员会根据该会仲裁规则进行仲裁。在 ×××（被诉人所在国名称）由 ××××（被诉人所在国仲裁机构名称）根据该会的仲裁规则进行仲裁。仲裁裁决是终局的，对双方都有约束力。仲裁费用除仲裁庭另有规定外，均由败诉方负担。

3. 规定在第三国仲裁的条款

凡因执行本合同所发生的或与本合同有关的一切争议，双方应通过友好协商解决。如果协商不能解决，应提交××××（第三国及其仲裁机构名称），根据该会的仲裁规则进行仲裁。仲裁裁决是终局的，对双方都有约束力。仲裁费用除仲裁庭另有规定外，均由败诉方负担。

自测练习

一、关键名词

法定检验检疫　　索赔与理赔　　根本性违约　　轻微违约
不可抗力　　仲裁　　特定标的物

二、简答题

1. 在买卖双方交接货物的过程中，当买方收到货物时，是否意味着买方已接受货物？为什么？

2. 我国出入境检验检疫的程序有哪几个环节？

3. 在国际货物买卖合同中，对于商品检验时间和地点有哪几种规定方法？哪一种使用较多？

4. 简述商检证书的作用。

5. 在国际货物买卖中，各国法律对违约行为的划分与违约责任的规定有何不同？

6. 引发争议的原因有哪些？

7. 构成不可抗力事件应具备的条件是什么？不可抗力的法律后果是怎样的？处理不可抗力事件有哪些注意点？

8. 在国际贸易中，解决争议的方法有几种？为什么仲裁是一种较好的方法？

9. 何谓仲裁协议？有几种形式？其作用如何？

10. 我进出口合同中的仲裁条款主要包括哪些内容？其中对于仲裁地点有几种订法？在实际业务中，通常应首先采用哪一种订法？

三、案例分析

1. 我国某公司以 CFR 条件向法国出口一批小五金。合同规定货到目的港 30 天内检验，买方有权凭检验结果提出索赔。我某公司按期发货，法国客户按期凭单支付了货款。可是 1 年以后，我某公司收到法国客户的索赔文件，称其进口的小五金有 80% 已经生锈，并附有法国某地检验机构出具的检验证书。法国客户的索赔有无道理？

2. A 出口公司向德国商人出口散装甜菜粕，CIF 马赛。按发票价值 110% 投保一切险加战争险。货到马赛后，买方又陆运转运至巴黎，经检验，发现货物在船舱内因通风不良而引起水汽凝结使货物受潮、受热。这种情况下，保险公司是否要理赔？

3. 某进出口公司以 CIF Rotterdam 出口食品 1 000 箱，即期信用证付款，货物装运后，卖方凭已装船清洁提单和已投保一切险及战争险的保险单，向银行收妥结汇。货到目的港后，经进口人复验发现下列情况：

（1）该批货物共有 10 个批号，抽查 20 箱，发现其中两个批号涉及 200 箱内沙门氏菌超过进口国标准；

（2）收货人只实收 998 箱，短少 2 箱；

（3）有 15 箱货物外表情况良好，但箱内货物共短少 60 千克。

以上情况进口人应分别向谁索赔？

4. 我向某国出口一批冷冻食品，到货后买方在合同规定的索赔有效期内向我提出品质索赔，索赔额达数十万元人民币（约占合同的金额的半数以上）。买方附来的证件有：① 法定商品检验证，注明该项商品有变质现象（表面呈乌黑色），但未注明货物的详细批号，也未注明变质货物的数量或比例；② 官方化验机构根据当地某食品零售商店送验的食品而做出的变质证明书。我方未经详细研究就函复对方，既未承认也未否认品质变质问题，只是含糊其辞地要求对方减少索赔金额，对方不应允，双方函电往来 1 年没有结果，对方遂派代表当面交涉，并称如果得不到解决，将提交仲裁。对此索赔案我方应不应受理？双方各有什么漏洞？我方应如何本着实事求是的精神和公平合理的原则处理此案？（注：此批冷冻食品中我方误装了一小部分乌皮鸡，价值千余元）

5. 我方按 FOB 条件进口商品一批，合同规定交货期为 5 月。4 月 8 日接对方来电称，因洪水冲毁公路（附有证明），要求将交货期推至 7 月。我方接信后，认为既然有证明因洪水冲毁公路，推迟交货期应没有问题，但因广交会期间工作比较忙，我方一直未给对方答复。6 月、7 月船期较紧，我方于 8 月才派船前往装运港接货。因货物置于码头仓库产生了巨额的仓租、保管等费用，对方便要求我方承担有关的费用。我方可否以对方违约在先为由不予理赔？为什么？

6. 某公司以 CIF 条件出口 1 000 公吨大米，合同规定为一级大米，每公吨 490 美元，共 490 000 美元。卖方交货时，实际交货的品质为二级大米。按订约时的市场价格，二级大米每公吨 470 美元。根据《联合国国际货物销售合同公约》的规定，此案中，买方可以主张何种权利？若买方索赔，其提出的索赔可包括哪些损失？

7. 中国 A 公司向德国 B 公司签订了一份购买某种工业精密仪器的合同，合同规定：货物若与合同不符，买方应该在货到目的港后的 30 天内提出索赔。另外，合同中还有货到目的港后 12 个月内品质保证的规定。货到目的港后，经检验，货物品质与合同规定不符。买方遂于货到目的港后的第 45 天书面通知德国 B 公司，提出索赔要求。买方是否可以在货到目的港后超过 30 天但在品质保证期内向卖方索赔？

8. 我方向西欧某国出口布匹一批，货到目的港后，买方国正处购销旺季，未对货物进行检验就将布匹投入批量生产。数月后，买方寄来几套不同款式的服装，声称用我方出口的布匹制成的服装缩水严重，难以投入市场销售，因而向我方提出索赔。我方是否应该理赔？为什么？

9. 我 A 出口公司以 CIF 纽约与美国 B 公司订立了 100 套家具的出口合同，合同规定在 2016 年的 7 月交货。6 月底，我出口企业的仓库发生雷击火灾，致使一半左右的出口家具烧毁。被烧毁的家具是否可看作是不可抗力造成的?

10. 我某出口企业按 FCA Shanghai Airport 条件向印度 A 进口商出口手表一批，货价 5 万美元，规定交货期为 8 月，自上海空运至孟买，支付条件为买方由孟买××银行转交的航空公司空运到货通知即期全额电汇付款。我出口企业于 8 月 31 日将该批手表运到上海虹桥机场交由航空公司收货并出具航空运单。我方随即向印商用电传发出装运通知。航空公司于 9 月 2 日将该批手表运到孟买，并将到货通知连同有关发票和航运单送孟买××银行。该银行立即通知印商前来收取上述到货通知等单据并电汇付款。此时，国际市场手表价下跌，印商以我方交货延期拒绝付款、提货。我出口企业则坚持对方必须立即付款、提货。双方争执不下，遂提起仲裁。假如你是仲裁员，你会如何处理？说明理由。

单元五　合同磋商

交易磋商（Business Negotiation）是进出口贸易中不可缺少的一个重要环节，是指买卖双方就上一单元所涉及的合同条款或其他贸易条件进行协商以期达成交易的过程。交易磋商基本环节一般分为询盘、发盘、还盘和接受4个环节，其中发盘和接受是达成交易、签订合同必不可少的两个基本环节和法律步骤。国际贸易中，买卖双方无论采取口头或书面方式磋商，均需通过发盘和接受达成交易。但是在实际业务中，交易磋商的过程除了包括上述基本环节之外，交易磋商前的准备和交易磋商后的合同签订往往必不可少。

本单元主要对交易磋商的基本环节及国际货物买卖合同的签订做全面的阐述，尤其就交易磋商环节中发盘和接受应具备的条件及效力作重点讲解。

交易磋商可以采取口头（By Word of Mouth）或书面（By Writing）两种形式。口头磋商可通过邀请客户来访、派遣出国推销组、参加各种交易会或国际博览会等方式，由出口企业外销人员同国外客户当面直接磋商交易。书面磋商包括由交易双方通过信函、电报、电传、传真等往来磋商交易。这两种形式可以交叉结合使用，但目前很多交易仍然以书面磋商为主。不论是口头磋商还是书面磋商，按照《联合国国际货物销售合同公约》的规定，它们的环节是基本相同的，是合同成立的重要条件。

按照《联合国国际货物销售合同公约》的规定，一项有效发盘被对方有效接受后双方即构成合同关系。但在国际贸易实践中，买卖双方一般还是要通过签订合同来确定双方的法律关系。因此，本单元将签订合同作为交易磋商最后一个环节，并就签订合同的意义、签订合同的时间、地点以及合同的内容和形式做一个简单的介绍。

模块一

交易磋商的基本环节

知识要点

1. 构成有效发盘的条件；
2. 发盘的撤回与撤销的有关法律规定；
3. 发盘有效期的相关规定；
4. 发盘效力的终止及还盘应注意的问题；
5. 构成有效接受的要件；
6. 几种特殊情况下的接受的效力。

技能要求

1. 用英文准确表述发盘的主要内容；
2. 运用有关接受的法律规定和惯例来分析各种案例；
3. 准确判断一项发盘、接受的效力以便明确合同关系是否确立。

交易磋商可以采取口头（By Word of Mouth）或书面（By Writing）两种形式。这两种形式常常交叉结合使用。目前，为了积极扩大出口贸易，企业采取走出去、请进来的形式日益增多，但是日常的交易仍然以书面磋商形式为主。进出口贸易磋商，从其进行的基本环节来看，一般经过询盘、发盘、还盘和接受4个环节，其中发盘和接受是达成交易的关键环节，是合同成立的重要条件。国际贸易中，买卖双方无论采取口头或书面方式磋商，均需通过发盘和接受达成交易。但是在实际业务中，交易磋商的过程除了上述基本环节之外，交易磋商前的准备和交易磋商后的合同签订往往必不可少。以下就询盘、发盘、还盘和接受分别进行介绍。

一、询盘

询盘（Inquiry）是交易的一方打算购买或出售某种商品，向对方询问买卖该项商品的有关条件，或者就该项交易提出带有保留条件的建议。

询盘主要是试探对方交易的诚意和了解其对交易条件的意见，内容涉及价格、规格、品质、数量、包装、交货期以及索取样品、商品目录等，主要是询问价格，所以也称询价。新客户必然有建立贸易关系的愿望，因此在往来函电中，除了说明要询问的内容外，一般还应告知信息来源、去函目的、本公司概述、产品介绍、激励性语言和期望，以达到使对方发盘的目的。询盘既可由卖方也可由买方发出，它对询盘人和被询盘人均无法律约束力。

除了上述说法外，询盘还可提出内容不肯定或附有保留条件的建议，如提出价格时使用参考价（Reference Price）或价格倾向（Price Indication）；再如，“以我方最后确认为准”（Subject to Our Final Confirmation）或“有权先售”（Subject to Prior Sale）等。

在国际贸易中，通常采用下列一类词语来表示询盘，如：

请发盘……	PLEASE OFFER ...
请告……	PLEASE ADVISE ...
请报价……	PLEASE QUOTE ...
对……感兴趣，请报盘……	INTERESTED IN ... PLEASE ...

【例 5-1】买方询盘：

PLEASE OFFER CHINESE GROUNDNUT KERNELS UNGRADED 100M/T NOVEMBER SHIPMENT CIF LONDON.

中国不分级花生仁 100 公吨，11 月装船，请报 CIF 伦敦价。

【例 5-2】卖方询盘：

WE CAN SUPPLY CHINESE GROUNDNUT KERNELS W GRADE SHIPMENT NOV./DEC., PLEASE BID.

可供中国花生仁 W 级，11 月至 12 月装船，请递盘。

二、发盘

发盘（Offer）是交易的一方（发盘人）向另一方（受盘人）提出购买或出售某种商品的各项条件，并愿意按照这些条件与对方达成交易、订立合同的行为。

发盘可以是应对方的询盘做出的答复，也可以在没有邀请的情况下直接发出。发盘多由卖方发出，称作售货发盘（Selling Offer），也可以由买方发出，称作购货发盘（Buying Offer）或递盘（Bid）。在发盘有效期内，发盘人不得任意撤销或修改其内容，一经对方接受，将受其约束，并承担按照发盘条件与对方订立合同的法律责任。发盘的交易条件可以采用分条列项的形式写出，这样醒目清楚。

发盘在法律上称为要约（Condition），对发盘人具有约束力，在发盘的有效期内，一经受盘人无条件接受，合同即告成立，发盘人承担按发盘条件履行合同义务的法律责任。发盘是合同成立必经的磋商环节。

【例 5-3】我进出口公司在收到买方发来的询盘（例 5-1）后发盘如下：

OFFER CHINESE GROUNDNUT KERNELS UNGRADED 55M/T USD950 PER M/T CIF LONDON SHIPMENT DECEMBER PAYMENT IRRVOCABLE SIGHT L/C SUBJECT REPLY HERE 18TH OCTOBER.

兹发盘中国不分级花生仁 55 公吨，每公吨 950 美元 CIF 伦敦 12 月交货，以不可撤销的即期信用证付款，限 10 月 18 日复到。

根据《公约》的规定，凡向一个或一个以上特定的人提出的订立合同的建议，如果其内容十分确定并且表明发盘人有在其发盘一旦得到接受就受其约束的意思，即构成发盘。

（一）构成有效发盘的条件

1. 发盘要有特定的受盘人

发盘应向一个或一个以上特定的人（Specific Persons）提出。向特定的人提出，即是向有名有姓的公司或个人提出。提出此项要求的目的在于，把发盘同普通商业广告及向广大公众散发的商品价目单等行为区别开来。对广大公众发出的商业广告是否构成发盘的问题，各国法律规定不一。根据《公约》的规定，非向一个或一个以上特定的人提出的建议，仅应视为邀请发盘，除非提出建议的人明确地表示相反的意向。根据此项规定，商业广告本身并不是一项发盘，通常只能视为邀请对方提出发盘。但是，如商业广告的内容符合发盘的条件，而且登此广告的人明确表示它是作为一项发盘提出来的，如在广告户注明“本广告构成发盘”或“广告项下的商品将售给最先支付货款或最先开来信用证的人”等，则此类广告也可作为一项发盘。

鉴于《公约》对发盘的上述规定很具体且有一定的灵活性，加之世界各国对发盘有不同的理解，因此，在实际应用时要特别小心。我方对外做的广告宣传和寄发的商品价目单不应使对方理解我方有“一经接受，即受约束”的含义。在寄发商品价目单时，最好在其中注明“可随时调整，恕不通知”或“需经我方最后确认”等字样。

案例思考

香港某中间商 A，就某商品以电传方式邀请我方发盘，我方于 6 月 8 日向 A 方发盘并限 6 月 15 日复到有效。12 日我方收到美国 B 商人按我方发盘规定的各项交易条件开来的信用证，同时收到 A 中间商的来电称：“你 8 日发盘已转美国 B 商。”经查该商品的国际市场价格猛涨，于是我将信用证退回开证行，再按新价直接向美商 B 发盘，而美商 B 以信用证于发盘有效期内到达为由，拒绝接受新价，并要求我方按原价发货，否则将追究我方的责任。请问：对方要求是否合理？为什么？

2. 发盘的内容必须十分确定

根据《公约》的规定，发盘的内容必须十分确定（Sufficiently Definite）。所谓十分确定是指在提出的订约建议中，至少应包括下列 3 个基本要素：（1）标明货物的名称；（2）明示或默示地规定货物的数量或规定数量的方法；（3）明示或默示地规定货物的价格或规定确定价格的方法。凡包含上述 3 项基本因素的订约建议，即可构成一项发盘。如该发盘被对方接受，买卖合同即告成立。

在实际业务中，合同项下货物的数量有时只能由当事人酌情处理或只能在交货时具体确定，例如，某商人向对方提出，在 1 年内向对方提供或购买 1 年生产的某项产品，可以认为在数量问题上是十分确定的。同样，确定价格也是如此，例如，在远期交货的情况下，交易双方为了避免承担价格波动的风险，可采取较为灵活的作价办法，即不规定具体价格，只规定一个确定价格的办法，如规定按交货时某个市场的价格水平来确定该货物的价格。

构成一项发盘应包括的内容，各国的法律规定不尽相同。有些国家的法律要求对合同的主要条件，如品名、品质、数量、包装、价格、交货时间与地点以及支付办法等，都要有完整、明确肯定的规定，并不得附有任何保留条件，以便受盘人一旦接受即可签订一项对买卖双方均有约束力的合同。《公约》关于发盘内容的上述规定，只是对构成发盘的起码要求。在实际业务中，如发盘的交易条件太少或过于简单，会给合同的履行带来困难，甚至容易引起争议。因此，在对外发盘时，最好将品名、品质、数量、包装、价格、交货时间、地点和支付办法等主要交易条件一一列明。

3. 表明经受盘人接受发盘人即受约束的意思

必须表明发盘人对其发盘一旦被受盘人接受即受约束的意思。发盘是订立合同的建议，这个意思应当体现在发盘之中，如发盘人只是就某些交易条件建议同对方进行磋商，而根本没有受其建议约束的意思，则此项建议不能被认为是一项发盘。例如，发盘人在其提出的订约建议中加注诸如“仅供参考”“须以发盘人的最后确认为准”或其他保留条件，这样的订约建议就不是发盘，而只是邀请对方发盘。

4. 发盘需送达受盘人

《公约》规定：发盘于送达受盘人时生效。在这里，“送达”是指将发盘通知特定的受盘人或将发盘通知送交至特定受盘人的营业场所或惯常居住地。如果发盘人用信件或电报向受盘人发盘，信件或电报在传递中遗失，以致受盘人未能收到，则此发盘无效。

（二）发盘的有效期

在通常情况下，发盘需具体规定一个有效期，作为对方表示接受的时间限制。超过发盘规定的时限，发盘人即不受约束，当发盘未具体列明有效期时，受盘人应在合理时间内接受才能有效。所谓“合理时间”需根据具体情况而定。根据《公约》的规定，采用口头发盘时，除发盘人发盘时另有声明外，受盘人只能当场表示接受，方为有效。

采用函电成交时，发盘人一般都明确规定发盘的有效期，其规定方法有以下几种：

（1）明确规定最迟接受的期限。例如，限 8 月 8 日复或限 8 月 8 日复到有效。在国际贸易中，由于交易双方所在地的时间大多存在差异，所以发盘人往往采取以接受通知送达发盘人为准的规定方法。按此规定，受盘人的接受通知不得迟于 8 月 8 日内送达发盘人。

（2）明确规定一段接受的期限。例如，发盘有效期为 6 天或发盘限 8 天内复。根据《公约》的规定，其期限的计算应从电报交发时刻或信上载明的发信日期起算。如信上未载明发信日期，则从信封所载日期起算。采用电话、电传发盘时，则从发盘送达受盘人时起算。如果由于时限的最后一天在发盘人营业地是正式假日或非营业日，则应顺延至下一个营业日。

此外，当发盘规定有效期时，还应考虑交易双方营业地点不同而产生的时差问题。

案例思考

法国商人到我方访问时，我方业务员向他口头发出实盘，客户当时未回复，客户回国后认为此价格合理，又表示接受，在这种情况下，我方可否拒绝？

（三）发盘生效的时间

发盘生效的时间有各种不同的情况。以口头方式做出的发盘，其法律效力自对方了解发盘内容时生效。以书面形式做出的发盘，关于其生效时间，主要有两种不同的观点与做法：一是发信主义，即认为发盘人将发盘发出的同时，发盘就生效；另一种是受信主义，又称到达主义，即认为发盘必须到达受盘人时才生效。根据《公约》的规定，发盘送达受盘人时生效。

我国《合同法》关于发盘生效时间的规定同上述《公约》的规定是一致的，即也采取到达主义。此外，我国《合同法》还对采用数据电文方式的到达时间如何确定做出了具体规定：采用数据电文形式订立合同，收件人指定特定系统接收数据电文的，该数据电文进入特定系统的时间，视为到达时间；未指定特定系统的，该数据电文进入收件人的任何系统的首次时间，视为到达时间。明确发盘生效的时间，具有重要的法律和实践意义，这主要表现在以下两个方面。

1. 关系到受盘人能否表示接受

一项发盘只有在送达受盘人时，才能发生效力，即只有当受盘人收到发盘之后，也就是发盘生效之后，受盘人才能表示接受，从而导致合同的成立。在受盘人收到发盘之前，即使受盘人通过其他途径已经知道发盘的发出及发盘的内容，也不能表示接受。

2. 关系到发盘人何时可以撤回发盘或修改其内容

一项发盘即使是不可撤销的，只要在发盘生效之前，发盘人仍可随时撤回或修改其内容，但撤回通知或更改其内容的通知，必须在受盘人收到发盘之前或同时送达受盘人。如发盘一旦生效，那就不是撤回发盘的问题，而是撤销发盘的问题。发盘的撤回（Withdrawal）与撤销（Revocation）是两个不同的概念。前者是指在发盘送达受盘人之前，将其撤回，以阻止其生效。后者是指发盘已送达受盘人，即发盘生效之后将发盘取消，使其失去效力。

（四）发盘的撤回与撤销

1. 发盘的撤回

发盘发出后，发盘人是否可以撤回发盘或变更其内容，在这个问题上，英美法与大陆法两大法系之间存在着尖锐的矛盾。根据《公约》的规定，一项发盘（包括注明不可撤销的发盘），只要在其尚未生效以前，都是可以修改或撤回的，因此，如果发盘人发盘内容有误或因其他原因想改变主意，可以用更迅速的通讯方法，将发盘的撤回或更改通知赶在受盘人收到该发盘之前或同时送达受盘人，则发盘即可撤回或修改。了解这一点，对我国从事进出口业务的工作人员具有实际意义。假如想撤回或修改已经发出的发盘，就必须要有准确的时间概念。例如，发盘是何时发出的，预计何时可送达对方，然后再考虑采取最快的通讯方法是否可以撤回或修改发盘。

2. 发盘的撤销

关于发盘能否撤销的问题，英美法与大陆法存在严重的分歧。《公约》采取了折中的办法：在发盘已送达受盘人，即发盘已经生效，但受盘人尚未表示接受之前这一段时间内，只要发盘人及时将撤销通知送达受盘人，仍可将其发盘撤销。如一旦受盘人发出接受通知，则发盘人无权撤销该发盘。

此外，《公约》还规定，并不是所有的发盘都可撤销，下列两种情况下的发盘，一旦生效，则不得撤销：(1) 在发盘中规定了有效期，或以其他方式表示该发盘是不可能撤销的。(2) 受盘人有理由信赖该发盘是不可撤销的，并本着对该发盘的信赖采取了行动。

（五）发盘效力的终止

任何一项发盘，其效力均可在一定条件下终止。发盘效力终止的原因，一般有以下几个方面：

(1) 在发盘规定的有效期内未被接受，或虽未规定有效期，但在合理时间内未被接受，则发盘的效力即告终止。

(2) 发盘被发盘人依法撤销。

(3) 被受盘人拒绝或还盘之后，即拒绝或还盘通知送达发盘人时，发盘的效力即告终止。

(4) 发盘人发盘之后，发生了不可抗力事件，如所在国政府对发盘中的商品或所需外汇发布禁令等。在这种情况下，按出现不可抗力可免除责任的一般原则，发盘的效力即告终止。

(5) 发盘人或受盘人在发盘被接受前丧失行为能力（如得精神病等），则该发盘的效力也可终止。

三、还盘

受盘人不同意发盘中的交易条件而提出修改或变更的意见，称为还盘（Counter Offer），在法律上叫反要约。

还盘实际上是受盘人以发盘人的地位发出的一个新盘。原发盘人成为新盘的受盘人。还盘又是受盘人对发盘的拒绝，发盘因对方还盘而失效，原发盘人不再受其约束，即受盘人不得再接受原发盘。

还盘可以在交易双方之间反复进行，还盘的内容通常仅陈述需变更或增添的条件，对双方同意的交易条件无须重复。所谓再还盘，就是对还盘的还盘。同上述还盘的性质一样，再还盘是对还盘的拒绝，是还盘人针对还盘而发出的新发盘，是双方考虑成交的新的基础。一笔交易往往经过还盘及往返多次的再还盘才能达成。

还盘与再还盘不仅可以就商品价格的高低提出意见，也可以就交易的其他条件提出意见。在我国出口业务中，我方对国外商人所作的还盘与再还盘应作认真的分析：(1) 从结构上判断其是有约束力的发盘还是没有约束力的发盘，如果是没有约束力的发盘一般只作参考，不一定要作答复，如果是有约束力的发盘，则必须进一步与原盘认真核对，分析其变更和新添的内容；（2）结合市场动态、客户经营作风以及其他客户的还盘，摸清对方的真实意图之后，针锋相对地对国外商人就还盘或再还盘中所提出的问题进行磋商，争取按照符合我方的经营意图的条件达成交易。

【例 5-4】国外买方收到我进出口公司的发盘（例 5-3）后，于 10 月 17 日还盘：

YOUR OFFER PRICE TOO HIGH COUNTER OFFER USD930 SUBJECT REPLY HERE 23RD. OCT..

你方发盘价太高，还盘 930 美元限 10 月 23 日复到。

四、接受

接受（Acceptance）是受盘人在发盘的有效期内，无条件地同意发盘中提出的各项交易条件，愿意按这些条件和对方达成交易的一种表示。发盘和接受是达成交易的两个不可缺少的环节。

接受在法律上称为“承诺”，它是交易磋商的最后一个环节，也是交易磋商必经的一个环节。一方的发盘经另一方有效接受，交易即告达成，合同亦即成立，双方即应分别履行其所承担的义务并拥有相应的权利。

接受可由我方做出，也可以由国外商人做出。表示接受的电文，内容可以很简单，如仅列明“你 10 日电我接受（或确认）”（YOUR TELEX TENTH WE ACCEPT（CONFIRM）），而不重复列出有关的交易条件。有时因成交金额较大或往返函电较多，双方多次互相还盘，条件变化较大，为求慎重，避免差错或误解，虽还盘中仅涉及需变更的交易条件，但在接受时宜复述全部条件，尤其是重要部分。

【例 5-5】我进出口公司收到买方 10 月 17 日的还盘（例 5-4）后，立即接受：

YT21 WE ACCEPT.

你 21 日电接受。

或用以下方式表达：

YT21 WE ACCEPT CHINESE GROUNDNUT KERNELS UNGRADED 55M/T USD930 PER M/T CIF LONDON SHIPMENT DECEMBER PAYMENT IRRVOCABLE SIGHT L/C.

你 21 日电接受中国不分级花生仁 55 公吨，每公吨 930 美元 CIF 伦敦，12 月交货以不可撤销即期信用证付款。

（一）构成有效接受的条件

构成一项有效的接受，必须具备下列各项要件：

1. 必须由受盘人做出

发盘是向特定的人提出的，因此只有特定的人才能对发盘做出接受。由第三者做出的接受不能视为有效的接受不具有法律效力，只能作为一项新的发盘，必须由原发盘人予以确认，合同才能成立。

2. 接受必须是同意发盘所提出的交易条件

根据《公约》的规定，一项有效的接受必须是同意发盘所提出的交易条件，只接受发盘中的部分内容，或对发盘条件提出实质性的修改，或提出有条件的接受，均不能构成接受，而只能视作还盘。

3. 接受必须在发盘规定的时效内做出

当发盘规定了接受的时限时，受盘人必须在发盘规定的时限内做出接受，方为有效。如发盘没有规定接受的时限，则受盘人应在合理时间内表示接受。对何谓“合理时间”往往有不同的理解。为了避免争议，最好在发盘中明确规定接受的具体时限。

4. 接受通知的传递方式应符合发盘的要求

发盘人发盘时，有的具体规定接受通知的传递方式，也有未做规定的。如发盘没有规定传递方式，则受盘人可按发盘所采用的，或采用比其更快的传递方式将接受通知送达发盘人。

在这里需要强调说明的是，接受通知在规定期限内到达发盘人，对于合同的成立具有重要作用。因此，各国法律通常都对接受到达发盘人的期限做出了规定。我国《合同法》也对此做了规定，即承诺应当在要约确定的期限内到达要约人。要约没有确定承诺期限的，承诺应依照下列规定到达：（1）要约以对话方式做出的，应当及时做出承诺，但当事人另有约定的除外；（2）要约以非对话方式做出的，承诺应在合理期限内到达。

5. 接受必须表示出来

受盘人表示接受的方式有：

（1）用声明（Statement）做出表示，即受盘人用口头或书面形式向发盘人同意发盘。

（2）用行为（Performing an Act）做出表示，通常指由卖方发运货物或由买方支付价款来表示。

（二）接受生效的时间

接受是一种法律行为，这种行为何时生效，各国法律有不同的规定。在接受生效的时间问题上，英美法与大陆法存在着严重分歧。英美法采用“投邮生效”的原则，即接受通知一经投邮或交电报局发出，则立即生效；大陆法系采用“到达生效”的原则，即接受通知必须送达发盘人时才能生效。《公约》规定接受送达发盘人时生效。如接受通知未在发盘规定的时限内送达发盘人，或者发盘没有规定时限，且在合理时间内未曾送达发盘人，则该项接受称作逾期接受（Late Acceptance）。按各国法律规定，逾期接受不是有效的接受。由此可见，接受时间对双方当事人都很重要。

此外，接受还可以在受盘人采取某种行为时生效。根据《公约》的规定，如根据发盘或依照当事人业已确定的习惯做法或惯例，受盘人可以做出某种行为来表示接受，并须向发盘人发出接受通知。例如，发盘人在发盘中要求“立即装运”，受盘人可做出立即发运货物的行为对发盘表示同意，而且这种以行为表示的接受，在装运货物时立即生效，合同即告成立，发盘人就应受其约束。

案例思考

我某公司于7月16日收到法国某公司发盘：“马口铁500公吨，单价545美元CFR

中国口岸，8 月装运，即期 L/C 支付，限 7 月 20 日复到有效。”我方于 17 日复电：“若单价 500 美元 CFR 中国口岸可接受，履约中如有争议，在中国仲裁。”法国公司当日复电：“市场坚挺，价不能减，仲裁条件可接受，速复。”此时马口铁价格确实趋涨。我方于 19 日复电:“接受你方 16 日发盘，L/C 已由中国银行开出。”结果对方退回 L/C。请问：合同是否成立?

（三）有条件的接受

有条件的接受是指受盘人在答复发盘时，使用了“接受”（Accepted）字样，但又对接受的发盘内容进行了某些添加、限制或其他更改。从法律上讲，有条件的接受只能是还盘，但是根据国际贸易的实际业务，《公约》对“有条件的接受”又做出了一些特殊规定。

《公约》将接受中对发盘条件的变更分两大类：一是实质性变更（Material Alteration），即是在实质上变更发盘的条件；二是非实质性变更（Non-material Alteration），即实质上并不变更发盘的条件。这两种变更在法律效力上完全不同：如对货物的价格、付款、质量和数量、交货地点和时间、赔偿责任范围或解决争端等方面的变更，为实质性变更，只能构成还盘，接受无效，合同不成立；如要求提供重量单、装箱单、商检证、产地证等单据，或增加某种单据的份数等附加条件，应视为非实质性变更的接受，除非发盘人在不过分延迟的时间内表示反对其间的差异外，仍构成有效接受，合同成立。

案例思考

2015 年 8 月 8 日，我方向韩国 A 公司发盘“可供一级芝麻 10 公吨，每公吨 1 500 美元 CIF 纽约，适合海运包装，订约后即装船，不可撤销即期信用证，请速复电。”A 立即复电：“你方 8 日电我方接受，用双层新麻袋包装，内加一层塑料袋。”我方收到复电后着手备货，数日后，芝麻的市场价格猛跌，A 商来电称：“我方对包装条件作了变更，你方未确认，合同并未成立。”而我方坚持合同已经成立。请按照《公约》的规定对此案进行分析。

（四）逾期接受

逾期接受又称迟到的接受。虽然各国法律一般认为逾期接受无效，只能视作一个新的发盘，但《公约》对这个问题作了灵活的处理。只要发盘人毫不迟延地用口头或书面通知受盘人，认为该项逾期的接受可以有效，愿意承受逾期接受的约束，合同仍可于接受通知送达发盘人时订立。如果发盘人对逾期的接受表示拒绝或不立即向受盘人发出上述通知，则该项逾期的接受无效，合同不能成立。如果载有逾期接受的信件或其他书面文件显示，依照当时寄发情况，只要传递正常，信件或文件本来是能够及时送达发盘人的，则此项逾期的接受应当有效，合同于接受通知送达发盘人时订立。除非发盘人毫不迟延地用口头或书面通知受盘人，认为其发盘因逾期接受而失效。

以上表明，逾期接受是否有效，关键要看发盘人如何表态。

案例思考

我某公司于4月15日向外商A发盘，限20日复到我方，外商于17日上午发出电传，但该电传在传递中延误，21日才到达我方。我公司以对方答复逾期为由，不予置理。当时该货物的市价已上涨，我公司遂以较高价格于22日将货物售予外商B。25日外商A来电称：信用证已开出，要求我方尽早装运。我方立即复电外商A：接受逾期，合同不成立。分析合同是否成立？

（五）重新接受

重新接受是指受盘人接到一项发盘时，首先做出了拒绝或还盘，然后又表示接受。这种接受是否有效，要根据情况而定，如果受盘人采用更加快捷的传递方式将接受通知发出，并使其先于拒绝或还盘送达发盘人，则该项接受有效；如果接受通知与拒绝或还盘同时送达发盘人，或者迟于拒绝或还盘送达发盘人，则此项接受无效。因为拒绝或还盘一旦送达发盘人，发盘即告失效，受盘人已无接受的权利。

案例思考

我某外贸公司打算进口一批罐装鱼片，请国外某公司发盘，5月1日国外公司发出报价："每箱2美元CFR中国口岸，共200箱。7月纽约港装运，限5月5日复到有效。"第二天（5月2日），我公司回电："对你方5月1日的报价还盘为每箱1.8美元，共200箱，纽约港装运，如有争议在中国仲裁。"5月5日我仍未收到回电，鉴于该货价有上涨的趋势，我于5月6日又向对方发报："你5月1日报盘，我方无条件接受，信用证已开出。"但国外客户不理睬我方接受，退回信用证。对方处理该问题是否恰当？说明理由。

（六）接受的撤回或修改

在接受的撤回或修改问题上，《公约》采取了大陆法"送达生效"的原则。如果撤回通知于接受原发盘应生效之前或同时送达发盘人，接受得予撤回。由于接受在送达发盘人时才产生法律效力，故撤回或修改接受的通知，只要先于原接受通知或与原发盘接受通知同时送达发盘人，则接受可以撤回或修改。如接受已送达发盘人，即接受一旦生效，合同即告成立，就不得撤回接受或修改其内容，因为这样做无异于撤销或修改合同。

需要指出的是，在当前通信设施非常发达和各国普遍采用现代化通信的条件下，当发现接受中存在问题而想撤回或修改时，往往已来不及了。为了防止出现差错和避免发生不必要的损失，在实际业务中，应当审慎行事。

（七）接受应注意的问题

国际贸易中，表示接受的可以是买方，也可以是卖方。如果是我方表示接受，一般应注意以下几个问题：

（1）接受时应对洽商的函电或谈判记录进行认真核对，经核对认为对方提出的各项交易条件确已明确、肯定、无保留条件时，再予接受。

（2）接受可以简单表示，如“你10日电接受”，也可详细表示，即将洽商的主要交易条件再重述一下，表示接受。一般讲，对一般交易的接受，可采用简单形式表示，但接受电报、电传或信函中须注明对方来电、信函的日期或文号；对大宗交易或交易洽商过程比较复杂的，为慎重起见，在表示接受时，应采用详细叙述主要交易条件的形式。

（3）表示接受应在对方报价规定的有效期之内进行，并严格遵守有关时间的计算规定。

（4）表示接受前，详细分析对方报价，准确识别对方函件性质是发价还是询盘，以免使自己被动或失去成交的机会。

由国外客户表示接受时，应注意的问题如下：

（1）收到国外客户接受后，要认真分析客户接受的有效性，根据客户接受情况及我方经营意图，正确处理把握合同成立与不成立的法律技巧。

（2）注意贯彻“重合同、守信用”的原则，只要对方接受有效，即使情况变化对我方不利，我们仍应同客户达成交易，订立合同，维护我方信誉。

自测练习

一、关键名词

有效发盘　　逾期接受　　接受撤回

有条件的接受　　重新接受

二、简答题

1. 何谓发盘？构成发盘应具备哪些条件？

2. 发盘的撤回与撤销的区别有哪些？

3. 规定发盘的有效期有哪些方法？

4. 构成发盘失效的情况有哪些？

5.《联合国国际货物销售公约》对发盘内容有哪些基本要求？我们在外贸业务实践中对发盘内容应如何掌握？

6. 2016年5月20日A商以电报向B商发盘“JA-1型蝴蝶牌缝纫机，木箱装，2 000台，每台60美元，CIF科威特，7/8月装运，即期信用证支付，限22日复到有效”。A商该项发盘的效力在哪些情况下终止？

7. 一项有效接受必须具备哪些条件？

8. 有条件的接受分为几种类型？请具体阐述。逾期接受的定义是什么？发盘人应该如何处理？

9. 接受能否撤回或修改？《联合国国际货物销售合同公约》关于接受撤回与修改问题有何规定？

三、案例思考与讨论

1. 我国某公司与国外洽谈一笔丝绸产品的交易，经过双方对交易条件的磋商，就价格、数量、交货期等达成协议，我方公司于是在3月8日致电对方：“确认售与你方丝绸产品数量为××，请先电汇5%的货款。”对方于3月11日复电：“确认你方电报，条件按你方电报规定，已汇交你方银行××万美元，该款在交货前由银行代你方保管……”这笔合同是否成立？简述理由。

2. 我A公司向国外B公司发实盘，限6月10日前复到有效，B公司于6月8日来电要求降价，A公司于9日与另一家公司达成交易。同一天（9日），B公司又来电要求撤回8日还盘，全部接受原发盘的条件。A公司以货已出售为由予以拒绝。B公司声称其接受是在我方发盘的有效期内做出，要求A公司履约。B公司的要求是否合理？为什么？

3. 我某公司于5月20日以电传发盘，并规定“限5月25日复到”。国外客户于5月23日复电至我方，要求将即期信用证改为远期见票后30天。我公司正在研究中，次日又接到对方当天发来的电传，表示无条件接受我5月20日的发盘。交易是否达成？

4. 我国某公司向美国某贸易商出口一批工艺品，我方于周一上午10时，以普通电报向美商发盘，公司原定价为500美元CIF纽约，但由于我方工作人员疏忽而误报为每单位500元人民币CIF纽约。在下述3种情况下应如何处理较为妥当：

（1）如果是在当天10点半发现问题，应如何处理？

（2）如果是在第二天上午9点发现，客户尚未接受，应如何处理？

（3）如果是在第二天上午9点发现，客户已经接受，应如何处理？

5. 6月5日我国A公司向美国B公司寄去订货单一份，要求对方在6月20日前将接受送达A公司。该订货单于6月12日邮至B公司，B公司6月20日以航空特快专递发出接受通知。事后B公司催促A公司尽早开立信用证，而A公司否认与B公司有合同关系。按《公约》的规定，A公司的主张是否成立？为什么？

6. 我某公司向英国A公司发盘出售一批大宗商品，对方在发盘有效期内复电表示接受，同时指出：“凡发生争议，双方应通过友好协商解决；如果协商不能解决，应将争议提交中国国际经济贸易仲裁委员会仲裁。”第三天，我方收到A公司通过银行开来的信用证。因获知该商品的国际市场价格已大幅度上涨，我公司当天将信用证退回，但A公司认为其接受有效，合同成立。双方意见不一，于是提交仲裁机构解决。按照《公约》的规定，如果你是仲裁员，将如何裁决？

四、操作训练

1. 出口商：中国广西食品进出口公司

客户：T. G. Salgo & Co. Melbourne, Australia

商品名称：“贵妃”牌荔枝罐头

规格：500克/听

数量：50 000听

单价：CIF 墨尔本每听 3 美元，总值 150 000.00 美元

装运期：2007 年 10 月自中国港口至墨尔本，在香港转船

付款条件：凭不可撤销即期信用证付款

根据以上资料，回答下列问题：

（1）从出口商角度，根据上述信息拟制一份发盘函件；

（2）从进口商角度拟制一份发盘函件，要求单价降为 CIF 墨尔本每听 2.8 美元，凭不可撤销信用证见票后 30 天付款；

（3）从出口商角度，根据上述还盘拟制一份接受函件。

2. 美国 JOHNSON 有限公司向我方定购上海梅林长城牌草莓酱，纸箱包装，每箱 4 听，每听 650 克。双方交换电文如下：

MAY 4 （INCOMING）

GREATWALL BRAND STRAWBERRY JAM CLIENTS HERE INTEND PLACING LARGE ORDER FOR PROMPT SHIPMENT PLS QUOTE CIFC5 LOS ANGELES

MAY 5 （OUTGOING）

YOURS FOURTH PROMPT SHIPMENT ANAVALIABLE SEPTEMBER SHIPMENT REFRERECE PRICE USD 26.40PER CARTON CIF C3 LOS ANGELES

MAY 7 （INCOMING）

YOURS INTERESTED IN 30000CARTONS JULY SHIPMENT PLS OFFER

MAY 9 （OUTGOING）

YOURS 7 OFFER SUBJECT REPLY REACHING US MAY 19, 20000CARTONS USD 26.40 PER CARTON CIFC3 AUGUST SHIPMENT IRREVOCABLE SIGHT CREDIT

MAY 11 （INCOMING）

YOURS COMPETITORS QUOTING SIMILAR QUALITY USD22.80 PER CARTON CIFC5 D/P SIGHT IF SAME TERMS JULY SHIPMENT BOOKABLE 28000CARTONS PLS REPLY HERE 16

MAY 12 （OUTGOING）

YOURS DEMAND BRISK CAN ONLY SUPPLY 24000CARTONS USD 24.00CIFC3 JULY/AUGUST EQUAL MONTHLY SHIPMENT SIGHT CREDIT REPLY HERE 18

MAY 14 （INCOMING）

YOURS 12 ACCEPTABLE PROVIDED 14000CARTONS JULY SHIPMENT 12000CARTONS AUGUST SHIPMENT USD24.00 PER CTN D/P SIGHT PLS REPLY IMMEDIATELY

MAY 15 （OUTGOING）

YOURS 14 CONSIDERING YOU ARE OLD CUSTOMER WILL SATISFY YOUR REQUIREMENT 26000CTNS JULY/AUGUST EQUAL MONTHLY USD25.00CIFC3 PAYMENT AS USUAL SIGHT CREDIT REPLY HERE 20

MAY 17 （INCOMING）

YOURS 15 WE ACCEPT L/C 30 DAYS SIGHT CREDIT WILL BE OPENED BY

BROWN COMPANY LTD.

(i) MAY 18 (OUTGOING)

YOURS 17 S/C NO. 9943895 AIRMILLED PLS OPEN ON TIME

(ii) MAY 20 (OUTGOING)

YOURS 17 ACCEPTED, BUT PLS SEND US THE SAMPLE BEFORE THE CONTRACT

(iii) MAY 18 (OUTGOING)

YOURS 17 WE. CAN ONLY ACCEPT SIGHT CREDIT. REPLY HERE 25

MAY 28 (INCOMING)

YOURS 18 ACCEPTED, L/C WILL BE OPENED BY THE ACTUAL BUYER

请根据上述交易往来磋商函电，回答下列问题：

(1) 以上交易磋商过程分别属于交易磋商的什么环节？

(2) (i)、(ii) 和 (iii) 是否属于有效接受？为什么？(iii) 情况下，若该产品的国际市场价格下跌趋势，我方应该如何处理，为什么？

模块三

签订合同

知识要点

1. 合同的形式；
2. 合同的基本内容；
3. 理解签订书面合同的意义和作用。

技能要求

根据交易磋商的往来函电缮制销售（购买）合同、销售（购买）确认书、协议等英文合同。

一、合同成立的时间与合同生效的要件

合同即法律，依法成立的合同，具有法律约束力，合同自成立时生效。但在这里需要说明的是，合同成立与合同生效是两个不同的概念。合同成立的判断依据是接受是否生效；而合同生效是指合同是否具有法律上的效力。在通常情况下，合同成立之时，就是合同生效之日，二者在时间上是同步的。但有时合同虽然成立，却不立即产生法律效力，而是需要其他条件成立时，合同才开始生效。

（一）合同成立的时间

在国际贸易中，合同成立的时间是一个十分重要的问题。根据《公约》的规定，合同成立的时间为接受生效的时间，而接受生效的时间，又以接受通知到达发盘人或按交易习惯及发盘要求做出接受的行为为准。由此可见，合同成立的时间有两个判断标准：一是有效接受的通知到达发盘人时，合同成立；二是受盘人做出接受行为时，合同成立。此外，在实际业务中，有时双方当事人在洽商交易时约定，合同成立的时间以订约时合同上所写明的日期为准，或以收到对方确认合同的日期为准。

在现实经济生活中，有些合同成立的时间有特殊规定，如我国《合同法》规定：当事人采用合同书形式订立合同的，自双方当事人签字或者盖章时合同成立。签字或盖

章不在同一时间的，最后签字或者盖章时合同成立。

（二）签订书面合同的意义和作用

在交易磋商过程中，一方发盘或还盘，另一方接受，交易即告成立，买卖双方即构成了合同关系。磋商过程中的往来函电，即为合同关系成立的最好书面证明。但是根据国际贸易的一般习惯，双方还要签订一份正式的书面合同来详细规定双方的权利和义务。

1. 书面合同是合同关系成立的最有力的证明

以口头达成的交易，书面合同的意义尤为明显。即使是经过往来函电达成的交易，因函电的文字和内容简略或使用代码，有的只有当事人双方才能理解，容易发生歧义和误解。因此需要签订一份正式的书面合同，以完整表述交易的条件和内容。

2. 书面合同是履行合同的依据

如果没有详细载明双方权利和义务的书面合同，当事人双方在履行合同的过程中会有诸多不便，特别是在国际贸易中，有的时候合同的订立者并不是实际履行人，而是直接供货商，或者订立合同的只是中间商等。因此需要一份书面合同以便各方当事人履行其合同中规定的义务。

3. 书面合同有时是合同生效的条件

有时当事人要求订立书面合同，则双方必须订立书面合同。有的买卖合同甚至需要政府有关部门的批准，在未被批准之前，即使订立了合同，合同也不能生效。

（三）合同生效的要件

买卖双方就各项交易条件达成协议后，并不意味着此项合同一定有效。根据各国合同法规定，一项合同，除买卖双方就交易条件通过发盘、接受达成协议后，还需具备以下要件，才是一项有效的合同，从而得到法律上的保护。

（1）当事人双方必须具有法律行为的资格和订立合同的能力。所谓法律行为的资格，是指合同的订立者应当是在法律上得到订立合同的授权，例如法人代表或其指定人就具有这样的资格。所谓订立合同的能力，是指合同订立者有履行合同规定的义务的能力，如精神病患者和未成年人就不具备这样的能力。

我国《合同法》规定：当事人订立合同，应当具有相应的民事权利能力和民事行为能力。由此可见，在订立合同时，注意当事人的缔约能力和主体资格问题是十分重要的。

（2）合同必须有对价或约因。对价（Consideration）是英美法系的一个法律术语，指当事人为了取得合同利益所付出的代价，即双方互为有偿。法国法认为，约因（Cause）是法国法强调的当事人订立合同所追求的直接目的。按照英美法和法国法的规定，合同只有在有对价或约因时，才是法律上有效的合同，无对价或无约因的合同是得不到法律保障的。

（3）合同的标的和内容必须合法。几乎所有有关买卖合同的法律都有此规定。合同的标的（Subject Matter）指买卖双方的货物或款项等，例如毒品买卖、军火走私等都不受法律的保护。另外，合同的内容不能违反有关的法律，否则合同有可能无效。

许多国家往往从广义上解释“合同内容必须合法”，其中包括不得违反法律、不得违反公共秩序或公共政策以及不得违反善良风俗或道德 3 个方面。

根据我国《合同法》的规定，当事人订立、履行合同应当依照法律、行政法规，尊重社会公德，不得扰乱社会经济秩序，损害社会公共利益。

（4）合同必须符合法律规定的形式。世界上大多数国家，只对少数合同才要求必须按法律规定的特定形式订立，而对大多数合同，一般不从法律上规定应当采取的形式。《公约》对国际货物买卖合同的形式没有特别的要求，甚至允许当事人以口头方式达成合同。《公约》规定：销售合同无须以书面订立或书面证明，在形式方面也不受任何其他条件的限制。销售合同可以用包括人证在内的任何方法证明。但是我国在加入该《公约》时对此提出了保留，即我国不承认以书面以外的方式达成的合同。

（5）合同当事人的意思表示必须真实。各国法律都认为，合同当事人的意思表示必须是真实的才能成为一项有约束力的合同，否则这种合同无效。

为了使签订的合同能得到法律上的保护，我们必须了解上述合同生效的各项要件，并依法行事。此外，我们还应了解造成合同无效的下列几种情况。根据我国《合同法》的规定，有下列情形之一的，合同无效：① 一方以欺诈、胁迫的手段订立合同，损害国家利益；② 恶意串通，损害国家、集体或者第三人利益；③ 以合法形式掩盖非法目的；④ 损害社会公共利益；⑤ 违反法律、行政法规的强制性规定。

（6）发盘和接受是达成交易、签订合同的两个基本环节和法律步骤。

二、合同的形式及其基本内容

（一）合同的形式

合同的形式是合同当事人内在意思的外在表现形式。在国际贸易中，交易双方订立合同有下列几种形式：

1. 书面形式

书面形式包括合同书、信件以及数据电文（如电报、电传、传真、电子数据交换和电子邮件）等，可以有形地表现所载内容的形式。采用书面形式订立的合同，既可以作为合同成立的证据，也可以作为履行合同的依据，还有利于加强合同当事人的责任心，使其依约行事，即使履约中发生纠纷，也便于举证和分清责任，故书面合同成为合同的一种主要形式。鉴于采用书面形式订立合同有许多好处，故有些国家的法律或行政法规甚至明文规定必须采用书面形式。

2. 口头形式

采用口头形式订立的合同又称口头合同或对话合同，即指当事人之间通过当面谈判或通过电话方式达成协议而订立的合同。采用口头形式订立合同，有利于节省时间、简便行事，对加速成交起着重要作用。但是，因无文字依据，空口无凭，一旦发生争议，往往举证困难，不易分清责任。这是有些国家的法律、行政法规强调必须采取书面合同的最主要的原因。

3. 其他形式

其他形式是指上述两种形式之外的订立合同的形式，即以行为方式表示接受而订立的合同。例如，根据当事人之间长期交往中形成的习惯做法，或发盘人在发盘中已经表明受盘人无需发出接受通知，可直接以行为做出接受而订立的合同，均属此种形式。

上述订立合同的3种形式，从总体上来看，都是合同的法定形式，因而均具有相同的法律效力，当事人可根据需要，酌情进行选择。根据我国《合同法》的规定，当事人订立合同，有书面形式、口头形式和其他形式。法律、行政法规规定采用书面形式的，应当采用书面形式。当事人约定采用书面形式的，应当采用书面形式。由此可见，当事人签订合同时，究竟采用什么形式，应根据有关法律、行政法规的规定和当事人双方的意愿行事。

根据国际贸易的一般习惯做法，交易双方通过口头或书面形式达成协议后，多数情况下还签订一定格式的书面合同，以利合同的履行。关于书面合同的名称，并无统一规定，其格式的繁简也不一致。在我国进出口贸易实践中，书面合同的形式包括合同（Contract）、确认书（Confirmation）和协议书（Agreement）等，其中以采用“合同”和“确认书”两种形式的居多。从法律效力来看，这两种形式的书面合同没有区别，所不同的只是格式和内容的繁简有所差异。合同又可分为销售合同（Sales Contract）和购买合同（Purchase Contract）：前者是指卖方草拟提出的合同；后者是指买方草拟提出的合同。确认书是合同的简化形式，它又分为销售确认书（Sales Confirmation）和购买确认书（Purchase Confirmation）：前者是卖方出具的确认书；后者是买方出具的确认书。

在我国对外贸易业务中，合同或确认书通常一式两份，由双方合法代表分别签字后各执一份，作为合同订立的证据和履行合同的依据。

案例思考

我某公司就某商品的进口事宜与国外某客户进行洽谈，经过双方多次的往来函电，最终交易达成，但未签订正式的书面合同。根据双方的往来函电表明，对方应于2015年12月前向我方提供该商品，而直至2016年1月，对方仍未向我方提供该商品。我方曾多次要求对方履行合约，对方却以未签订正式书面合同为由否认合同已达成。双方的交易是否已达成？为什么？

（二）合同的基本内容

书面合同不论采取何种格式，其基本内容通常包括约首、基本条款和约尾3个组成部分。

1. 约首（Preamble）

约首是指合同的序言部分，其中包括合同的名称、订约双方当事人的名称和地址（要求写明全称）。除此之外，在合同序言部分常常写明双方订立合同的意愿和执行合同的保证。该序言对双方均具约束力，因此，在规定该序言时应慎重考虑。

2. 基本条款（Body）

这是合同的主体部分，具体列明各项交易的条件或条款，如品名、品质规格、数量、单价、包装、交货时间与地点、运输与保险条件、支付方式以及检验、索赔、不可抗力和仲裁条款等。这些条款体现了双方当事人的权利和义务。

3. 约尾（Witness Clause）

约尾一般列明合同的份数、使用的文字及其效力、订约的时间和地点及生效的时间。合同的订约地点往往要涉及合同准据法的问题，因此要慎重对待。我国出口合同的订约地点一般都写我国。有时有的合同将“订约时间和地点”在约首订明。

自测练习

一、关键名词

约首　　合同主体　　约尾

二、简答题

1. 一项有法律约束力的合同应具备哪些条件？

2. 书面合同的形式有哪些？在国际贸易中，买卖双方以口头或书面磋商达成的交易，为什么还需签订一份书面合同？

3. 合同成立的时间和地点分别有哪几种情况？请具体说明。

4. 请简要说明合同和确认书的异同。

三、案例分析

1. 我某公司与外商洽商进口某商品一批，经往来电传洽谈，已谈妥合同的主要交易条件，但我方在电传中表明交易于签订确认书时生效。事后对方将草拟的合同条款交我方确认，但因有关条款的措辞尚需研究，我方未及时给对方答复。不久该商品的市场价格下跌，对方电催我方开立信用证，而我方以合同未成立为由拒绝开证。我方的做法是否有理？为什么？

2. 某外贸土特产品进出口公司拟向某外商出口一批土产品。双方就出口商品品名、规格、质量、数量、价格、包装、交货日期、付款方式等交易条件通过电报往来进行磋商。3 月基本达成协议，唯有价格一项，中方坚持单价不得低于每公吨 1 500 元人民币，并要求外商在“两个月内答复”。下半年，国际市场该土特产品的价格猛涨，外商才复电可按中方 1 500 元/公吨的价格成交。此时，中方发现国内货源已紧缺，无法供货，故未予理睬，外商于数日后未接到中方答复，便指责中方违约，并要求中方承担违约责任。中方是否要承担违约责任？为什么？

3. 温州某公司与 A 公司作签订了一笔 USD40 000.00 FOB 宁波的出口合同，付款方式是订单确认后先支付 USD1 000.00 作为定金，剩余货款于货物装船前通过电汇（T/T）付清剩余货款，并且约定客户将在货款生产完毕时来工厂检验。我方收到定金后开始生产，在货款即将生产完毕时通知对方来工厂检验。但对方要求在装运港——宁波港实施检验，检验合格后，对方将直接给我方银行汇票。与此同时，我方了解到，船公司是客户指定的，提单将由船公司直接放给客户。这样做客户已经改变合同条款，主要体现在以下 3 个方面：

（1）客户改工厂检验为装运港检验，这样无形增加我方风险，万一对方检验后认为不合格，我方将增加不必要的费用。

(2) 客户改电汇（T/T）为银行汇票（D/D），付款行是“汇丰银行上海分行”。由于异地托收所需时间较长，大约为二十天左右，对我方资金周转有影响，而且已经发生的案例说明，在收款人兑现汇票之前，对方有权利要求银行止付。

(3) 提单将直接由船公司放给客户。按照惯例，船公司只有在收到托运人的委托书后才可以将提单放给收货人（买方）。但该船公司与收货人之间有长期良好的合作关系，因此，船公司答应在装船后3~4天将提单放给收货人，这显然会影响到我方利益。鉴于上述问题，我方应如何解决以控制交易风险？

4. 2015年3月，我国浙江省某进出口公司的一位美国客户在与该公司业务员会面时，口头向该公司下了一笔订单，由于时间较为仓促，加上该客户是公司老客户，与之洽谈的业务员未要求与对方当场签下书面合同，只是请对方回国后再发一份传真以便留档。客户回国后并未发来传真，我方业务员也未坚持催要，同时我方根据客户要求开始备货，当货物将要备齐，我方请客户确认汇款时，客户告之，当时由于较为匆忙，未充分考虑，以至下了口头订单，回国后，仔细加以核算，发现无法成交，加上我方请其以传真确认，则认为不发传真订单不正式成立，而且根据其对与中国的了解，中国在国际货物买卖中是不承认口头形式合同的。所以客户对于由于其未及时通知我方取消口头订单造成的损失表示遗憾，但仅此而已。我方得知客户态度后表示，中国的合同法中明确了口头形式合同的有效性，美国客户的说法纯粹是一种托词，无任何法律依据，所以将坚持向客户索赔。在这种情况下，该合同是否成立？

四、操作训练

2016年5月至6月安徽奇强纺织品进出口总公司与伦敦TIVOLI PRODUCTS PLC公司就棉坯布货号305进行往来函电磋商，经双方共同努力，最终达成交易。请根据下列背景资料和往来函电缮制销售确认书。

SELLER：QIQIANG TEXTILES IMP. & EXP. CO., LTD.
105 CHANGJIANG ROAD, HEFEI, ANHUI PROVINCE, CHINA

BUYER：TIVOLI PRODUCTS PLC
1002 CAMBRIDGE STREET, LONDON, U.K.

COMMODITY：COTTON GREY SHIRTING, ARTICLE NO. 305
30×36 72×69 38in×121.5yds

USUAL TERMS：

GOODS TO BE PACKED IN CLOTH BALES OF 10 PCS. OF 100yds EACH. WHEN BUSINESS DONE ON CIF BASIS, THE SELLER SHALL COVER INSURANCE FOR 110% OF CIF INVOICE VALUE AGAINST ALL RISKS AND WAR RISK. PAYMENT BY IRREVOCABLE SIGHT LETTER OF CREDIT.

往来函电：

INCOMING：MAY 5
PRINTED SHIRTING ARTICLE 305 PLEASE QUOTE LOWEST PRICE CIFC2 LONDON

OUTGOING: MAY 7

YOURS FIFTH 305 PRICE USD1.85/YARD CIFC2 LONDON SHIPMENT SEPTEMBER

INCOMING: MAY 9

305 UNWORKABLE MARKET IDEA USD1.75

OUTGOING: MAY 10

305 BUSINESS DONE WITH OTHERS AT USD1.93

INCOMING: MAY 12

YOURS MAY 10 305 PLEASE ADVICE EARLIST POSSIBLE SHIPMENT

OUTGOING: MAY 14

YOURS MAY 12 305 SUPPLY COULD BE ARRANGED PLEASE CABLE BEST PRICE

INCOMING: MAY 16

PAKISTAN AND MALAYSIA OFFERING SAME QUALITY USD1.70/YARD PROMPT SHIPMENT

OUTGOING: MAY 18

305 1.85 AUGUST SHIPMENT PLEASE CABLE QUANTITY REQUIRED

INCOMING: MAY 19

YOURS MAY 18 305 UNCOMPETITIVE PLEASE QUOTE MOST FAVOURABLE PRICE

OUTGOING: MAY 20

YOURS MAY 19 INVITE FIRM BID FROM YOU

INCOMING: MAY 22

YOURS MAY 20 305 BIDDING 1.73 SIX MILLION YARDS SEPT/OCT EQUAL MONTHLY REPLY HERE TWENTY SIXTH

OUTGOING: MAY 24

305 VERY DIFFICULT HOWEVER NEED TIME FOR CONSIDERATION

INCOMING: MAY 25

YOURS MAY 24 MUST EXPEDITE STOP WE APPRECIATE YOUR SINCERITY PLEASE UNDERSTAND WE ARE SIMILARLY TRYING SPECIALLY HARD AGAINST STRONG COMPETITION AND DIFFICULT MARKET

OUTGOING: MAY 27

305 UNLESS BETTER PRICE BUSINESS IS IMPOSSIBLE

INCOMING: MAY 28

VERY DIFFICULT TO IMPROVE UNDER HARD COMPETITION ANYHOW PERSUADED USER 1.75 SEVEN MILLION YARDS SEPT/OCT EQUAL MONTHLY

OUTGOING：MAY 30

YOURS MAY 28 APPRECIATE YOUR HARD WORKING HOWEVER PRICE STILL TOO LOW VERY DIFFICULT TO MAKE PRODUCTION PLEASE DO UTMOST IMPROVE

INCOMING：MAY 31

USER VERY DISAPPOINTED WE ARE SINCERELY SORRY OFFER UNIMPROVABLE AND SUBJECT ACCEPTANCE HERE JUNE SECOND OTHERWISE WE ARE FORCED BOOK ELSEEHERE

OUTGOING：JUNE 2

AFTER HARD CALCULATION WE NOW QUOTE BEST 1. 80 WHICH IS STILL BELOW MARKET LEVEL WE HOPE USER WILL APPRECIATE OUR REAL EFFORT PLEASE CONFIRM

INCOMING：JUNE 4

SPECIALLY CONFIRMED ADD FURTHER MILLION STILL EQUALSHIPMENT OTHER UNCHANGED PLEASE CONFIRM IMMEDIATELY

OUTGOING：JUNE 5 YOURS JUNE FOURTH 305 EIGHT MILLION YARDS SEPT/OCT EQUAL MONTHLY SHIPMENT CONFIRMED S/C NO. 02QTIE05

单元六　合同履行

在国际贸易中，买卖双方经过交易磋商、签订合同以后，就进入了合同的履行阶段，双方各自享有合同所规定的权利和承担合同所约定的义务。履行合同是当事人双方的共同责任，是进出口业务中的重要环节。《中华人民共和国合同法》规定：依法成立的合同，对当事人具有法律约束力。当事人应当按照约定履行自己的义务，不得擅自变更或者解除合同。卖方的基本义务是按照合同规定交付货物，移交一切与货物有关的单据和转移货物的所有权；买方的基本义务是按照合同规定支付货款和收取货物。当事人应当遵循诚实信用原则，根据合同的性质、目的和交易习惯履行通知、协助、保密等义务。按时、按质、按量履行合同规定的义务，不仅关系到买卖双方行使和取得各自的权利，而且关系到国家的对外信誉。合同履行涉及出口企业、银行、检验检疫机构、海关、运输、保险、有关政府机构等相关部门，只有各部门通力协作，合同履行才能顺利进行。

合同履行分为出口合同履行和进口合同履行两种情况。

出口合同履行如果以 CIF 价格条件成交，以信用证方式付款，其程序一般是：申请出口许可证→备货→催证→收证、审证、改证→托运订舱→检验检疫→报关、保险→装运货物→制单结汇等。程序复杂，环节众多，但概括起来，以货（备货）、证（催证、审证、改证）、船（租船、订舱、报关和保险）、款（制单结汇）4 个环节最为重要。

进口合同如果以 FOB 价格条件成交，以信用证方式付款，其程序一般是：申请进口许可证→开立信用证→租船订舱→办理保险→审单付款→接货报关→检验检疫和拨交等。

进出口合同如果以非信用证方式结算，其履行程序除了省去与信用证业务有关的环节外，其他业务环节与上述程序基本相同。另外，进出口合同因采用的价格术语不同，其履行程序也会有所区别，但主要的业务环节基本相同。

进口贸易与出口贸易是一个问题的两个方面，进口贸易所涉及的合同条款及交易磋商的内容与前两个模块相同，虽然进口合同的履行与出口合同的履行在程序上是有区别的，但很多做法却是相似的，因此，本单元只对出口合同的履行进行全面介绍。

环节一

催证、审证和改证

知识要点

1. 信用证的审核要点；
2. 信用证的修改原则及注意事项。

技能要求

1. 用所掌握的相关知识与开证申请人沟通，及时催证；
2. 依据合同熟练、准确地审核信用证；
3. 熟练地填写信用证，修改申请书。

一、催证

在信用证支付方式下，按时开来信用证是买方的一项义务，也是卖方履约的前提。但在实际出口业务中，有时国外客户由于资金短缺或市场形势发生变化等原因，往往会拖延开证，从而影响卖方对出口合同的按期履行。因此在实际业务中，若合同规定的开证期要到或已到，卖方应结合备货情况，及时催促买方开证，若合同中未规定开证的日期，则应在装运期前合理时间内催开信用证。

二、审证

信用证开来后，应立即根据买卖双方已签订的合同及有关国际惯例，对信用证内容逐项认真检查。信用证是依据合同开立的，信用证的内容理应与合同的条款相一致，否则会给卖方履行合同造成极大的困难。但在实际业务中，由于种种原因，如国外客户或开证银行工作的疏忽和差错，某些国家对开立信用证有特别规定，国外客户对我国政策不了解，开证申请人或开证行的故意行为等，往往会出现开立的信用证条款与合同条款不符或与我国外贸政策不符的情况。因此，出口商务必做好审证工作，以确保收汇安全和合同顺利执行，防止我方遭受不应有的损失。

（一）审证的基本原则和依据

审核信用证是银行和外贸企业的共同责任，但审核内容各有侧重。银行着重审核开证银行的政治背景、资信能力、付款责任及索汇路线等方面的问题，进出口公司则着重审核信用证与买卖合同是否一致，如有不一致的内容我方能否接受照办等问题。出口商审核信用证时的主要依据是国内的有关政策和规定、交易双方成交的合同、国际商会的UCP600以及实际业务操作中出现的具体情况。

（二）审证的要求及方法

1. 对开证银行的审核

开证行的政治背景和资信情况不仅与我方安全收汇有密切的关系，而且还涉及政策问题。凡是政策规定我国不与之进行经济贸易往来的国家银行开来的信用证，均应拒绝接受。对于资信较差的银行，可分别采取适当的安全措施，如要求另一家银行保兑，加列电报索偿条款，分批装运、分批结汇等，通过这些措施可以减少收汇的风险。

2. 对信用证本身的审核

（1）信用证的性质。信用证必须是不可撤销的。可撤销的信用证对卖方的安全收汇不利，因此，若出口方收到的信用证明确表明是可撤销的，就一定要修改。有的来证虽然未注明“可撤销”字样，但却附加了一些与“不可撤销”相矛盾的条款，如“信用证下的款项要在货物清关后才支付”“货物到达目的地并经主管当局检验合格方可支付”等。这些附加条款改变了信用证凭单付款的性质，影响卖方的安全收汇，因此对于信用证中的类似条款出口商一般不应接受，应要求修改。

（2）开证人、受益人的名称是否正确。这两个名称是出口单证中必不可少的，如来证开错应及时修改，以免制单和寄单发生困难，影响收汇。

（3）信用证的有效性。收到信用证后，要检查信用证上是否存在限制生效或其他保留条款，如“待获得有关当局签发的进口许可证后才能生效”或“待收到货样或函/电确认后生效”。

（4）适用的惯例。信用证是否申明所适用的国际惯例，如“THIS CREDIT IS SUBJECT TO THE UNIFORM CUSTOMS AND PRECTICE FOR DOCUMENTARY CREDITS 1993 REVISION ICC PUBLICATION NO. 500”。

（5）有效期、交单期、交货期和到期地点。

① 有效期和到期地点。按UCP600的规定，一切信用证均须规定一个到期日和一个交单付款、承兑的地点，或除了自由议付信用证外的一个交单议付的地点。规定的付款、承兑或议付的到期日将被解释为交单到期日。据此，未注明到期日（即有效期）的信用证是无效的。信用证的有效期还涉及到期地点的问题，一般应争取在出口地到期，若争取不到，则必须提前交单，以防逾期。

② 交单期。信用证还应规定一个运输单据出单日期后必须提交符合信用证条款的单据的特定期限，即“交单期”。若信用证无此期限的规定，按UCP600规定，银行有权拒受迟于运输单据日期21天后提交的单据，但无论如何，单据必须不迟于信用证的到期日提交。

③ 装运期。装运期是指卖方将货物装上运往目的地（港）的运输工具或交付给承

运人的日期。事实上不同的运输方式所使用的运输单据的出单日期所表示的交货期是不同的。UCP600 明确规定：除非信用证另有规定，用于规定最早及/或最迟装运期的“装运”一词，应理解为包括“装船”“发送”“接受承运”“邮戳日”“接受日”和类似词语，以及在信用证要求或允许多式联运单据的情况下包括“接受监管”。若信用证未规定装运期，卖方最迟应在信用证到期日前几天装运。

案例思考

有一国外开来的信用证，规定议付有效期为 5 月 31 日，装运期为 4 月、5 月。该信用证的受益人于 5 月 4 日将全部货物装船，并取得 5 月 4 日签发的“已装船的清洁提单”，当受益人于 5 月 30 日凭各项单据向银行议付时，却遭到开证行拒付。在上述情况下，开证银行有无拒付的权利？为什么？

3. 专项审核

（1）信用证的金额、币种规定是否与合同一致。信用证的金额应与合同金额相一致。信用证金额总值的大小写必须一致，来证所采用的货币应与合同规定相一致。信用证金额是银行承担付款责任的最高金额，因此，发票和/或汇票金额不能超过信用证规定金额，否则将被银行拒付。如信用证金额不足，应要求开证人增加金额，以确保收汇。如果合同中订有商品数量的“溢短装”条款，信用证金额也应规定相应的机动幅度。

（2）信用证中的商品品质、规格、数量、包装等的规定是否与合同一致。

（3）信用证中的运输条款包括装运期限、装运港、卸货港、分批装运与转运的规定是否与合同一致。信用证运输条款中的起运地和目的地应与合同相符，交货地点也必须与价格条款相一致。若来证指定运输方式、运输工具或运输路线以及要求承运人出具船龄或船籍证明，应及时与承运人联系。

多数来证是允许转运及/或分批运输的（其中包括信用证中未注明可否转运及/或分批），这对我方较为有利。但也有信用证列明不许转运及/或不准分批运输，在这种情况下我们应及时了解在装运期内是否有直达船到目的地，能否提供直运提单并了解货源情况能否保证在装运期内一次出运。如上述情况无法办到，应修改信用证。对信用证列有必须分批且规定每批出运的日期和出运数量，或类似特殊的分运条款，应根据货源情况决定是否可以接受。对于分期装运，惯例规定，除非信用证另有规定，若一期未能按期完成，本期及以后各期均告失效。若要续运，必须修改信用证。

案例思考

某公司以 CIF 条件对外出口无烟煤 15 000MT，来证规定：SHIPMENT DURING JULY/SEP. WITH EACH MONTH 5 000MT。7 月，我方出口 5 000 公吨并按时交单议付；8 月，因运输紧张，租不到船位而未装运出口；为弥补 8 月的短量货，9 月我方一次装运出口 10 000 公吨，结果押汇时遭银行拒付。银行拒付是否有理由？若某公司提出将 8 月 5 000 公吨的货款改为托收，9 月仍按 L/C 方式议付，银行是否会同意？

（4）保险条款是否可以接受。若来证要求的投保险别或投保金额超出了合同的规定，我方应及时和保险公司联系，若保险公司同意且信用证上也表明由此而产生的超保费用由买方承担并允许在信用证项下支取，则我方可接受。

如成交价为 CFR，而来证要求由我方办理保险，在这种情况下，只要来证金额中已包括保险费，或允许加收保险费，则可不必修改。凡成交价为 FOB 或 CFR 的，来证往往要求我方在装运前以航邮或电传通知开证人投保并凭邮局收据或电传副本办理结汇，我方应及时办理。

（5）对单据和其他特别条款的审核。信用证项下要求受益人提交议付的单据通常包括商业发票、保险单、海运提单、装箱单、原产地证明、检验证书以及其他证明文件，要注意单据由谁出具、能否出具，信用证对单据是否有特殊的要求，单据的规定是否与合同条款一致，前后是否有矛盾等。有时信用证内还加列有许多特殊条款，如将 1/3 的正本提单在装船完毕后立即寄交进口人等，这类条款一般不宜轻易接受。

三、改证

改证是对已开立的信用证中的某些条款进行修改的行为。对信用证条款进行审核后，如发现问题或发现有我方不能接受的条款，应及时提出要求进行修改。

信用证的修改可以由开证申请人提出，也可以由受益人提出。由于修改信用证的条款涉及各当事人的权利和义务，因而不可撤销的信用证在其有效期内的任何修改，都必须征得各有关当事人的同意。

信用证修改的一般程序是：开证申请人提出→开证行→通知行→受益人。各方都同意接受该修改书后，方能有效。若由受益人提出修改，首先应征得开证申请人的同意，再按上述办理。

信用证的修改应掌握的原则和注意的问题有：

（1）非改不可的坚决要改，可改可不改的酌情处理。

（2）不可撤销信用证的修改必须被各有关当事人全部同意后，方能有效。

（3）开证行发出修改通知后不能撤回。

（4）保兑行有权对修改不保兑，但其必须不延误地将该情况通知开证行及受益人。

（5）受益人应对开证申请人提出的修改发出接受或拒绝的通知。根据《跟单信用证统一惯例》的规定，受益人对不可撤销的信用证的修改表示拒绝的方法有两种：一是向通知行提交一份拒绝修改的声明书；二是在交单时表示拒绝修改，同时提交仅符合未经修改的原证条款的单据。

（6）在同一信用证上，如有多处需要修改的，原则上应一次提出。一份修改通知书包括两项或多项内容，要么全部接受，要么全部拒绝，不能只接受一部分而拒绝另一部分。

（7）受益人提出修改信用证，应用电报或电传通知开证人或开证行，同时规定一个修改书到达的时限。

（8）修改书必须经原通知行传递方能有效。

案例思考

某年我国某出口公司向巴基斯坦某进口商出口一批药品，价值5万美元，CFR卡拉奇价，不久，巴国银行开来了不可撤销的即期信用证，通过中国银行通知中国的出口商。信用证规定出口商必须提供SGS商检证明。由于信用证开得晚，加之装运期和有效期很近，中国银行建议出口商要求进口商修改信用证，但进口商以改证费用过高为由拒绝修改。由于我出口公司首次办SGS证，手续不熟悉，因而错过了有效期。巴国的进口商也同意接受公司推迟装船的建议，并发传真予以确认。为了加快收汇的速度，我出口公司提交了不符点的保函委托中国银行代为寄单索汇。数天后，中国银行收到开证行的电传通知单据过了有效期，拒绝付款。经与进口商联系，进口商称国内市场价格下跌，要求降价处理，降幅达40%。出口公司向中国银行申请退单，但货运公司却称货不能出港。为防止滞港费的增加，在几经磋商未果的情况下，我出口公司只好同意降价。从此案例中我们应该吸取哪些教训？在出口业务中，若卖方直接收到开证行开来的信用证，应如何处理？说明理由。

自测练习

一、关键名词

有效期　　　交单期　　　到期地点　　　双到期

二、简答题

1. 在对外贸易中，卖方严格按合同交货有何重要意义？

2. 卖方审核信用证的依据是什么？审核信用证的主要内容有哪些？

3. 有关信用证条款的修改，受益人应注意哪些问题？

4. 何为信用证的有效期、交单期和装运期？这三者之间的关系如何？在实际工作中应怎样掌握？

三、操作训练

根据所给合同摘要审核信用证。

销 售 合 同
SALES CONFIRMATION

No：2015BSC548AHT
Date：Mar518，2015
Signed at：Hefei，China

THE SELLER：ANHUI TEXTILE IMP. &EXP. CORP.
NO. 658 CHANGJIANG ROAD

THE BUYER: MESSRS TOMAS & BROTHER CO. , LTD.
50600 DETRIOT AVE. 306, WESTLAKE, OHIO 33415 USA

This is to confirm the transaction made by and between the Buyers and the Sellers for the undermentioned goods on the terms and conditions as set forth here below:

Name of Commodity: 100% cotton terry tea towels.
Art. No. K13009HA-A

Specification: Check designed
In red, yellow, blue, green, purple and brown colors.
"18×28" 37. 40/doz

Quantity: 4 000 dozen total with colors equally assorted.

Packing: In cartons of 25 doz, each, one doz. in a polybag.

Unit Price: USD5. 5 per doz. CIFC2 New York

Total Amount: USD22 000. 00 only

Shipment: From China port to New York. During May, 2015 partial shipments and transshipment are not allowed.

Payment: The buyer shall open through a bank acceptable to the seller an irrevocable letter of credit at sight to reach the seller 30 days before the month of shipment valid for negotiation in China until the 15th day after the date of shipment.

INSURANCE: To be covered by the seller for 110% of the invoice value against ALL RISKS and SRCC as per the relevant ocean marine cargo clauses of the People's Insurance Company of China dated 01/01/1981.

Shipping Marks: At Seller's option.

Remarks: . . .

Seller (Authorized signature)

Buyer (Authorized signature)

信 用 证

ZCZC BDQ123QHD999

PS SDAAOC
HJ HOC
FROM: THE FIRST CITIZEN BANK OF NEW YORK. NEW YORK
ADVISING BANK:
BANK OF CHINA
ANHUI BRANCH, 313 CHANGJIANG MIDDLE ROAD
ANHUI 230061, CHINA
WE HEREBY ISSUE THE DOCUMENTARY CREDIT IN YOUR FAVOR IT ENGAGES US IN

ACCORDANCE WITH THE TERMS THEREOF. THE NUMBER AND THE DATE OF THE CREDIT AND THE NAME OF OUR BANK MUST BE QUOTED ON ALL DRAFTS REQUIRED. IF THE CREDIT IS AVAILABLE BY NEGOTIATION, EACH PRESENTATION MUST BE NOTED ON THE REVERSE OF THIS ADVICE BY THE BANK WHERE THE CREDIT IS AVAILABLE.

40A: FORM OF DOCUMENTARY CREDIT
IRREVOCABLE

20: DOCUMENTARY CREDIT NUMBER
0002LCC150487

31C: DATE OF ISSUE
30-MAR. 2015

31D: DATE AND PLACE OF EXPIRY
MAY 31, 2015 AT OUR COUNTER

32B: CURRENCY CODE, AMOUNT
USD22 000.00 (SAY U.S. DOLLARS TWENTY TWO THOUSAND ONLY)

41D: AVAILABLE WITH BY
ANY BANK
NEGOTIATION

42C: DRAFT AT
30 DAYS AFTER DATE OF B/L

59: BENEFICIARY:
ANHUI TEXTILE IMP. & EXP. CORP.
NO. 658 CHANGJIANG ROAD

42D: DRAWEE:
MESSRS TOMAS & BROTHER CO., LTD.

43P: PARTIAL SHIPMENT
NOT ALLOWED

43T: TRANSHIPMENT
ALLOWED

44C: LATEST DATE OF SHIPMENT
NOT LATER THAN 15 MAY, 2015

45A: DESCRIPTION OF GOODS AND/OR SERVICES
100% COTTON TERRY TEA TOWELS
ART. NO. K23009HA-A

46A: DOCUMENTS REQUIRED

- BEBEFICIARY'S SIGNED COMMERCIAL INVOICE IN DUPLICATE PLUS ONLY PHOTOCOPY
- PACKING LIST IN DUPLICATE

- FULL SET OF ORIGINAL CLEAN ON BOARD OCEAN BILLS OF LADING PLUS 1 N/N COPY MARKED "FREIGHT COLLECT" MADE OUT TO ORDER AND NOTIFY APPLICANT WITH NAME AND FULL ADDRESS
- INSPECTION CERTIFICATE ISSUED BY APPLICANT CERTIFYING THAT GOODS HAVE BEEN INSPECTED BY THEM AND FOUND CONFIRM IN ALL POINT

47A: ADDITIONAL CONDITIONS

- A FEE OF USD50.00 OR ITS EQUIVALENT WILL BE DEDUCTED FROM THE PROCEEDS OF EACH SET OF DISCREPANT DOCUMENTS, WHICH REQUIRE OUR OBTAINING ACCEPTANCE FROM APPLICANT
- INSURANCE TO BE COVERED BY ULTIMATE BUYER
- 5 PCT MORE OR LESS BOTH IN CREDIT AMOUNT AND QUANTITY OF EACH ITEM ACCEPTABLE
- INVOICE MUST DEDUCT NOT MORE THAN USD2 000.00 PER EACH DRAWING

71B: CHARGES

ALL BANKING CHARGES OUTSIDE NEWYORK ARE FOR THE ACCOUNT OF BEBEFICIARY

48: PERIOD OF PRESENTATION

DOCUMENTS TO BE PRESENTED WITHIN 21 DAYS AFTER THE DATE OF SHIPMENT BUT WITHIN THE VALIDITY OF THE CREDIT

49: CONFIRMATION INSTRUCTIONS

WITHOUT

78: INSTRUCTIONS TO THE PAYING/ACCEPTING/NEGOTIATING BANK

- UPON RECEIPT OF DOCUMENTS CONFIRMING TO THE TERMS AND CONDITIONS OF THIS CREDIT, WE SHALL PAY THE PROCEEDS AS DESIGNATED
- NEGOTIATING BANK MUST FORWARD ALL DOCUMENTS TO US IN ONE LOT
- REIMBURSEMENT UNDER THIS L/C, IF APPLICABLE, IS SUBJECT TO ICC UNIFORM RULES FOR BANK TO BANK REIMBURSEMENTS

THE FIRST CITIZEN BANK OF NEW YORK, NEW YORK

环节二

备货、报验及托运

知识要点

1. 备货、报验、托运订舱的一般程序；
2. 报验中应注意的问题，报验的手续及报验的时间和地点；
3. 托运过程中应注意的问题；
4. 相关程序所需单证的操作要点。

技能要求

1. 熟练地填制报检单、商品明细单、托运单等；
2. 正确缮制商业发票、装箱单及各种检验证明。

一、备货

按照商务合同的规定，交付货物、移交一切与货物有关的单据和转移货物的所有权是卖方的3项基本义务。其中，按合同规定交付货物是卖方最基本的义务。交货的前提是备货，做好备货工作是为履行出口合同提供物质基础，因此做好出口备货工作十分重要。备货工作是卖方根据出口合同的规定，按时、按质、按量地准备好应交的货物，并做好申请报验和领证工作。出口方在按合同有关规定备货承担明示合同义务的同时，还要承担相应的默示合同义务。

备货是出口公司根据合同和信用证的规定，向生产加工及仓储部门下达工作联系单，要求有关部门按联系单的要求，对货物进行清点、核对、加工整理、刷唛等项工作。在备货工作中，应注意以下几个问题：

（一）关于货物的品质、规格等

关于货物的品质、规格等应符合合同及信用证的规定，具体地说：

（1）凡凭规格、等级、标准等文字说明达成的合同，交付货物的品质必须与合同及信用证规定的文字说明相符。

（2）如系凭样品达成的合同，则所交货物品质必须与样品相一致。

（3）如既凭文字说明，又凭样品买卖的合同，则两者均需相符。

（4）如合同规定了品质机动幅度，则所交货物品质应在机动范围或品质公差之内。

（5）货物要适合通常的用途，即可销售或可转销，既包括外观也包括内在质量。适合通常的用途，是指货物的“可销性”（Saleable）或“商销性”（Merchantability）。

（6）货物要适合特定的使用目的，其前提是买方事先通知，并依赖于卖方的技能和判断力。

（二）关于货物的数量

备货的数量不仅应保证满足合同或信用证对数量的要求，还应适当留有余地，备作装船时可能发生的调换和适应舱容之用。

（三）关于货物的包装

如合同对货物包装未作规定，按照《公约》的规定，应按照同类货物通用的方式装箱或包装，如果没有此种通用方式，则应按照足以保全和保护货物的方式装箱或包装。在备货过程中，应进行认真检查和核实，使包装符合合同或信用证的规定，并要做到保护商品和适应运输的要求。

（四）关于备货时间

应根据信用证规定的交货时间和期限办理，并结合船期安排，以利于船货衔接。除非合同另有规定，卖方必须将货物一次装运，不允许分批装运。

（五）关于所交货物的权利

卖方交付的货物必须是任何第三方不能根据工业产权或其他知识产权提出任何权利或请求的。即卖方应保证对所售货物享有合法的、完全的所有权。也就是说，卖方不能把非法侵占他人权利得来的货物出售给买方，而且还应保证准备交付的货物是第三方不能根据工业产权或其他知识产权主张任何权利或请求的。

二、报验

根据我国有关商检法律的规定，凡列入《出入境检验检疫机构实施检验检疫的进出口商品目录》的进出口商品，在货物备齐后，应向国家出入境检验检疫机构申请检验，只有取得合格检验证书，海关才准放行。未经检验或经检验不合格的商品，一律不准出口。

出口商品分法定检验出口商品和非法定检验出口商品。前者在报关装运前必须向有关商检机构办理申请检验手续，即报验；后者是应外贸合同、信用证的规定或申请人的要求，需商检机构检验出具商检证书的，可向商检机构申请报验。

（一）申请报验的手续

（1）出口商按规定正确填制出口检验申请单。出口报验申请单的内容一般包括商品品名、规格、数量（或重量）、包装、产地等事项。

（2）向检验检疫机构申报检验。申报检验时除应提交出口检验申请单外，还应附上合同和信用证副本等有关资料。

（3）检验检疫机构对货物进行检验，货物经检验合格，即发给检验证书。出口公司应在检验证书规定的有效期内将货物出运，如超过有效期装运出口，应向检验检疫机构申请展期，并由其进行复验合格后才能出口。

（4）按照国家法律或行政法规规定实行卫生注册或出口质量许可证的商品，必须提供商检机构批准的卫生注册证书及许可证；出口危险品货物报验时，出口危险品货物报验时，必须提供危险品包装容器的性能检验和使用鉴定合格单证。

（二）出口商品报验时间和地点

（1）时间。按有关规定要求出口商品报验的时间最迟应于报关或装运出口前7天向商检机构申请报验；对检验周期较长的商品，如羊绒、食品，还需增加相应的检测和化验时间。

（2）地点。法定检验出口商品，尤其是实施卫生注册或质量许可证的商品，必须在原产地检验检疫机构办理报验手续；合同或信用证规定需要某商检机构证书的，一般应向该商检机构报验。

（三）出口商品报验应注意的问题

（1）报验人应认真审核合同及信用证等资料，法定检验出口商品或合同及信用证要求商检机构出具商检证书的，应及时向商检机构报验。

在审信用证时，如发现有违反我国法律法规的或不合理的要求，有原则性问题的，应及时对外提出修改信用证；如发现对商检证书内容、文种有特殊要求的或信用证上外文品名与合同规定不完全一致等非原则性问题时，报验人应在申请单的备注栏注明，商检机构视情况决定能否受理，否则也应对外提出修改。

（2）在报验至取证期间，买卖双方凡有涉及商检内容的传真、函电等，报验人应及时向商检机构提供，以便按要求顺利检验和出证。

（3）出口商品报验时，货物应备齐，报验人应准确掌握货物存放地点。

（4）报验人心须按要求详细正确逐项填制出口检验申请单，需要签发外文证书的，有关栏目应填打相应外文。字体工整、清晰、不得随意涂改。

（5）每份出口检验申请单仅限填报一批商品。

（6）申请报验时，应按规定缴纳检验费。

三、办理托运

在出口贸易中，如系CFR或CIF价格条件成交，我方必须按合同规定做好租船订舱工作，办理报关及/或投保等手续。除数量较大需要整船运输的货物要委托中国对外贸易运输公司或其他经营外贸运输的企业（以下简称“外运公司”）办理租船外，一般都委托外运公司代为洽订班轮或租订部分舱位运输。

（一）委托货运代理代办运输

一般凡是由我方安排运输的出口合同，我国出口企业通常委托货运代理（货代）办理租订运输工具以及各项和运输有关的事项。所以，在货证齐全后，出口企业应及时查看船期表，选择班轮公司和船期，向货运代理办理托运手续。托运指出口企业委托外运公司或其他有权受理对外货运业务的单位向承运单位及其代理办理货物的运输业务。

1. 海运出口托运的基本程序

出口企业填写海运出口托运单。出口企业在备妥货物、落实信用证后，即可根据合同和信用证的规定，结合船公司的船期表选择合适的船公司填写海运出口托运单（又称出口货物明细单），即可向货运代理办理委托订舱手续。货运代理根据货主的具体要求按航线分类整理后，及时向船公司或其代理订舱。货主也可直接向船公司或其代理订舱。当船公司或其代理签出装货单，定舱工作即告完成，这意味着托运人和承运人之间的运输合同已经缔结。出口托运单列明出口货物的名称、件数、包装、唛头、毛重、尺码、目的港和最后装运日期等内容，作为订舱的依据。该托运单一式数份，分别用于外轮代理公司留存、装货单、收货单、配舱回单、运费通知、托运人和外运公司留底等。

2. 海运出口托运单的填制

海洋运输有两种方式：传统散货运输、现代集装箱运输。两种运输方式分别使用不同格式的托运单。

（1）散货运输托运单。散货运输托运单是在装货单和收货单（大副收据）基础上发展而成的一种多功能单据，其内容及填制方法如下：

① Shipper（托运人）：此处一般填写出口合同的卖方，信用证支付方式下应与信用证受益人的名称、地址一致。

② No. S/S（编号、船名）：此为托运单的顺序编号，船名可留给船方安排船只舱位后填写。

③ For（目的港）：按合同/信用证规定填写目的港具体名称，遇世界重名港口时，应在港口名称后面加注国名。

④ Marks & Nos.（标记及号码）：本栏应按合同或信用证规定的内容和形式填写，如没有规定，可由出口商自己编制，没有唛头则填“N/M”。

⑤ Quantity（件数）：按最大包装实际件数填写，应与唛头中的件数一致。

⑥ Description of Goods（货名）：本栏填写货物大类名称或统称，与发票（信用证）中的货名一致。运费到付（FREIGHT TO COLLECT）或运费预付（FREIGHT PREPAID）也可借用此栏加以注明。

⑦ Weight（重量）：本栏内容是计算船只受载吨位和运费的基础资料，以千克为单位，须分别填写整批货物的毛重和净重。

⑧ Measurement（尺码）：本栏填写整批货物的体积实数，以立方米为单位，是计算运费的主要依据之一，计算应务求准确。

⑨ Partial Shipment, Transshipment（分批转船）：本栏应严格按合同或信用证填写“允许”或“不允许”。

⑩ Date of Shipment, Date of Expiry（装运期、有效期）：本栏根据信用证规定的最迟装运期和议付有效期分别填写。

⑪ Consignee（收货人）：本栏一般根据信用证要求填写“To Order/To Order of Shipper”。

⑫ Notify（通知人）：本栏填写接受船方发出货到通知的人的名称与地址。

⑬ 备注：本栏填写信用证中有关运输方面的特殊要求。

（2）集装箱货物托运单。集装箱货物托运单与海运散货出口托运单基本相同，发货人在办理集装箱货物托运时，除应填写与海运散货出口托运单相似栏目内容外，还应标明托运货物的交接方式，如 CY—CY、CFS—CFS 等和集装箱货物的种类，如普通、冷藏、液体等。

（二）办理订舱手续

1. 订舱

货代接受委托后，查看班轮公司的船期表，了解各个班轮公司的船舶、船期、挂靠港及船舶箱位数等具体情况。货运代理选定合适的船舶后，向船公司或其订舱代理进行订舱，缮制托运单，向船公司办理订舱手续。船公司根据货量、船舶的舱容和抵港受载日期，分轻重缓急进行配载。如接受订舱就在托运单上编制提单号码，填上船名、航次并签署，表示确认托运人的订舱，并将其中的配舱回单、装货单退还给托运人，托运人凭装货单办理报关手续。出口单位在船公司通知的时间内，将货物发运到港区内指定仓库或货场，准备装货。

2. 船公司签发装货单（配舱回单）

船公司或外轮代理公司签发装货单。外运公司收到托运单后，会同轮船公司或外轮代理公司，根据托运单内容，结合船舶的航线、挂靠港、船期和舱位等条件考虑，认为合适的，在托运单上签章，表示接受托运，至此订舱手续完成，运输合同成立。轮船公司或外轮代理安排船只和舱位后，签发装货单将船名、航次和装货日期通知托运人让其准备装运。此后，托运人即可凭此装货单办理货物出口报关及装船手续。

（三）托运订舱时的主要单据

1. 出口货物托运单

出口货物托运单是指托运人（发货人）根据外销合同条款和信用证条款内容填写向对外贸易运输公司或其他有权受理对外货运业务的货运代理公司办理货物托运的单证。其格式不完全相同，但基本项目相似，主要内容包括货名、件数、包装式样、标志、重量、尺码、目的港、装船期限、结汇期限及能否分批、转船等。凡是托运中涉及的项目、须注意的问题及特别要求均应填写，如表 6-1 所示。

2. 装货单

装货单（Shipping Order，S/O）又名关单，俗称下货纸，是接受了托运人提出装运申请的船公司或外轮代理公司签发给托运人或货运代理人的单证，同时也是命令船长将单上货物装船的单证（见表 6-2）。装货单是海运出口中主要货运单证之一，它的主要作用有：

（1）承运人确认承运货物的证明。

（2）海关对出口货物进行监管的单证。托运人凭装货单连同出口货物报关单及其他单证，向海关办理出口货物报关手续，海关检验无误后，即在装货单上加盖海关放行章。

（3）承运人通知码头仓库或装运船舶接货装船的命令。

表 6-1

<table>
<tr><td>托运人</td><td colspan="3">ANHUI WHYWIN INTERNATIONAL CO., LTD., 1118 SHENGQUAN RD, HEFEI-230071, ANHUI, CHINA</td><td colspan="4" rowspan="2">出口货物托运单</td></tr>
<tr><td rowspan="2">收货人</td><td colspan="3" rowspan="2">BNG DGMBH + GO. KG
AN DEN HIRTENACHERN 9
63791 KARLSTEIN
GERMANY</td></tr>
<tr><td colspan="4">委托单位：安徽巴士国际货运代理有限责任公司
电话：0551-3481588
传真：0551-3481598</td></tr>
<tr><td>通知人</td><td colspan="3">SAME AS CONSIGNEE</td><td colspan="2">委托单号
AHW11A0560006</td><td colspan="2">运输方式 空运</td></tr>
<tr><td colspan="2">一程船名</td><td colspan="2">转船港</td><td colspan="2">合同号</td><td colspan="2">信用证号</td></tr>
<tr><td colspan="2">船名</td><td colspan="2">装货港 SHANGHAI</td><td colspan="2">转船 NO.</td><td colspan="2">分批 NO.</td></tr>
<tr><td colspan="4">卸货港 HANNOVER</td><td colspan="4">提单 3 正 3 副</td></tr>
<tr><td colspan="2">标记和号码</td><td>件数及包装</td><td>品名</td><td colspan="2">毛重</td><td colspan="2">尺码</td></tr>
<tr><td colspan="2"></td><td>125CTNS</td><td>POLYESTER MICROFIBER BABY BAG
INCL. PVC BAG
ART. NO. 30004-BLACK</td><td colspan="2">1 575KGS</td><td colspan="2">8.778CBM</td></tr>
<tr><td colspan="8">运费缴付方式 FREIGHT PREPAID</td></tr>
<tr><td colspan="8"></td></tr>
<tr><td colspan="3" rowspan="4">特约事项：
4 月 26 号送货</td><td>运费吨</td><td colspan="2">运费率</td><td colspan="2">运费金额</td></tr>
<tr><td colspan="2">结汇期限</td><td colspan="3">货价</td></tr>
<tr><td colspan="2">航班</td><td colspan="3">实际装船日期</td></tr>
<tr><td colspan="5">（托运人签章）</td></tr>
</table>

表 6-2

中国外轮代理公司
CHINA OCEAN SHIPPING AGENCY

装 货 单
SHIPPING ORDER

S/O No. ________

托运人
Shipper ____________________

编号 船名
No. ____________ S/S ____________

目的港
For ____________

兹将下列完好状况之货物装船后希签署收货单
Receive on board the undermentioned goods apparent in good order and condition and sign the accompanying receipt for the same.

标记及号码 Marks & Nos.	件数 Quantity	货名 Description of Goods	重量千克 Weigh Kilos	
			净 Net	毛 Gross

共计件数（大写）
Total Number of Packages in Writing

____

日期 时期
Date ____________ Time ____________

装入何舱
Stowed ____________________

实收
Received ____________________

理货员签名 经办员
Tallied by ____________ Approved by ____________

3. 收货单

收货单是船公司签发给托运人的表明货物已装船的临时收据（见表 6-3），也是海运出口中主要货运单证之一，其主要作用有：

（1）据以划分船货双方责任。

（2）据以换取装船提单的单证。收货单经大副签字后退给托运人，托运人凭此向外轮代理公司换取正式提单。

表 6-3

中国外轮代理公司
CHINA OCEAN SHIPPING AGENCY

收 货 单
MATE'S RECEIPT

M/R No. ________

托运人
Shipper ____________________

编号 船名
No. ____________ S/S ____________

目的港
For ____________

下列完好状况之货物业已收妥无损
Received on board the following goods apparent in good order and condition:

标记及号码 Marks & Nos.	件数 Quantity	货名 Description of Goods	重量千克 Weigh Kilos	
			净 Net	毛 Gross

共计件数（大写）
Total Number of Packages in Writing

____

日期 时期
Date ____________ Time ____________

装入何舱
Stowed ____________________

实收
Received ____________________

理货员签名 大副
Tallied by ____________ Chief Officer ____________

自测练习

一、关键名词

托运单　　装货单　　收货单

二、简答题

1. 简述备货工作中应注意的问题。

2. 简述出口报验的手续及应注意的问题。

3. 在采用 CIF 条件成交、信用证方式支付的出口合同中，我方安排出口货物装运时需经过哪些环节？具体做法如何？

环节三

报关及保险

知识要点

1. 报关程序及相关要求；
2. 保险程序及对保单的要求。

技能要求

1. 报关单的内容与填制；
2. 投保单或者保险单的填制；
3. 熟练计算保费和保险金额等；
4 较好地模拟报关及保险的操作流程。

一、出口报关

报关是指进出境的运输工具的负责人、货物的收发货人及其代理人、物品的所有人向海关申请办理进出口货物的进出口手续，海关对其呈交的单证和申请进出口的货物依法进行审核查验、征缴税费、批准进口或者出口的全过程。出口报关是指货物出运之前，出口企业如实向海关申报货物情况，交验规定的单据文件，办理接受海关监管事宜。出口报关必须在货物进入装货码头仓库后进行，一般在装货的 24 小时以前向海关申报。出口企业在海关办理登记注册后才能报关，报关员必须持有报关员证件才能办理报关。

（一）报关单的内容与填制

出口货物报关单是出口企业在装运前向海关申报出口许可的一份单据，是货物合法出口的凭据，是海关征税的凭证，是国家法定统计资料的来源。出口货物报关单的填制方法如下：

（1）预录入编号：由计算机系统对预录入的每票出口货物报关单自动编制一个标识码。

（2）海关编号：由计算机系统对海关接受申报的每票出口货物报关单自动编制一个标识码。

（3）出口口岸：货物出境的最后口岸的海关名称及代码。若出口货物在设有海关的发运地办理报关手续，出口口岸仍应填写出境口岸的名称，如在合肥办理报关手续，陆路运输至上海出境的出口货物，其出口口岸为上海。

（4）备案号：《登记手册》编号或《征免税证明》编号。

（5）出口日期：装载货物的运输工具申报出境的日期。

（6）申报日期：向海关申报货物出境的日期。

（7）经营单位：对外签订和执行合同的境内企业或单位（一般即出口人）。使用中文，填写全称，并注明经营单位的代号。该代号是出口企业办理海关注册登记时，海关设置的编码，共10位数字。

（8）运输方式：载运货物出境的最后运输方式，如江海、公路、铁路、航空等。

（9）运输工具名称：载运该货物出境的运输工具名称，如江海填船名及航次，铁路填车次，航空填航班号。

（10）提运单号：各类货运单据号码，如海运则填提单号码，即配舱回单上的D/R编号。

（11）发货单位：货物在境内的生产或销售单位，即国内供货商，也可以填出口商。

（12）贸易方式：按海关《贸易方式代码表》中确定的贸易方式简称填写。贸易方式共分为7种：一般贸易（即正常贸易），寄售、代销贸易，对外承包工程，来料加工，免费广告品、免费样品，索赔、换货、补贸和进口货退回。一般贸易的编码为0110。

（13）征免性质：按海关《征免性质代码表》中确定的征免性质简称填写。

（14）结汇方式：按海关《结汇方式代码表》确定的结汇方式填写，如L/C、D/P、D/A、T/T。

（15）许可证号：货物出口许可证的编号，如不需要许可证的，则不用填写。

（16）运抵国（地区）：货物最后运抵的国家或地区。

（17）指运港：货物运往国外的目的港。

（18）境内货源地：货物在境内的产地或原始发货地。

（19）批准文号：填写除出口许可证外所需的其他批准文件及编号，如无其他批文则不用填写。

（20）成交方式：海关《成交方式代码表》确定的价格条件编码，如FOB、CFR、CIF。

（21）运费：整批货物出口实际支付的运费总额，注明外币种类。

（22）保费：出口人实际支付的保险费总额，注明外币种类。

（23）杂费：实际支付的国内其他费用，以人民币填写。

（24）合同协议号：货物贸易合同（协议）的编号。

（25）件数：本次申报出口货物的实际外包装的总件数。

(26) 包装种类：货物外包装的种类。

(27) 毛重（千克）：申报出口货物的总毛重，用千克表示。

(28) 净重（千克）：申报出口货物的总净重，用千克表示。

(29) 集装箱号：装载货物的集装箱号码，根据配舱回单上的集装箱号码填写。

(30) 随附单据：随出口货物报关单一并向海关递交的有关单证名称，一般有合同副本、商业发票和装箱单。特定情况下，还要提供外贸管理部门签发的许可证和其他批准文件。

(31) 生产厂家：生产该批出口货物的厂家。

(32) 标记唛码及备注：货物外包装上的标记唛码及其他说明事项。

(33) 项号：这类货物在本报关单中的序号，出口货物将按税则号码归类。

(34) 商品编号：按《中华人民共和国海关统计商品目录》确定的海关统计商品编号填写。

(35) 商品名称、规格型号：货物的中英文名称即可。

(36) 数量及单位：海关统计法定计量单位及相应货物的数（重）量。

(37) 最终目的国（地区）：货物的消费、使用或进一步加工制造的国家（地区）。

(38) 单价：货物的单位价格。

(39) 总价：该类货物出口的总价格。

(40) 币制：按海关的《币制代码表》确定的实际对外成交的货币符号填写，如USD、JPY等。

(41) 征免：按海关的《征免方式代码表》确定的税款计征代码填写。

(42) 税费征收情况：税费征收及减免情况。

(43) 报关员：业务员的中文姓名。

(44) 单位地址、邮编、电话：根据实际情况填写。

(45) 申报单位：对本报关内容的真实性直接向海关负责的单位名称（即单据的填制方）。一般应加盖申报单位在海关备案的有效公章（报关专用章）。

(46) 填制日期：填制本报关单的日期。

(47) 海关审单批注及放行日期（签章）。

注：以上（1）、（2）、（13）、（41）、（42）、（47）等由等项目由海关填写，报关单位无须填写。

（二）报关文件

报关文件包括商业发票、装箱单、装货单；海关认为必要时提交的贸易合同、产地证明和其他有关单证；出口许可证（需要时）和其他批准文件；国家主管部门签发的检验检疫批准证明；减税或免税的证明文件。

1. 报关单

进出口货物报关单是指进出口货物收发货人或其代理人，按照海关规定的格式对进出口货物的实际情况做出书面申明，以此要求海关对其货物按适用的海关制度办理通关手续的法律文书，在对外经济贸易活动中具有十分重要的法律地位。它既是海关监管、征税、统计以及开展稽查和调查的重要依据，又是加工贸易出口退税和外汇管理的重要凭证，也是海关处理走私、违规案件及税务、外汇管理部门查处骗税和套汇犯罪活动的重要证书。

2. 商业发票

商业发票（Commercial Invoice）简称发票，是出口公司对国外买方开立的载有货物名称、规格、数量、单价、总金额等方面内容的清单，供国外买方凭以收货、支付货款和报关完税使用，是所装运货物的总说明，虽然发票不是物权凭证，但如果出口单据中缺少了发票，就不能了解该笔业务的全部情况。

3. 装箱单

装箱单（Packing List）是发票的补充单据，列明了信用证（或合同）中买卖双方约定的有关包装事宜的细节，便于国外买方在货物到达目的港时供海关检查和核对货物。

4. 装货单

有关装货单内容见环节二相关内容。

5. 其他单证

不同的货物还可能需要商检证明、贸易合同、货物原产地证明、出口许可证等。

（三）报关环节

一般来说进出口货物的报关，可分为5个基本环节，即申报、审核单证、查验、征税及放行。

1. 申报

根据《海关法》规定，进口货物的收货人、出口货物的发货人应当如实向海关申报，交验出口许可证和有关单证。海关在接受申报时，要对进出口报关单位申报的内容及递交的申报单证，依据国家对进出口货物的有关政策、法令、规章进行认真审核。通过审核有关单证确定进出口货物的合法性，申报的内容是否正确，申报的单证是否齐全、有效等。

申报是进出境货物报关的第一个环节。目前，海关接受申报的方式一般有3种，即口头申报、书面申报及电子数据交换申报，其中后两种是常用的申报方式。进出口货物的报关须在规定的时间内申请。出口货物一般应在装货前24小时内向运输工具所在地的海关申报。

准备好报关单证是保证进出口货物顺利报关的基础。报关单位及其报关员必须做好报关、单证的准备工作。一般情况下，报关应备单证除进出口货物报关单外，可分为基本单证、特殊单证、预备单证3大类：基本单证主要包括与进出口货物直接相关的商业和货运单证，如商业发票、装箱单、装货单及海关签发的进出口货物减税、免税证明等；特殊单证是指国家有关法律法规规定实行特殊管制的证件，主要包括配额许可证及其他各类特殊管理证件等；预备单证主要是指海关认为必要时需查阅的单证，主要有贸易合同、货物原产地证明、委托单位的工商执照证、委托单位的账册资料及其他有关单证等。为使报关工作顺利进行，各进出口企业在制作和提交上述单据时要做到以下几点：（1）单证齐全、有效；（2）单证相符，单货相符；（3）符合有关法令法规的规定；（4）符合海关的要求。

2. 审核单证

海关接受出口申报后，对报关员递交的单据进行审核。审单通常以出口货物报关单为基础，根据国家的法律法规，核对所收到的报关单据是否齐全，内容是否一致以及品名是否可疑等。如果所审核的单证符合国家规定，所验交的单证齐全、无误，海关即可进行下一个程序。

3. 查验

查验是指海关在接受报关单位的申报后以已经审核的申报单证为依据，通过对进出口物进行实际的核查，以确定其报关单证申报的内容是否与实际进出口货物相符的一种监管方式。海关查验货物一般在海关监管区的进出口口岸码头、车站、机场、邮局或海关的其他监管场所进行。对进出口大宗散货、危险品、鲜活品，经申请可在作业现场予以查验。在特殊情况下，经申请海关审核同意，也可派人员按规定的时间到规定场所以外的工厂、仓库或施工工地查验货物。

4. 征税

税费计征是指海关根据国家的有关政策法规对进出口货物征收关税及进口环节税费。海关征税首先要对进出口货物申报进行审核，核实申报的主要内容包括品名、规格、数量、单价、总值、成交金额、产地、贸易性质等。对申报进行审核后，对相关的货物计征税费。海关计征税费的一般程序是：（1）确定税则分类；（2）确定适用的税率；（3）确定完税价格；（4）计算税额；（5）缴纳关税。

5. 放行

放行是口岸海关监管现场作业的最后一个环节。海关在接受进出口货物的中报后，经审核报关单据、查验实际货物并依法办理进出口税费计征手续并缴纳税款等手续后，在有关单据上签盖放行章，海关的监管行为结束，在此情况下放行即为结关。

问题思考

1. 进出口报关单填制应注意哪些问题？
2. 走私是如何进行的？

二、装运

（一）装运

装船前，出口单位或货运代理凭盖有海关放行章的装货单与港方仓库、货场和船方办妥交接手续，分清货、港、船三方的责任。理货员和作业区的装卸人员按照积载图和装货清单按票接货装船，并做好舱内的堆码、隔垫和加固工作。货物装船后，由大副签署“收货单”（Mate's Receipt），即大副收据，交理货员，理货员将其交托运人换取正式提单。托运人应查看收货单上的内容有无漏签和不良批注，如有漏签，应找大副改签；如有不良批注，应设法消除造成的原因，如无问题，即可凭大副收据向船公司换取已装船清洁提单。

（二）发装船通知

装运通知（Shipping Advice）是出口商向进口商发出货物已于某月某日或将于某月某日装运某船的通知。装运通知的作用在于方便买方购买保险或准备提货手续，其内容通常包括货名、装运数量、船名、装船日期、契约或信用证号码等，这项通知大多以电报方式发出，也有用航邮方式的。出口商作此项通知时，有时还需附上或另行寄上货运单据副本，以便进口商明了装货内容，并防货运单据正本迟到时，可及时办理担保提货。在装运货物后，按照国际贸易的习惯做法，发货人应立即发送装运通知给买方或其指定人，将合约号、品名、件数、重量、金额、船名、装船的日期等告知买方，以便买方作好报关接货的准备，从而方便买方办理保险和安排接货等事宜。如卖方未及时发送上述装船通知给买方而使其不能及时办理保险或接货，卖方就应负责赔偿买方由此而引起的一切损害及损失。特别是按 CFR 或 CPT 条件成交时，卖方交货后更应及时向买方发出装运通知。这一条款的规定可以明确双方责任，使双方相互配合做好船货衔接，融洽双方业务关系。

三、出口投保

在 CIF 条件下，出口单位订妥舱位，货物装船之前，应向保险公司办理货物运输保险事宜。具体办法是，填制一份海运出口货物投保单，如果保险公司同意承保，则向投保人发回承保回执，列明保单号码、保单日期、投保日期，并向其收取保险费。出口人凭保险公司的承保回执缮制保险单，并将其送交保险公司确认签署。经保险公司签署后的保险单即成为向银行议付的重要单据之一。

（一）办理保险

货物在运输过程中往往会发生风险并导致损失，为了在货物发生损失后能得到补偿，需要对货物进行保险。因此，在 CIF/CIP 条件成交时，卖方应及时办理出口货物的保险手续，涉及保险险别的选择、保险金额的确定等。按照规定，凡买卖合同规定由我方办理保险时，各公司应按规定向保险公司办理保险手续，具体程序如下：

（1）投保人根据合同或信用证的规定，在备妥货物并确定装运日期后，出口公司应在货物装船前向保险公司填制一份海运出口货物投保单，送保险公司投保，这是保险公司接受投保、出具保单的依据。

（2）保险公司接到投保单后，以此为依据出具保险单。

（3）投保人在保险公司出具保险单后，如需更改相关内容，如险别、保险金额、投保期限、航程或运输工具等，需向保险公司提出申请，保险公司出立批单，附在保险单上作为保险单的组成部分。批单的法律效力优于保险单。

（4）投保人缴纳保险费。

（5）保险公司开立保险单交投保人或保险公司，在确定保险后向投保人发承保回执，列明保单号码、保单日期、投保日期等相关内容，由投保人缮制保险单交保险公司确认签署。我国出口货物的投保一般采取逐笔投保方式，即每发生一笔国际货运业务，出口方即向保险公司办理一次投保手续。投保时，出口方首先向保险公司索取空白投保单，按合同或信用证的规定，如实填写货运投保单内容，列明投保人（被保险人）的名称，被保险的货物名称、数量、包装及标志，保险金额，起讫地点，运输工具名称，起讫日期，投保险别等，送交保险公司投保。保险公司根据投保人（被保险人）的投保申请，考虑接受承保，签发保险单。

（二）投保单的填制

货物运输投保单是保险公司接受投保人（被保险人）的投保申请和开立保险单的依据。投保单内容正确与否不仅影响保险公司出具的保险单内容的正确性，而且还会影响出口商的顺利结汇。货物运输投保单用英文填写，方法如下：

（1）被保险人（Insured）：此栏填写投保人（外贸公司），一般与合同卖方或信用证受益人一致。信用证有要求时应按信用证要求填写。

（2）发票、合同、信用证号码（Invoice No.，Contract No.，L/C No.）：此处按实际情况如实填写。

（3）发票金额（Invoice Amount）：发票金额应按发票实际金额填写（不超过信用证规定的额度）。

（4）投保加成（Plus）：一般情况下按合同或信用证填写10%。

（5）标记（Marks & Nos.）：填写实际发运货物包装唛头，应与发票、提单保持一致。

（6）数量及包装（Quantity）：填写实际发运货物的（最大）包装及件数。

（7）保险货物项目（Description of Goods）：此处可以使用大类货物名称，但应与提单、发票保持一致（与信用证相符）。

（8）保险金额（Amount Insured）：此处一般按合同或信用证规定的发票金额110%计打（小数点后尾数进为整数，使用货币与信用证币种相同）。

（9）启运日期、装载运输工具、运输起讫地、提单号码（Date of Commencement，Per Conveyance，From To，B/L No.）：按实际填写，与提单保持一致。

（10）赔款偿付地点（Claim Payable at）：一般为货物最终目的地。

（11）投保险别（Condition）：按合同/信用证填写。

（12）货物、集装箱、运输工具种类和船舶资料：按所给选项及实际情况画“√”。

自测练习

一、关键名词

报关　　装运通知　　查验　　商业发票　　装箱单

二、简答题

1. 通关过程包括哪几个环节？
2. 出口货物投保的手续有哪些？

环节四

制单结汇

知识要点

1. 出口单证工作的基本要求；
2. 出口结汇方式；
3. 主要出口单证关键栏目制作说明。

技能要求

根据合同、信用证等填制汇票、商业发票、提单、保险单、原产地证等主要出口单证的主要内容。

一、出口单证工作概述

采用信用证支付方式凭单付款是信用证主要特征之一。因此，出口货物发运后，卖方即应按信用证规定，备齐各种单据和证书，并在信用证规定的有效期和交单期内送交银行办理议付结汇。在国际贸易中，出口单证的种类很多，就其本身性质的不同可以分为资金单据（Financial Documents）、商业单据（Commercial Documents）和公务证书（Public Certificate）3类。

（一）出口单证工作的重要性

1. 出口单证是卖方收汇的基础

国际贸易主要是国际间的商品买卖，但在实际业务中主要表现为单据的买卖。在信用证支付方式下，银行在履行付款义务时所依据的是单据而不是与之有关的货物。只要出口人所提交的单据符合信用证规定，即使货物在运输途中受损，抑或根本没有到达买方，银行也一样承担付款责任；反之，即使货物完好无缺地到达买方，而单单或单证不一致，银行也同样可以拒付货款。

在托收方式下，进口商也是凭必要的和符合买卖合同规定的单据付款，若单据不符合合同要求，也有可能被进口商借口拒付。因此，正确地缮制出口单证是卖方安全收汇的基础和保证。

2. 出口单证是履行合同的必要手段

买卖合同的履行主要取决于两方面，即卖方交货与买方付款。在国际货物买卖中，由于买卖双方相隔遥远，在大多数情况下，货物与货款的对流并非直接进行，而必须通过单证来作为交换的手段。这些单证大致可分为两大类：

一类具有货物的属性，有的代表货物所有权（如海运提单），有的说明所交货物的详情（如商业发票），有的为货物输入进口国提供必要的证件（如出口许可证），有的为货物在运输途中可能遭遇的灾害和损失承担风险（如保险单）。

另一类具有货币的属性，它们有的直接代表货币（如汇票、本票、支票等），有的为货款的支付做出承诺或做出有条件的保证（如信用证等）。

各种单证都有其特定的功能，其签发、组合、交换和应用反映合同履行的进程，也反映买卖双方权责的发生、转移和终止。因此，若无出口单证作为履行合同的手段，国际货物贸易恐怕寸步难行。

3. 单证工作是一项政策性很强的涉外工作

出口单证虽然是商业文件，但在我国大部分是由国营外贸公司和国家机关签发的有效凭证，在一定意义上代表着国家，体现我国外贸方针和政策，因而必须符合我国有关外贸的各项法规和制度。出口单证既然用于收汇，就必须在国外流通，在发生纠纷时又常常是处理争议的依据，因此，它又是涉外的法律文件。

4. 出口单证的质量与外贸企业的经济效益密切相关

出口单证工作是合同履行的最后一个环节，与安全收汇有着内在的必然联系。企业加强审单工作，提高单证质量，可以在完成出口任务的同时，使企业的利益得到保障；若单证质量不过关，制单时粗心大意，往往给企业带来无法挽回的经济损失。

（二）出口单证工作的基本要求

出口单证应该符合“正确、完整、及时、简明、整洁”的要求。

1. 正确

正确是出口单证的前提和核心，单证不正确就不能达到安全收汇的目的。在信用证支付方式下，要严格做到“单单一致”和“单证一致”。此外，还应注意单据与货物一致。在跟单托收业务中，虽然对单据正确性的要求不像信用证业务要求那样严格，但如不符合买卖合同的规定，也可能被进口商借故拒付货款或延期付款。

2. 完整

出口单证的完整性包括两个方面的内容。一是出口单证在通过银行议付或托收时是成套而不是单一的。在信用证业务下，进口商需要哪些单据一般都在信用证中表明，出口商只有按规定提交全部合格单据，开证行才保证付款。然而，随着国际贸易的不断发展，进口商为了更好地维护自己的利益，通过信用证要求的单据越来越多，除商业发票、提单、保险单等主要单据外，还要有各种附属证明及办理有关事项的收据，如船公司的船龄证明、船级证明、装船通知的副本、寄单的邮局收据等，这些单据都要经过一定的手续和事先联系才能取得。因此，在制单审单的过程中必须密切注意，及时催办，以防遗漏或误期，以保证全套单据的完整。二是要求每一种单据本身内容必须完备。任何单证都有其特定的作用，而特定的作用又是通过特定的格式、项目、内容、文字、签章等表现出来的。如果格式使用不当，项目漏填，内容不完整，文字不通，签章不全，单证就不能构成一份有效的文件，也就不能被银行接受，如海关发票没有用进口国海关制定的固定格式，需要背书的单据没有背书，更改处没有加盖更正章，这些失误都会引起严重的后果。

3. 及时

在国际贸易中，出口单证的时间性是很强的，各种单证都要有一个适当的出单日期。例如提单的日期不得迟于装运期限，保险单和商检证书的日期不得迟于提单的日期，装船通知书必须在货物装运后立即发出等。单据制好后，应在信用证的有效期和交单期内送交银行办理议付结汇手续，争取早日结汇。在可能的情况下，最好在货物装运前，先将有关单据送交银行预审，以便早日发现问题及时予以修正，这样可以避免在货物出口后，因单证不符而被拒绝。

案例思考

我某公司向美国商人出口花生仁 2 000 公吨，美国公司于 2015 年 6 月底开来信用证，证中规定最迟装运期为 2015 年 7 月 31 日，议付有效期为 2015 年 8 月 15 日。我于 2015 年 7 月 20 日装船完毕并取得海运提单。后经制单审单，在 2015 年 8 月 12 日将单据交银行议付，但遭到银行的拒绝。你认为银行有无拒付的权利？为什么？

4. 简明

单据内容应按信用证规定和国际贸易惯例填制，力求简明，力戒烦琐。简化单证不仅可以减少工作量和提高工作效率，而且也有利于提高单证质量。为简化单证，《跟单信用证统一惯例》规定：商业发票中货物的描述必须与信用证中的描述相符。在所有其他单据中，货物的描述可使用与信用证对货物的描述无矛盾的统称。如棉布类商品，除商业发票外，除非信用证另有具体规定，在提单、保险单等单据中的货名栏内，都可使用“Cotton Piece Goods”这一统称。

案例思考

某公司出口罐装苹果（CANNED APPLES）1 000 箱，客户开来信用证中注明商品的名称为“CANNED APPLES”，该公司发运货物后持单到银行议付，银行发现发票上写的是“CANNED APPLES”，而提单和保险单上均写“CANNED GOODS”，就以“单单不一致”与“单证不一致”为由拒绝付款。该公司应如何处理？为什么？

5. 整洁

单据的布局要美观、大方，其格式的设计和缮制应力求标准化和规范化。一些重要的单据，如提单、汇票等的金额、数量、件数、重量等主要项目，一般不宜更改。各种单证的更改都应有一个限制点，不允许在一份单子上作多处改动。否则容易产生错觉，导致不必要的麻烦。

二、我国出口结汇的3种做法

（一）收妥结汇

收妥结汇又称“先收后结”，是指议付行收到外贸企业提交的单据后，经审核无误，将单据寄往国外付款行索汇，待收到国外银行将价款转入议付行账户的贷记通知书时，即按当日外汇牌价，折成人民币付给外贸公司。

（二）定期结汇

定期结汇是指议付行根据向国外银行索偿的邮程远近，预先确定一个固定的结汇期限，到期后主动将票款金额折成人民币付给外贸公司。

（三）买单结汇

买单结汇又称“出口押汇”，即国际上银行界通常采用的“议付”做法，是指议付行在审单无误的情况下，按信用证条款买入受益人（外贸公司）的汇票和单据，从票面金额中扣除从议付日到估计收到票款之日的利息，将净额按议付日外汇牌价折成人民币，付给外贸公司。议付行向受益人垫付资金买入跟单汇票后，即成为汇票的善意持有者，可凭票向付款行索取票款。买单结汇是出口地银行对外贸公司的资金融通，有利于外贸公司的资金周转。

在实际业务中，凭信用证成交的货物，如货物出运后，发现单证不符而又无法补救，则可根据实际情况进行灵活处理。

（1）担保议付。此种做法又称为“表提”，即在征得进口商同意的情况下，出口商向开证行出具担保书，要求议付行凭担保议付具有不符点的单据，议付行向开证行寄单时，在随附单据的表上注明单证不符点和“凭保议付”字样。

（2）采用“电提”方式征求意见。当出口商所交单据与信用证的规定存在不符或成交金额较大时，由议付行先用电讯方式向开证行列明不符点，待开证行确认接受后，再将单据寄去。“电提”的目的是在尽可能短的时间内了解开证行对单证不符的态度。

（3）改为跟单托收。当出现单证不符的情况，而议付行又不愿意采用“电提”或“表提”的做法，出口商只能采用托收方式，委托银行寄单收款。

三、几种主要单证的制作说明

（一）汇票

汇票是国际贸易结算中使用的一种资金单据，是取得付款的凭证。汇票在进出口业务中并非必不可少，在即期跟单托收和即期信用证业务中，以发票作为收款凭证的情形也不少。尽管如此，在实际业务中大部分交易仍以汇票结算。汇票的缮制参见条款七中有关汇票的内容。

（二）商业发票

商业发票（Commercial Invoice）是出口企业开立的凭以向买方收款的发货价目清

单，也是出口企业对于一笔交易的全面说明。在制单顺序中，一般应先缮制商业发票，再缮制其他单据，以便与商业发票统一。商业发票主要有以下作用：(1) 出口企业向买方发送货物的凭证；(2) 进出口双方收付货款和记账的凭证；(3) 进出口双方办理报关、清关、纳税的凭证；(4) 出口企业缮制其他出口单据的依据。

UCP600 对商业发票也有很多要求：商业发票必须以开证申请人为抬头人；商业发票无需签字，除非信用证另有规定；银行可拒绝接受超过信用证允许金额的商业发票；商业发票中的货物描述必须与信用证规定相符；等等。

商业发票没有固定的格式，每个出具商业发票的单位都有自己的格式，其格式虽不尽相同，但商业发票所要填制的项目却相差无几，具体如表 6-4 所示。

表 6-4　　　　商业发票样本

<table>
<tr><td colspan="2">Issuer</td><td colspan="3" rowspan="2">商 业 发 票
COMMERCIAL INVOICE</td></tr>
<tr><td colspan="2" rowspan="2">To</td></tr>
<tr><td colspan="2">No.</td><td>Date:</td></tr>
<tr><td colspan="2" rowspan="2">Transport Details</td><td colspan="2">S/C No.</td><td>L/C No.</td></tr>
<tr><td colspan="3">Terms of Payment</td></tr>
<tr><td>Marks and Numbers</td><td>Number and Kind of Packages;
Description of Goods</td><td>Quantity</td><td>Unit Price</td><td>Amount</td></tr>
<tr><td></td><td></td><td></td><td></td><td></td></tr>
</table>

(1) 买卖双方的名称和详细地址。

(2) 单据名称 “INVOICE” 或 “COMMERCIAL INVOICE”。

(3) 发票号码、合同号码、信用证号码。

(4) 发票日期，即开立发票的日期，可以早于信用证开立日期。

(5) 运输细节，主要规定起运地、目的地及使用的运输方式。

(6) 付款条件，按信用证规定填写。

(7) 唛头及件号，既要按照刷唛的实际情况填制，也要与提单、信用证的唛头或规定相符，若没有运输标志，此栏可填：“N/M”。

(8) 货物的描述是商业发票的主要部分，所有商品在商业发票上的名称描述都应严格按照信用证规定填写，信用证未规定的内容，尽量不表明。

（9）商品的数量、重量等要和提单上的数量、重量一致，并符合信用证的规定。

（10）单价和总值，必须正确计算、正确缮制并认真复核，特别要注意小数点的位数是否正确，金额是否符合信用证的规定。单价和总值需正确表示所使用的价格条件，如有价格术语的变形、佣金或折扣，也应按规定填制。

（11）商品的包装、件数是缮制托运单、提单、保险单等的必要资料。

（12）出口商的名称及负责人的签字或盖章，出口商名称一般打印在商业发票的右下角。根据《跟单信用证统一惯例》的规定，商业发票无须签字，但信用证有规定的除外。

此外，某些国家的信用证经常要求在商业发票上注明进口许可证号（Import License No.）、关税号（Customs Tariff No.）、外汇核准号（Foreign Exchange Permit No.）等。有些地区、国家开来的信用证，经常要求在商业发票上加注某些声明，如货物系中国产，价格真实正确等。

（三）装箱单

装箱单（Packing List）是对商业发票的补充，也是由出口人缮制的，主要内容有货物名称、规格、数量、唛头、件数、重量和包装情况，具体如表 6-5 所示。

表 6-5　　装箱单样本

<table>
<tr><td colspan="2">Issuer</td><td colspan="4" rowspan="2">装　箱　单
PACKING LIST</td></tr>
<tr><td colspan="2" rowspan="2">To</td></tr>
<tr><td colspan="2">No.</td><td colspan="2">Date</td></tr>
<tr><td colspan="2" rowspan="2">Transport Details</td><td colspan="2">S/C No.</td><td colspan="2">L/C No.</td></tr>
<tr><td colspan="4">Terms of Payment</td></tr>
<tr><td rowspan="2">Marks and Numbers</td><td rowspan="2">Number and Kind of Packages;
Description of Goods</td><td rowspan="2">Quantity</td><td colspan="2">Weight</td><td rowspan="2">Measurement</td></tr>
<tr><td>G. W</td><td>N. W</td></tr>
<tr><td></td><td></td><td></td><td></td><td></td><td></td></tr>
</table>

在制作装箱单时要注意：

（1）单据的名称要与信用证和合同要求相符。

（2）货物的名称与其他单据一致。

（3）包装情况、重量等与发票、提单一致，但应详细一些。

（4）日期应不早于发票日期或与发票日期相同。

（5）号码为发票号码。

（四）提单

国际贸易中的运输单据有海运提单（Bill of Lading）、铁路运单（Rail Waybill）、承运货物收据（Cargo Receipt）、航空运单（Air Waybill）、邮包收据（Parcel Post Rcccipt）、联合运输提单（Combined Transport Bill of Lading，CT B/L）、联合运输单据（Combined Transport Documents，CTD）等。目前我国主要使用的是海洋运输，因此，本模块着重介绍海运提单主要栏目的缮制。

（1）托运人（Shipper）：即委托承运人装货的货主。一般应按信用证规定以受益人名称及地址填写托运人。如果在实际业务中，由受益人以外的第三者交货，除非信用证特别规定不得以第三者为发货人时，则提单允许以第三者为发货人。

（2）收货人（Consignee）：该栏为提单的抬头，在信用证支付方式下应严格按信用证规定制作；如为托收支付方式下的提单，则一般只做成空白指示或托运人指示提单，即在该栏打上“To Order”或“To Order of Shipper”等字样，切不可作成以买方为抬头人的提单，也不可作成以买方为指示人的提单，以免货款尚未收到时，物权已转移。

（3）被通知人（Notify Party）：这是货物到达目的港时发送到货通知的对象。信用证业务中应严格按信用证的要求填写。如果是记名提单或凭收货人指示的提单，而收货人又有详细地址的，则此栏可不填；如果是空白指示提单或非收货人指示的提单，则必须填写被通知人名称及详细地址；无论何种情况，提单的副本要填写被通知人的名称及详细地址。

（4）船名及航次（Name of Vessel，Voy. No.）：应按装船的实际情况缮制，若无航次号可不填。如果是联运方式而其中包括海运，则本栏填其中海运的船名及航次号。

（5）装运港（Port of Loading）：填写实际装船港口的名称。如果信用证规定的装货港与实际装货港不符，应及时修改信用证，以免影响出口结汇。

（6）卸货港（Port of Discharge）：在直达船运输的情况下，此栏即为最终目的港。若在转运的情况下，该栏所填写的应是第一程海运船只上的货物卸下的地点。例如，货物从上海运往洛杉矶，须在香港转船，则该栏目应填“HONGKONG”，而“LOS ANGELES”应填在下一栏，即“Final Destination”栏内。

（7）唛号（Marks & Nos.）：如信用证有规定应严格按信用证规定缮制，上、下、左、右顺序都不可颠倒，并应与商业发票上的唛号保持一致。若散装货物没有唛号，本栏也不能留空不填，可以填“No Mark”或“N/M”。

（8）包装的件数和种类（No. and Kind of Packages）：填实际货物的件数和包装的单位，应与唛头中件号的累计数相一致。如散装货无包装件数者，可填写“In Bulk”。

（9）货名（Description of Goods）：可以用概括性的商品的统称，不必列出详细规格。

（10）毛重（Gross Weight）和尺码（Measurement）：即货物的总毛重和总体积，注意计量单位和数值应与其他单据保持一致。

（11）运费支付情况的说明：应参照商业发票中的价格条件填写，如成交价格为CFR、CIF，则应注明“运费已付”（Freight Prepaid），如成交价格为FOB，则应注明“运费到付”（Freight Collect），以明确运费由谁支付。

（12）大写件数（Total Packages in Words）：大写英文字母须与小写件数一致。

（13）正本提单的份数（No. of Original B（s）/L）：托收支付方式下的正本提单的份数一般1~3份都可以。信用证支付方式项下的提单正本份数按信用证规定填写，如信用证规定“3/3 original on board ocean Bills of Lading ...”，则须出具3份正本。如果信用证规定为全套，则1~3份都可以，并用大写“ONE”“TWO”或“THREE”表示。

（14）提单的签发地点和日期（Place and Date of Issue）：提单的签发地点应是装货港所在地，提单的签发日期应是装船完毕的那一天，该日期不得迟于规定的最迟装运日期。

（15）装船批注的日期和签署（Laden on Board the Vessel Date... By ...）：根据《跟单信用证统一惯例》的解释，如果提单上没有预先印就的“已装船”（Shipped on Board ...）字样的，则必须在提单上加注装船批注，装船批注中所显示的日期即视为货物的装船日期。

（16）承运人签署（Signed for the Carrier）：每份正本提单都必须有船方或其代理人的签章才能生效。外贸公司在收到提单后应逐份检查签章有无遗漏，同时注意信用证是否有提单必须手签的条款，如有此规定必须手签。

在提单的缮制过程中还应注意，不属于上述范围内，但信用证上要求在提单上加注的内容，如要求在提单上列名信用证的号码等，必须按信用证要求处理。

（五）保险单

保险单据是保险人与被保险人之间订立的保险合同的凭证。在我出口业务中使用的保险单据主要有保险单和保险凭证。保险单主要栏目的缮制说明如下：

（1）保险人：即保险公司，印在保险单的上方。

（2）保险单号次：由保险公司提供。

（3）被保险人：即投保人，在CIF或CIP条件下，一般都以信用证受益人为被保险人；如信用证规定须过户给银行或第三者时，则在投保人之后加打“Held to the order of ×××”；如果信用证规定保险单作成“To Order”，可以在被保险人栏照填，同时加以背书，其效果与填信用证的受益人加以背书一样。

（4）标记：保险单上的标记应和提单、发票及其他单据上的标记一致。一种简化的打法是在保险单上不填标记，在标记栏内注明“As per Invoice No. ×××”。

（5）包装及数量：参照商业发票填写。

（6）保险货物项目：可参照商业发票中描述的商品名称填制，也可填货物的统称。个别信用证有时要求所有单据都表示本信用证号码，保险单也不例外，可在本栏空白处填写。

(7) 保险金额：即“保险金额”(Amount Insured)(小写金额)和“总保险金额”(Total Amount Insured)(大写金额)，两栏金额要完全一致，保险金额应该是整数。

(8) 保费及费率：保费及费率一般没有必要在保险单上表示，一般填“As Arranged”。

(9) 装载运输工具：海运须打船名。

(10) 开航日期、起运地和目的地：开航日期，海运用“As per B/L”，陆运用“As per Cargo Receipt”，空运用“As per Airway Bill”，邮运用“As per Post Receipt”等；起运地和目的地必须和提单或其他运输单据一致；如果保险规定保到内陆，应该在目的港后再填内陆地名。

(11) 承保险别：应按投保资料缮制，并要严格符合信用证条款的要求。

(12) 勘查、理赔代理人：可根据中国人民保险公司有关货损检验、理赔代理人名册填写该代理人的详细地址，以便收货人在出险后向其联系和索赔。

(13) 赔付地点：信用证如有规定，应按信用证规定地点填制，若信用证未规定赔付地点，一般以实际目的港为赔付地点。

(14) 保险单的签发日期和地点：保险单的出单日期要在提单或其他货运单据签发日期之前，最迟可与上述单据出单日期为同一天，以表示货物在装运前已办理保险。

(15) 保险公司签章。

(六) 产地证

1. 原产地证书的含义和种类

原产地证明书(Certificate of Origin)是证明货物原产地或制造地的证件，也是进口国海关减免关税的依据。我国商品出口的产地证主要有一般原产地证书和普惠制产地证。

(1) 一般原产地证书。一般原产地证书的出证机构可以是出口商，也可以是中国国家出入境检验检疫局或中国国际贸易促进委员会。

(2) 普惠制产地证。普惠制产地证的英文名称是 Generalized System of Preferences Certificate of Origin，即 GSP 产地证，又叫 GSP Form A 产地证。

普惠制是工业发达国家对来自发展中国家的某些产品，特别是工业制成品和半制成品，在最惠国关税的基础上进一步减免关税的一种普遍的、非互惠的、非歧视的关税优惠制度。取得普惠制待遇后，必须向给惠国政府提供有关部门签署的普惠制产地证。普惠制产地证适用于一般的商品，在我国由出口公司填制，并经国家出入境检验检疫局签证出具。该证书中“原产地标准”一栏是国外海关审核的重点栏目，填的字数最少，但情况却十分复杂。如果本商品完全是出口国自产商品，填代号“P”，至于在出口国加工或部分进口的商品，要参照该证书的背面解释以及按有关规定填制，或与当地出入境检验检疫局联系。

2. 一般原产地证书的缮制说明

一般原产地证书编号不得留空，否则证书无效，其编号由签证机构提供。其余各栏均由出口企业用英文规范填制，具体如表 6-6 所示。

表 6-6　　原产地证书样本

<table>
<tr><td colspan="2">Exporter</td><td colspan="3" rowspan="2">Certificate No.

CERTIFICATION OF ORIGIN
OF
THE PEOPLE'S REPUBLIC OF CHINA</td></tr>
<tr><td colspan="2">Consignee</td></tr>
<tr><td colspan="2">Means of Transport and Route</td><td colspan="3" rowspan="2">For Certifying Authority Use Only</td></tr>
<tr><td colspan="2">Country/Region of Destination</td></tr>
<tr><td>Marks and Numbers</td><td>Number and Kind of Packages; Description of Goods</td><td>H. S. Code</td><td>Quantity</td><td>Number and Date of Invoices</td></tr>
<tr><td colspan="2">Declaration by the Exporter

Place and Date, Signature and Stamp of Certifying Authority</td><td colspan="3">Certification

----
Place and Date, Signature and Stamp of Certifying Authority</td></tr>
</table>

（1）出口商（Exporter）：填信用证的受益人或合同中的卖方，并列名其详细地址。

（2）收货人（Consignee）：应填最终收货人的名称、地址、国名等。

（3）运输方式和路线（Means of Transport and Route）：填起运地至目的地及运输方式。

（4）目的地的国家或地区名称（Country/Region of Destination）：一般将目的地和国名一起列出，如："Tokyo，Japan"（日本，东京）。

（5）仅供签证机构使用栏（For Certifying Authority Use Only）：本栏专供签证机构在必要时加注某些声明用。申请单位在缮制该产地证时，本栏应留空。

（6）运输标志（Marks and Number）：要与运输单据和商业发票上所表示的运输标志一致。本栏目不得留空，即使该货物系散装货物没有运输标志，亦应表示"N/M"。

（7）品名、包装的种类和数量（Number and Kind of Packages; Description of Goods）：品名要求填制商品的具体名称，不能填统称；包装种类要表示实际货物包装的单位名称及正确的数量，同时在数量后用括号再加注其大写的数量；如果散装货物没有具体包装件数，可表示重量，并在其后面再表示“In Bulk”（散装）的字句；如果信用证要求证书加注信用证号码或其他类似的内容等，可在本栏空白处注明；按出证机构的要求在本栏结尾要加注结束符，如“ * * * * * * ”，以防止证后又添加其他内容。

（8）商品 H. S. 税目号（H. S. Code）：应按《商品名称及编码协调制度》规定的 4 位数字及税目号填写。本栏不得留空。

（9）数量（Quantity）：数量要求以货物的计量单位填制，以重量为计量单位的应注明毛重或净重。

（10）发票号码及日期（Number and Date of Invoice）：本栏不得留空。

（11）出口商声明（Declaration by the Exporter）：此栏下为声明的地址、日期及有权签字人的签字和盖章。地址通常为出口商所在地，日期晚于或等同于发票日期。

（12）签证机构证明（Certification）：本栏由签证机构签字和盖章，并填写签署地点和日期。日期不得早于第 10 栏及第 11 栏的日期。

（七）装船通知及受益人证明

1. 装船通知

装船通知（Shipping Advice）即出口商发给进口商说明货物已装船的通知，通常有两种：一种是通知进口商投保的，须将投保的各项内容，如商品名称、规格、件数、金额、唛头、开行日期、船名、装运港、目的港、合同号、信用证号等告知对方；另一种是通知装船的，须把装船详情电告对方，如合同号、信用证号、船名、装运日期、装运港、目的港、品名、件数、数量金额、唛头等，具体如表 6-7 所示。

表 6-7　　装船通知样本

NAME AND ADDRESS OF THE EXPORTER		
	SHIPPING ADVICE	
REF. L/C No.:	DATE:	TOTAL PAGES:
TO:	ATTN: MR.	FAX:
COMMODITY:		
QUANTITY:		
INVOICE VALUE:		
SHIPPED PER S/S:		
DATE OF SHIPMENT:		
PORT OF LOADING:		
PORT OF DESTINATION:		
SHIPPING MARKS:		
PACKING CONDITIONS:		
签名/盖章		

2. 受益人证明

受益人证明（Beneficiary's Certificate）是指进口商在信用证中要求受益人开出证明，证明其办理了某项工作或证实某件事实的单据。受益人证明无固定格式，具体如表 6-8 所示。

表 6-8　　受益人证明样本

Beneficiary's Certificate Date: To whom it may concern: We hereby certify that: 1. All drums are neutral packing. 2. No Chinese words or any hints to show the products made in China. 3. No any printing materials are allowed to fill in drums. HONGDA Trading Company

缮制受益人证明时需注意：

（1）单据上要有受益人证明的字样。

（2）应显示信用证号及发票号。

（3）日期不能迟于信用证规定的日期，一般可与提单日期相同。

（4）证明的内容与信用证要求相符。

（5）受益人出立并正式签章。

以上是出口贸易中常用的几种单据，此外还有装船通知、航程证明、邮局收据、寄单证明及各种受益人证明等，这里不再赘述。

在我实际出口业务中，由于种种主客观原因，发生单证不符的情况是不可完全避免的。在发生单证不符的情况下，我出口企业应尽快采取措施予以补救。首先，应尽快更正单据，使之符合信用证条款的规定，倘若确实无法更改，则可根据具体情况向议付行出具保证函要求“凭保议付”，声明如国外开证行拒付，由受益人自行负责风险。如单证不符情况较复杂，可请议付行电告开证行，征得开证行同意后议付或改用托收方式。其次，还应注意上述方法除更正单据外，卖方已失去开证行的付款保证。因此，应抓紧与进口方联系，争取通过友好协商方式求得合理解决，同时还应准备其他措施（如转售、运回等），以防损失进一步扩大。

自测练习

一、关键名词

收妥结汇　定期结汇　买单结汇　商业发票　提单　原产地证书

二、简答题

1. 缮制单据应掌握的原则有哪些？

2. 我国出口结汇的具体做法是什么？

3. 商业发票的主要作用有哪些？缮制商业发票应注意哪些问题？

三、案例思考

我国某公司向国外进口商以 CIF 条件出口货物一批。国外来证中单据条款规定：（1）商业发票一式三份；（2）全套清洁已装船的海运提单，注明“运费已付”，做成凭指示抬头，空白背书，通知开证申请人；（3）保险单一式两份，根据中国人民保险公司 1981 年 1 月 1 日海洋货物保险条款投保一切险和战争险。同时规定：本信用证受 UCP600 约束。我公司在信用证规定的装运期内将货物装上船，并在信用证的有效期内向银行交单议付。议付行议付后即将单据寄到开证行索偿，但遭到开证行的拒绝。其理由是单证有下列不符点：（1）商业发票上没有受益人的签字；（2）要求提供一套正本提单而只交了 1 份；（3）提单上未表明出单人的身份；（4）保险单上保险金额与发票金额相等，因此投保金额不足。试分别说明开证行以上的拒付理由是否成立？为什么？

四、操作训练

根据下列信用证实例及货物实际装运情况缮制全套出口单据。

中国银行　新加坡分行

BANK OF CHINA SINGAPORE BRANCH

4 BATTERY ROAD JHJ01-00BANK OF CHINA BUILDING,

SINGAPORE 049908.　TEL: 4398333

CABLE: CHUNGKUO　TELEX: 223047BKCHINA

FAX: 3458792　SWIFT: BKCHSGSG

ADVICING BANK: BANK OF CHINA, SHANGHAI
IRREVOCABLE DOCUMENTARY CREDIT NO. 1123456
DATED: 15 APR. 2015
DATE AND PLACE OF EXPIRY: 27 MAY 2015 IN BENEFICIARY'S COUNTRY
BENEFICIARY: SHANGHAI JINHAI IMP. &EXP. GROU GARMENTS BRANCH
NO. 50 LANE 424 YAOHUA ROAD, SHANGHAI CHINA
APPLICANT: ANTAK DEVELOPMENT PTE LTD.
101KIT CHENER ROAD
JALAN PLA 2A SINGAPORE
TEL NO.: 3423457
FAX NO.: 4723456
AMOUNT: USD56 300.00CIF SINGAPORE (SAY UNITED STATES DOLLARS FIFTY SIX THOUSAND AND THREE HUNDRED ONLY)
PARTIAL SHIPMENT NOT ALLOWED.

TRANSHIPMENT NOT ALLOWED.

SHIPMENT FROM CHINA PORT TO SINGAPORE.

LATEST SHIPMENT DATE: 25 MAY 2015

THIS CREDIT IS AVAILABLE WITH THE ADVISING BANK BY NEGOTIATION AGAINST PRESENTATION OF THE DOCUMENTS RETAILED HEREIN AND BENEFICIARY'S DRAFT (S) AT SIGHT DRAWN ON ISSUING BANK FOR FULL INVOICE VALUE.

DOCUMENTS REQUIRED (IN TWO - FOLD UNLESS OTHERWISE STIPULATED):

1. SIGNED COMMERCIAL INVOICE
2. SIGNED WEIGHT /PACKING LIST
3. CERTIFICATE OF CHINESE ORIGIN
4. INSURANCE POLICY /CERTIFICATE ENDORSED IN BLANK FOR 110% CIF VALUE, COVERING: ALL RISKS AND WAR RISK
5. FULL SET PLUS ONE PHOTO COPY OF CLEAN ON BOARD OCEAN BILLS OF LADING MADE OUT TO ORDER OF BANK OF CHINA, SINGAPORE, MARKED FREIGHT PREPAID AND NOTIFY APPLICANT

EVIDENCING SHIPMENT OF:

700 DOZENS MEN COTTON WOVEN LABOURER SHIRTS (USD19 180.00)

800 DOZENS MEN COTTON WOVEN SHIRTS (USD31 680.00)

160 DOZENS MEN COTTON WOVEN SHIRTS (USD5 440.00)

S/C NO. 00SHGM3178B

SHIPPING MARKS:

K. K. G. T.

73178 SINGAPORE

NO. 1-190

OTHER TERMS AND CONDITIONS:

1. ALL BANK CHARGES, INCLUDING REIMBURSEMENT CHARGES, OUTSIDE SINGAPORE ARE FOR ACCOUNT OF BENEFICIARY.
2. THE NUMBER AND DATE OF THIS CREDIT, AND THE NAME OF ISSUING BANK MUST BE QUATED ON ALL DOCUMENTS.
3. THE WHOLE CONSIGNMENT TO BE UNDER ONE BILL OF LADING.
4. BENEFICIARY'S CERTIFICATE TO CERTIFY THE FOLLOWINGS ARE REQUIRED:

   (A) INVOICE WEIGHT /PACKING LIST AND NON - NOGOTIABLE BILL OF LADING MUST BE AIRMAILED TO THE APPLICANT IMMEDIATELY AFTER SHIPMENT.

(B) COPIES OF INVOICE AND BILLS OF LADING HAVE BEEN FAXED TO APPLICANT IMMEDIATELY AFTER SHIPMENT.

5. INSURANCE POLICY OR CERTIFICATE MUST SHOW CLAIMS SETTING AGENT AS: “CHINA INSURANCE CO. LTD SINGAPORE”.

6. BILLS OF LADING TO EVIDENCE THE FOLLOWINGS:

(A) SHIPMENT EFFECTED INTO 20 FOOT CONTAINER LOAD (CY-CY)

(B) SHIPMENT EFFECTED BY CONTAINERISED VESSEL ONLY

(C) SHOWING APPLICANT'S ADDRESS, TELEPHONE NOS. AND FAX NO.

(D) SHOWING CARRIER/CARRIER'S AGENT AS: “CHINA OCEAN SHIPPING (GROUP) CO.”

(E) SHOWING CONTAINER NUMBER

7. PACKING: GOODS MUST BE PACKED IN STRONG CARTONS AND STRAPPED WITH STRONG NYLON STRAPS. WEIGHT /PACKING LIST TO SHOW THIS EFFECT IS REQUIRED.

8. ALLOWED TO INCREASE OR DECREASE THE QUANTITY AND AMOUNT BY 5%.

INSTRUCTION TO THE NEGOTIATING BANK:

THE AMOUNT AND DATE OF EACH NEGOTIATION MUST BE ENDORSED ON THE REVERSE OF THE ORIGINAL CREDIT BY THE NEGOTIATING BANK.

ALL DOCUMENTS ARE TO BE SENT TO ISSUING BANK IN ONE LOT.

UPON RECEIPT OF DOCUMENTS IN CONFORMITY WITH THE TERMS AND CONDITIONS OF THIS CREDIT, WE SHALL CREDIT OUR HEAD OFFICE ACCOUNT WITH US.

THIS CREDIT IS ISSUED SUBJECT TO UCP600.

AUTHORISED SIGANATURES

货物装运情况

发票号：SHGM 7056　　　　日期：2015 年 5 月 10 日

每件货物毛、净重及尺码：

货号/规格	装运数量及单位	毛/净重（件）	尺码
1094L	700DOZ	33KGS/31KGS	68CM×46CM×45CM
286G	800DOZ	45KGS/43KGS	72CM×47CM×49CM
666	160DOZ	33KGS/31KGS	68CM×46CM×45CM

包装情况：

一件一塑胶袋装，6 件一牛皮纸包，8 打或 10 打一外箱。

尺码搭配：

1094L：	15	16	17
	3	3	4=10 打/箱
286G：	M	L	XL
	1.5	3	3.5=8 打/箱
666：	M	L	XL
	1.5	3.5	3=8 打/箱

提单号码：COSCO-503

承运船名及航次：ZHONGHE V. 040

集装箱号：COSU—257289

B/L DATE：2015 年 5 月 15 日

保险单号码：SZDB 331 日期：2015 年 5 月 13 日

保险代理：CHINA INSURANCE CO.，LTD. 4 BATIERY ROAD JHJ08-0018TH FLOOR BANK OF CHINA BULIDING SINGAPORE 0104

参考文献

[1] 国际商会. 国际贸易术语解释通则 2010. 中国国际商会，国际商会中国国际委员会，译. 北京：中国明主法制出版社，2011.
[2] 周厚才. 国际贸易理论与实务. 北京：中国财政经济出版社，2009.
[3] 张卿. 国际贸易实务. 第二版. 北京：对外经济贸易大学出版社，2015.
[4] 薛荣久. 国际贸易组织概论. 北京：清华大学出版社，2009.
[5] 孟祥年. 外贸单证实务. 第二版. 北京：对外经济贸易大学出版社，2015.
[6] 鹿特丹规则，2008.
[7] 中国国民经济和社会发展第十三个五年规划纲要，2016.
[8] 中国海关网，http：//www. customs. gov. cn.